本书获得武汉大学"双一流"建设人才启动经费专项资助

华中村治研究丛书

落脚县城：
县域城镇化的农民参与机制研究

Settling in County:
A Study on Farmers' Participation Mechanism in the County Urbanization

朱战辉○著

中国社会科学出版社

图书在版编目（CIP）数据

落脚县城：县域城镇化的农民参与机制研究／朱战辉著． —北京：中国
社会科学出版社，2023.3
（华中村治研究丛书）
ISBN 978 - 7 - 5227 - 1453 - 0

Ⅰ.①落⋯　Ⅱ.①朱⋯　Ⅲ.①城市化—农民—参与管理—研究—中国
Ⅳ.①F299.21

中国国家版本馆 CIP 数据核字（2023）第 029437 号

出 版 人	赵剑英
责任编辑	王　琪
责任校对	杜若普
责任印制	王　超

出　　　版	中国社会科学出版社
社　　　址	北京鼓楼西大街甲 158 号
邮　　　编	100720
网　　　址	http://www.csspw.cn
发 行 部	010 - 84083685
门 市 部	010 - 84029450
经　　　销	新华书店及其他书店

印　　　刷	北京明恒达印务有限公司
装　　　订	廊坊市广阳区广增装订厂
版　　　次	2023 年 3 月第 1 版
印　　　次	2023 年 3 月第 1 次印刷

开　　　本	710×1000　1/16
印　　　张	17.5
字　　　数	268 千字
定　　　价	95.00 元

《华中村治研究丛书》
总　序

贺雪峰[*]

2002年发表《村治研究的共识与策略》一文，我们达成了村治研究的三大共识，即"田野的灵感、野性的思维、直白的文风"，这三大共识是华中村治学者多年研究所形成的基本共识，一直指导着华中村治学者的研究实践。

"田野的灵感"强调华中村治研究中的经验优先原则。当前中国正处在史无前例的巨大变革时期，经验现象十分丰富，从经验中来，到经验中去，以理解中国经验与实践作为出发点和归属，在理解经验与实践中形成对经验与实践的解释，是华中村治研究的显著特征。

"野性的思维"强调华中村治研究中理论与方法的多元性。只要有利于增加对经验与实践的理解，任何理论与方法都是好理论和好方法。正是在用各种理论与方法来理解和解释经验与实践的过程中会形成各种提炼与概括，会形成基于中国经验与实践的具有主体性的中国社会科学。"野性的思维"的另外一层含义是，不拘一格，大胆假设，不怕出错，敢于探索。

"直白的文风"强调华中村治研究要能容纳多学科、经验性与原创研究的特点。经验研究看起来没有进入门槛，真正深入进去却需要长期积累和学术功力。"直白的文风"反对雕刻文字，闭门造车，注重想事说事，注重研究向大众开放，注重多学科研究对话。开门搞研究而不是关门自我循环，是华中村治学者的一个基本准则。

---

[*] 贺雪峰，武汉大学社会学院教授，武汉大学中国乡村治理研究中心主任。

中国是一个大国，有 5000 年文明，14 亿人口，陆地国土面积就有 960 多万平方千米。按购买力平价计算，中国 GDP 已是世界第一。中国正处在史无前例的伟大变革时期，农村人口迅速城市化。中国正由一个传统国家变成一个现代甚至后现代的国家。如何理解巨变中的中国经济、政治、社会、文化和历史，在这个理解与解释的过程中形成有主体性的中国社会科学，并转而指导实践和改造实践，就成为当前中国社会科学的伟大使命。

立足中国经验和实践的中国社会科学一定是伟大的，是具有中国主体性的，是饱含中国民族性和地域特色的。社会科学研究的目的是扩大我们观察和理解实践的视野，而不是屏蔽我们的视野。脱离中国实践的语境，套用没有经过中国实践注解和浸泡的西方理论，往往不仅不能改善我们的视野，反而可能屏蔽我们的视野。只有真正进入经验与实践，我们的理论才有还原经验与实践的能力，才能改善我们观察和理解经验与实践的视野，真正理解实践和改造实践。

中国社会科学是在理解和解释伟大的中国经验与实践中产生的，是服务于中国实践并以中国实践来检验的。这样一种从经验中来—形成理论提炼与概括—又回到经验中去的社会科学研究循环，就是中国社会科学研究中的大循环。只有在这样的大循环中，中国社会科学才能选择正确的研究方向，研究也才能获得丰富的中国经验与实践的滋养，也正是在这样一个大循环过程中产生的有主体性的中国社会科学才具有生命力。有了从经验到理论再到经验的大循环，逐步形成了具有中国主体性的社会科学，就必然会有从理论出发—到经验中去—再回到理论的以学术对话为特点的小循环，这样一种小循环是服务于和服从于中国社会科学大循环的。

要在从经验到理论再到经验与实践的大循环中建立起有主体性的中国社会科学，就必须要有真正做中国经验研究的学者。这些学者要有充分的经验训练，要在长期经验调查中形成对经验的总体把握能力，要有"经验质感"，不仅要能从经验中提炼出理论命题，而且要有将理论还原到经验中的能力。

获得经验质感的不二法门是进行饱和经验训练，不断地到经验中浸泡，这样才能具有透过现象看本质的能力，具有将经验碎片整合起来的能力，从而真正形成想事的能力。饱和经验训练尤其要防止对经验的"一触即跳"，即仅在经验中产生了微弱问题意识就脱离经验去做精致"研究"。只有通过饱和经验训练，才能利用各种理论和方法来分析经验，才能将经验研究中提出的问题进行理论化的概括，才能为建立有主体性的中国社会科学添砖加瓦。

十数年来，华中村治研究所追求的，就是在饱和经验训练基础上建立有主体性的中国社会科学事业。这个事业从理解和解释经验与实践开始，又回归经验与实践，中间留下的理论提炼与概括正是建设有主体性的中国社会科学所需要的砖瓦。

最近十数年来，我所组织的研究团队按人次算，每年驻村调研时间都超过 4000 个工作日，平均下来，我们研究团队每天都有超过 10 人在全国各地农村调研。在某种意义上，我们团队同仁都经历了饱和的经验训练。

从时间上看，我们在取消农业税前的 20 世纪末期开始农村调研，到现在国家推进乡村振兴战略，国家与农民的关系发生了巨大变化。2000 年，我国城市化率只有 36%，现在已超过 60%，几乎所有农村青壮年劳动力都进城了；从地域上看，我们不仅在南方中国、北方中国和长江流域调查，而且近年密集地到东部沿海发达地区和西部贫困地区调查，发现了南北中国、东西中国和中国腹地的巨大区域差异；从研究主题上看，我们从基层政治研究开始，由此进入对乡村治理社会基础的研究，再延展到对几乎所有乡村主题的研究，比如家庭制度、农业发展、宗教信仰、土地制度、乡村教育、医疗保障，等等；近年来我们的研究也跟着农民工进城，开始了城市社区、街头治理、信访制度、县市治理、教育治理等方面的研究。

我们希望在调查和研究中，能真正做到从经验中来，到经验中去，从经验中得灵感，依靠经验形成"想事"的能力，并在此过程中形成若干理论提炼与概括。

十数年来，我们研究团队在饱和调研基础上形成了大量理论概括，这些理论又作为视角融入政策问题的讨论中，并在一定程度上对政策产生了影响，比如对农业、土地、信访、乡村治理、城市化等方面的政策产生了或大或小的影响。我们相信，只要我们团队坚持下去，再坚持十年、数十年，就一定可以形成理解中国经验的具有中国主体性的社会学科一家之言。我们希望中国社会科学有百十家这样的一家之言，我们呼吁各种一家之言良性竞争，相互启发，相互补充，共同发展，最终成长出与中华民族伟大复兴相适应的高水平的中国社会科学来。

我们计划在未来持续将团队的最新研究纳入"华中村治研究丛书"出版。希望丛书能增加读者对华中村治研究的了解，引发社会各界对转型中国问题的关注与讨论。

是为序。

写于 2018 年 4 月 10 日晚
改于 2021 年 4 月 12 日晚

序
县城是城镇化的终点吗?

桂 华[*]

一

改革开放以来的城镇化,推动中国社会发生肉眼可见的变化。从1978年的17.9%的城镇化率算起,过去四十多年间,我国城镇化率提高了40多个百分点。城镇化不仅是农民走出乡土社会进入城市社会的过程,也是中国基层社会结构形态的转型过程。数亿人口从乡村进入城市、从土地进入市场,改变了中国基本社会结构。

农民是城镇化的主体,从人的角度观察城镇化,主要有三个角度:一是农民作为劳动力,从农村涌入城市就业,参加全国统一的劳动力市场,获得农业之外的收入,城镇化伴随着全国性的农村劳动力进城务工潮。二是站在地方政府角度看,农民是人口的一部分,是公共服务供给对象和消费群体,一定数量的本地人口聚集既是推进城镇化进程和拉动消费的基础,相应地,开展好基本公共服务也是地方政府重要的基层治理责任。三是站在农民自己的角度看,每个人都在寻求更好的公共服务享受、更丰富的生活机遇或更有价值的生活体验,城市与乡村构成两种不同的生活方式,城镇化的本质在于实现进城农民的城市生活方式融入。

城镇化改变社会形态,其背后是工业化、经济持续发展和市场化

---

[*] 桂华,武汉大学社会学院教授,武汉大学中国乡村治理研究中心研究员。

程度加深推动的农民大规模进城。改革开放以来，随着限制农民流动的社会政策松动，农民最先以劳动力的形式参与城镇化。2000 年之后，农民工大潮兴起，越来越多的农村青壮年劳动力离土离乡，到东部沿海务工就业。然而，这一时期的农民"离土"是暂时的，无论是在政策上还是在务工收入上，大部分农民工并不具备在城市扎根的条件。对于这些无法扎根下来的农民工来说，城市只是他们获得务工收入的手段，乡村才是目的。他们在城市从事繁重劳动和忍受单调的生活，是以远期目标为支撑的。农民工的远期目标包括家乡生活、家庭发展和下一代的命运改变。

人是有理想的动物，比当下艰难生活更难忍受的是没有了对未来的预期。在工地上或工厂中从事繁杂劳动的农民工，尽管没有"诗"，却不是没有"远方"。暂时进城和在城市边缘生活的农民工，离乡却未断绝家乡，乡村构成他们的目标、预期，努力为下一代改变命运构成农民的未来和"远方"。农民工因为有了未来预期，城市的边缘生活就完全不同于其他国家的"贫民窟"现象，暂时的落脚城市是为了实现未来美好生活的目标。乡村是农民工的退路和寄托，数量庞大的农民工是中国社会的"建设者"而非社会秩序的破坏者，这是中国城镇化高速发展和社会整体稳定的重要基础。

由市场推动的城镇化，包含着开放性和机会，农民从中受惠。其中，最显著的是城镇化推动形成了全国统一的劳动力市场，让农民从人地关系的紧张状态中解放出来，农业发展逐步摆脱"内卷化"陷阱，农村摆脱普遍的贫困。我们以"半工半耕"来描述流动背景下的农民生活状态，即城市向农村开放，农民理性地安排家庭劳动力，自主地到城市就业，同时，由半劳动力从事农业生产，最大化地增加家庭收入。"半工半耕"也是一种宏观社会结构，让农民在城市和乡村之间进退有据。

可以说，改革开放前三十年是农民进城务工的时代，进城农民虽然对城市美好生活有所向往，但是对于大多数农民而言，他们真正的生活面向和未来预期还在乡村社会。这一时期农民工在城乡之间周期性往返，保持"半工半耕"的家庭生计模式，既是客观经济社会发展水平制约下的社会现实，也是农民的理性选择。正是有了农村的未来预期，农民才能够放心大胆地进城务工获得家庭经济积累，作为心安之所的乡村是农民不愿也不能斩断的根基。在漫长的务工经济时代，农村与城市的连接渠道以劳动力乡城流动为载体和表现形式，农民的乡村面向和中国基层"乡土社会"的结构基础并没有根本改变。

二

经过持续快速的经济社会发展，2010 年前后开始，城镇化进入新的阶段，农民对城镇化进程参与的广度和深度有了极大的变化。一方面是国家逐步提出了新型城镇化政策；另一方面，随着所谓的"二代农民工"成长为人口流动的主体，他们对城市生活有了新的预期。随着制度和政策环境、经济和社会发展环境以及农民主体观念的变化，2010 年之后，越来越多的进城农民开始转向融入城市生活，实现在城市体面安居的完全城镇化目标。然而，由于务工所在地的沿海城市或者中西部大城市较高的房价和城市生活成本，以及务工收入的限制，很多农民工将家乡的县城作为城镇化的目的地，其中在县城购房成为农民城镇化进入新阶段的明显标志。

农民进城具有了内在动力，为了推进县域城镇化的发展，一些地区的地方政府抓住契机，将教育、医疗等公共服务供给与进城买房绑定，积极"经营县城"，加快了农民进城速度。在过去短短的十年中，相当一部分农民已经在县城买房，并且逐渐将生产、生活的重心向县城转移。问题在于，县城是城镇化的终点吗？

我们观察中西部地区的县域城镇发展发现，大部分县域经济以农业为基础，县城工业化基础薄弱，近十年来县城的繁荣是建立在农村人口大规模流出之上的。也就是说，中西部地区的县域城镇，不仅本身存在空心问题，而且还源源不断地抽取乡村资源，加剧了乡村的"空心化"问题。一些地方在激进的城镇化措施推动下，大规模人口进入县城之后，传统的城乡二元结构不仅没有被打破，反而还产生了不少新的问题。诸如进城农民缺乏充分就业机会、城市生活消费压力增加、城乡公共服务失衡、家庭成员城乡分离、农村加速衰败等问题逐渐显现，增加了县域城镇化和城乡社会系统转型的不确定性风险。

传统的城市和乡村之间，在很短的时间内形成了县城这一新的社会结构。就中西部地区的县城而言，其产业形态不同于乡村，也不同于东部发达地区的城市；其社会关系带有本地性，又不是熟人社会；其社会治理存在着公共服务需求增多，而地方财政增长乏力的矛盾。农民一方面在县城买房居住下来，与此同时又因为缺乏在县城稳定就业和体面安居的经济基础，而不得不继续依赖农村或外出务工的经济支持，县城成为城乡"第三极"。在中西部县域社会，以县城为中心形成了一种"亦城亦乡"又"非城非乡"的城乡社会结构。这样一种社会形态，对基层治理构成很大的挑战，基层治理和服务体系需要根据社会结构的变化做出适应性调整。在县城尤其是中西部县城工业化基础薄弱，以及地方政府财政能力有限的客观现实基础上，如何处理好城镇化发展与基层社会秩序稳定、农民对公共服务的迫切需求与城乡基本公共服务有效供给等方面的张力，关乎城镇化高质量发展和中国现代化能否顺利实现。

三

改革开放以来的四十余年间，中国工业化和城镇化的持续深化发展，城镇化率实现了年均超过一个百分点的快速增长。在快速的城镇化发展进程中，为了进一步提升城镇化发展质量，2010年以后国家提出推进以人为核心的新型城镇化发展，致力于提升城镇化发展质量。近十年左右，县域城镇化的快速发展已经成为重要的"社会事实"，面对农民的现实选择，以及县域城镇化带来的城乡社会结构的变化，国家适时提出推进"以县城为重要载体的城镇化建设"，县域成为推进以人为核心的新型城镇化和乡村振兴的重要空间载体。

中国全面实现现代化，依赖于城镇化的继续推进。但是，城镇化不能仅从常住人口比例上看，还要深入社会结构，甚至深入观察参与其中的人。朱战辉博士抓住中西部地区县域城镇化这个关键"社会事实"，尝试从农民生活和基层社会结构变化的角度，分析中国城镇化和基层社会转型过程，对县域城镇化的风险做了预判，并思考中国城镇化如何顺利推进问题。"落脚县城"这一概括可从两个层面理解：

一是描述当前农民的城镇化状态，暗含着农民经过多年奋斗后，终于有了生活上的根本改变；二是从长远来看，落脚县城并不意味着扎根，这包含着对以县城为载体的城镇化进程的反思。

本书饱含着对农民这一城镇化主体的关注。农民是城镇化的能动主体，面对进城的内在动力和城市生活风险之间的张力，城镇化过程中的农民既受到客观社会结构的约束，同时也在能动性地适应中塑造着中国基层社会结构。一方面，农民理性地选择了家乡县城作为城镇化的目的地，这是与农民家庭对城镇化成本承受能力相适应的。另一方面，县城与乡村同属于一个地方社会时空范畴，农民进入县城能够与乡村保持便利而紧密的联系，对县城的熟悉感以及保持农村的连接，极大地增强了进城农民的心理安全感。在实践中，农民选择县域作为实现城镇化的场所，从经济层面、社会文化甚至心理层面而言，可以说是符合农民家庭整体利益的理性选择。

县城作为城镇化的重要载体，承载着农民对实现城市美好生活的向往，在县城体面安居成为进城农民新的发展目标追求。本书通过对中西部县城农民就业和生活的细致调查和刻画，呈现了中西部县城因缺乏工业化发展基础以及市场化消费负担增加带来的城市生活压力和城镇化的不稳定状态，认为这些对农民真正扎根城市形成了较大挑战。县域城镇化还处于发展阶段，农民的城镇化还具有不稳定性，"半城半乡"既是对城乡社会结构、农民家庭结构的概括，同时也是对县域城镇化过渡状态的机制总结，意味着以县城为重要载体的城镇化发展离不开广大乡村腹地。随着农民对城镇化进程参与广度和深度的加深，与"半工半耕"模式下依靠家庭劳动力建构的城乡连接纽带和机制有所不同，"半城半乡"意味着城乡之间的连接将更加全面和紧密，城市和乡村的连接点恰恰在县域，这为我国全面推进城乡融合发展提供了机遇，同时也带来了挑战。

中国的现代化和城镇化将是长期过程，其中还可能存在反复。在现代化全面实现之前，乡村在维持社会稳定和降低社会风险方面，将继续发挥关键作用。"落脚县城"的好处是进城农民并未切断与乡村的联系，乡村社会经济系统发挥着对农民城镇化的支持作用，同时也为处于城镇化过程中的农民提供社会文化和心理安全的支撑。与上一代农民相比，年轻一代的进城人口越来越多地将融入城市当作生活目标，城乡关系从过去的"半工半耕"向"半城半乡"过渡，城乡关系的性质、内涵有了极大的丰富。在继续推进城镇化的过程中，如何巩固乡村作为中国现代化的"后方"功能，是政策上需要考虑的问题。在这个意义上，本书对一些地区激进县城城镇化做法所做的反思，具有极大的现实意义。总的来说，这是一本深入田野和从人的角度考察中国城镇化实践的社会学著作。

是为序。

2022 年 12 月
于武汉大学

目　　录

1

第一章　导论

第一节　引言

当今中国正处在快速的城镇化进程之中，1978 年我国城镇化率为 17.92%，2018 年我国常住人口城镇化率达到 59.58%，改革开放 40 多年来，我国城镇化率平均每年提高 1 个百分点以上。改革开放以来，我国快速的城镇化进程与农村人口大规模向城市流动具有一体两面性，可以说我国的城镇化正是农民的城镇化，是广大农村人口向城市转移的过程。随着我国工业化、城镇化的快速发展，农村居民加速向城市转移，在这个过程中农民的生产生活方式也在发生系统而深刻的转型。

国家统计局全国农民工监测调查显示，我国农民工总量长期维持在 2 亿人以上，数量庞大的城乡流动人口成为我国城镇化的特殊现象。数量庞大的农民工群体，虽然已经进入城市生活和工商业部门就业，但是由于缺乏与城市居民同等的市民权利，他们仍然作为城市的边缘群体或者过客，长期处于"半城市化"[①] 状态。在发展主义的视角下，实现农民工完全的市民权和城市融入，是农民工城市化的最终目标和前提预设。长期以来对我国城镇化的研究聚焦在农民工的乡城流动和城市融入问题领域。由于广大中西部地区的农村剩余劳动力主要进入东南沿海发达地区务工经商，但是他们却难以在务工的城市获

[①] 王春光：《农村流动人口的"半城市化"问题研究》，《社会学研究》2006 年第 5 期。

得同等的"市民权"待遇，绝大多数进城农民工最终的归宿仍然在农村，处于周期性的城乡往返的双向流动状态。发展主义视角下农民进城及其带来的"农民终结"和"村落终结"，是城市化和现代化发展的必然趋势。城镇化进程中所呈现的与城市化目标的终极预设不符合的现象被加以问题化。长期存在的城乡二元制度结构，被认为是农民工难以融入城市的制度根源，阻碍了我国城镇化的健康发展。农民进城和农民工市民化最终目标的实现，在于打破长期存在的城乡二元制度结构，赋予农民充分的市民权利。发展主义将农村看成边缘的依附地位，在城镇化发展的浪潮中，落后的农村将走向消亡，农民将实现市民化。因此在主流的城市化研究中形成了城市中心主义和市民化视角，对农民主体性和农村社会关注不足。

进入学术训练阶段以来，笔者跟随所在研究团队在全国各地的农村地区进行经验调研，深切地体验到中国基层社会的转型之剧烈、中国的城镇化发展之迅速。农民对城镇化进程的参与广度和深度不断增加，正是这场正在发生着的"百年未有之大变局"的重要组成部分。近年来笔者调研发现，不同于外出农民工的周期性流动往返，农民在家乡县城就近进城购房并努力追求在城镇体面安居的城镇化现象，正在中西部广大农村地区快速发展，由此推动了中西部地区县域城镇化的快速发展和农民家庭的转型。面对农民落脚县城这一快速推进的城镇化现象，我们不禁要去探究农民进城的内在动力是什么，农民家庭是如何参与城镇化进程的，以及农民家庭在快速的城镇化进程中是如何适应家庭转型和整体性社会变迁的。

改革开放之后很长一段时间，农民在进城务工逻辑下，周期性地往返于家乡的村庄和务工的城市之间，而其家庭资源的配置和未来生活的面向都还在家乡的乡村社会中。农民外出务工的积累主要是服务于家庭再生产的顺利进行，以及村庄生活的改善。对于大多数进城农民工来说，城市只是获得不错务工收入的场所，并没有长期定居的预期。然而，近十年来越来越多的农民在家乡的中小城镇尤其是县城购买了商品房，农民就业和生活的逻辑也在发生明显转变。随着农民生产生活重心从农村向城镇转移，农民家庭对城镇化进程参与的广度和深度远远高于"务工时代"，这一时期可以称为农民"进城时代"。

农民"进城时代"的经验丰富性在广大中西部农村地区呈现出来，最明显的是普通农民家庭进城的动力越来越强。不同于一些城郊农村或者特色示范村，其城镇化动力往往来源于政策影响或者政府行政力量的推动，这种城镇化是在明显的外部力量推动下进行的。而对于大多数中西部普通农业村庄，农民进城往往缺乏直接的外力推动，农民进城的内在动力发挥着主导作用。即便是在外部结构力量的影响下，农民进城也具有很明显的选择自主性。农民进城的动力和主体行动，主要通过农民到城镇购买商品房这一行为体现出来。笔者在多个省市的农村调研发现，近十年来是农民进城购买商品房的快速增长期，部分地区的村庄中农户进城购房比例甚至已经过半。并且农民进城的直接动因也更加多元化，推动了农民家庭以及乡土社会的整体性变迁。

与越来越多的农民进城购房直接相关的是，在广大中西部地区，农民进城购房之后并不意味着城镇化的完成。在城镇购房之后，对于大部分农户来说只是部分家庭成员进城居住，只有少数购房者会带着全部家庭成员长期在城镇居住生活。与此同时，在大部分进城购房农户中，部分家庭成员依然继续外出务工，并且外出务工收入是支持家庭城镇生活的主要经济来源。在快速的城镇化进程中，对于大部分进城购房农户来说，既不具备彻底脱离农村的条件，其脱离农村的意愿也不强。同时保持城市的务工收入和农村的小农经济，成为农户的普遍选择，进城农民与农村的关联依然十分紧密。需要进一步追问：农民为什么选择家乡县城作为落脚之地？进城农民为何还要让部分家庭成员继续外出务工？农民进城为什么不脱离农村反而要继续与农村保持紧密的互动关系？

以上经验向我们展示了不同于单向度的农民进城和城市化发展的逻辑，农民城镇化的主体实践和城乡关联，是城市中心主义和市民化研究视角所忽视的。农民对城镇化的参与行动并不是完全被外部结构裹挟，而是以家庭为基本行动单位，并且展现出农民的主体性和家庭的能动性。对于中西部县域城镇化进程中农民参与的丰富经验和复杂机制，需要基于微观的农民主体行动和农民家庭参与机制进行考察。鉴于此，本书基于农民主体行动和农民家庭转型的视角，立足中国农民家庭适应城镇化进程和社会变迁所呈现的丰富且复杂的经验实践，从中观和微观机制层面来探讨县域城镇化的农民参与机制和行为逻辑。以此弥补结构主义和市民化视角下城镇化研究的不足，进而扩展对我国城镇化转型的理解和解释路径。

第二节 相关研究梳理

城市化研究是社会科学研究的一个经典命题，具有较强的学科交叉性，涉及经济学、政治学、社会学、人类学等多个学科领域。其核心在于回答人类社会变迁的动力、秩序与方向问题。城市化研究具有较强的学术传统，形成了一些宏观命题和一般化学术范式。总体而言，在各学科有较强传统和影响的主要有现代化理论和人口迁移理论范式。这些城市化研究传统的形成和发展是伴随人类社会发展变迁而进行的，具有较强的时代感和学术关怀。

一 发展主义和结构主义的城市化研究

城市化作为人类社会现代化发展的重要内容，其进程伴随的是农村社会向城市社会转型，以及农村人口向城市的流动迁移。国内外社会科学研究者对城市化议题的研究中，形成了具有广泛影响力的现代化理论范式和城乡二元结构的人口迁移理论范式。这两大理论传统作为对城市化和人类社会发展规律的探讨，具有发展主义和结构主义的理论特征，立足于对城市化的一般化和宏大议题的研究，对后发现代化国家的城市化研究具有重要的理论指导意义。

（一）城市化与人类社会的现代化变迁

作为对人类社会发展规律理论总结的现代化理论范式，将城市化看作现代化的代名词和人类社会现代化发展变迁的必然过程。现代化理论范式秉持一元化的线性发展观，形成了"传统—现代"的分析视角。现代化理论范式下，城市化发展就是从传统到现代、从农村社会到城市社会、从农业社会到工业社会的转型，现代性的城市社会是人类社会发展变迁的必然规律和归宿。

在经典社会理论家看来，人类社会的理想类型有"传统社会"和

"现代社会"之分，现代化进程正是由传统社会走向现代社会的过程。工业化和城市化是西方社会现代化发展的动力和必不可少的内容，在社会转型中产生了传统社会与现代社会的差异。德国著名的社会哲学家滕尼斯关注人类共同生活的基本结构问题，社会生活变迁带来了结合形式和关系本身的差别，由此形成了"共同体"与"社会"的本质性差异①。滕尼斯认为，共同体是古老的小型社区，社会则是新的个体趋向型的法理社会。村庄共同体是人类共同生活的有机结合形式，作为农村社会发展而来的城市社会，则是现代化进程中一种机械的聚合与人工制品。法国社会学家涂尔干讨论了现代化过程中的社会分化与社会整合问题，把工业化前后的社会形态置于"机械团结"和"有机团结"的划分体系之中②。这两种社会团结模式也是区分传统社会与现代社会形态的标准。在大规模工业化之前，机械团结的社会是靠"集体意识"作为联结基础的共同体。伴随工业经济的来临和复杂分工的形成，人口开始大规模向城市集聚，社会分化和劳动分工推动传统社会向现代社会转型，村庄社会将会终结，基于复杂分工的有机团结社会得以形成。城乡之间的对立运动和分离，使个人屈从于分工，城乡之间的分工产生城市人与乡村人二者之间的利益对立③，而改变分散落后的乡村，以及消除旧的城乡分工，成为城乡融合发展的条件。

城市化是人类社会现代化转型的重要途径，韦伯将城市看作人为的产物，城市不同于农村聚落的地方在于，城市是一个"市场社区"④。与传统时期的自然经济和农业经济不同，作为经济社会发展阶段的城市经济，连接着自给经济和国民经济。作为两种不同的社会形态，从前现代的传统社会向现代社会转型，是理性化、市场化和城

① ［德］斐迪南·滕尼斯：《共同体与社会——纯粹社会学的基本概念》，林荣远译，北京大学出版社 2010 年版，第 43—61 页。

② ［法］埃米尔·涂尔干：《社会分工论》，渠东译，生活·读书·新知三联书店 2000 年版，第 33—93 页。

③ 《马克思恩格斯文集》（第 1 卷），人民出版社 2009 年版，第 556 页。

④ ［德］马克斯·韦伯：《城市——非正当性支配》，阎克文译，江苏凤凰教育出版社 2014 年版，第 8—10 页。

市化发展的过程，现代城市社会被视为一种市场规则和法理秩序下的现代社会形态。马克思主义理论也对社会形态的变迁做了系统论述。马克思、恩格斯认为，城市的产生和变迁与生产力的发展水平相关，工业文明替代农业文明，体现了人类社会的进步性。工业化和生产力的发展加快了城市化进程，促使农民脱离农村生活的愚昧状态，也使"农村屈服于城市的统治"[①]。经典社会理论家将城市化看作现代化的基本内容和主要特征，认为从传统的农业、农村社会，向工业化、市场化的现代城市社会转变，是人类社会现代化的必然过程，是社会进步的表现。

芝加哥学派立足于城市社会学和现代性研究，承接了经典社会理论家对现代化和城市化的研究，为现代化理论的宏大建构提供了现实素材。芝加哥学派城市社会学研究的特点在于关注现代城市中人的状况和活动模式，将城市现象看作一种"生活方式"，并划定了传统乡村社会和现代城市社会的界限。芝加哥学派认为城市的扩大，是现代社会最明显的事实，在工业化和城市化发展过程中，社会关系的传统基础趋于瓦解，并最终被新的关联取代[②]。

城市化研究的现代化理论范式作为一种重要的理论路径，其传统与现代的关系探讨，是社会学的"不老议题"[③]。并且秉持"传统—现代"的二元化认识方法，以及由传统到现代的线性发展观，而城市化成为现代化的基本特征[④]。以西方社会的现代化进程为理论土壤的现代化理论，具有西方中心主义的典型特征，率先迈入现代化的西方国家成为广大发展中国家城市化发展的方向和典范。

现代化理论秉持一种单向的社会进化观，城市化是一个社会现代化变迁的主要内容。作为社会发展进步的表现，城市化就是从乡村到城市、从传统到现代、从边缘到中心的发展过程。现代城市社会必然

[①] 《共产党宣言》，人民出版社1997年版，第32页。

[②] ［法］达尼洛·马尔图切利：《现代性社会学——二十世纪的历程》，姜志辉译，译林出版社2007年版，第321—327页。

[③] 郑杭生：《现代性过程中的传统和现代》，《学术研究》2007年第11期。

[④] 谢立中、孙立平：《二十世纪西方现代化理论文选》，上海三联书店2002年版，第3—44页。

要取代传统农业社会，并且后发现代化国家的现代化进程必然以西方社会为标准，也会走向和西方国家同样的现代化发展道路①。从历史经验看，发展中国家的现代化进程，正是一个朝着欧美现代社会系统演变的过程②。现代化理论也成为认识非西方和发展中国家社会变动的重要理论范式③。中国作为世界上最大的发展中国家，在发展主义的现代化理论指导下，对中国城市化和社会变迁的研究主要集中在以下几个方面：一是对传统农村社会的现代化变迁趋势及其命运的研究；二是对城市化发展后果的研究；三是对城市化发展水平及其影响因素的讨论。

首先，在中国现代化和城市化快速发展进程中，传统村落共同体的变迁及其当代命运，也成为中国学术界和社会理论关注的时代命题④。主流观点认为，在中国快速的城市化和现代化进程中，依然存在传统"乡土中国"与现代"城市中国"的张力甚至区隔，影响着中国现代化路径的选择。"城市中国"被认为更符合现代化理论的城市化发展目标，占据着话语主导权⑤。中国的现代化浪潮中，城市化和市场化对传统农业社会的侵蚀和替代是必然规律，"农民终结"和"村落终结"⑥的命运不可避免。以西方发达国家为研究对象和经验基础的城市化研究的现代化理论范式，始终秉持"传统—现代"的二分法以及现代化趋同论⑦。中国的城市化发展路径，也将走向西方式的单向度城市化模式，符合发展主义现代化理论所预设的中国社会变迁的美好远景。

其次，对于中国城市化进程中所呈现出的不符合现代社会发展预

① 景天魁：《超越进化的发展——"十二五"时期中国经济和社会发展回眸与思考》，《社会学研究》2016年第2期。

② 李强：《社会转型：发展社会学的新议题》，《社会学研究》2005年第1期。

③ 陈映芳："转型"、"发展"与"现代化"：现实批判与理论反思，《南京社会科学》2012年第7期。

④ 毛丹：《村落共同体的当代命运：四个观察维度》，《社会学研究》2010年第1期。

⑤ 李远行：《乡土中国VS城市中国》，《读书》2005年第1期。

⑥ 李培林：《村落的终结——羊城村的故事》，商务印书馆2004年版，第142—155页。

⑦ 孙立平：《社会转型：发展社会学的新议题》，《社会学研究》2005年第1期。

期的现象则加以"问题化"。诸如村庄空心化问题、留守问题等，被视为中国城市化过程中的异化现象。作为城市化发展的必然趋势，城市对农村人口的吸纳，造成农村空心化或"过疏化"后果①。城市化不仅带来了乡村人口的流失，更是整个乡村社会体系的瓦解过程。在外部市场力量的冲击和村庄人口流动的背景下，传统乡村社会越来越难以维系，乡土熟人社会日趋走向解体，"半熟人社会"或者"无主体熟人社会"② 是乡土中国解体的真实写照。除了对乡村社会秩序的冲击外，农村人口流动带来了留守儿童、留守老人等突出的农村留守问题③。这被认为是我国城市化发展的异化现象和突出问题，也是中国现代化和城市化整体发展质量不高的体现。

最后是对中国城市化发展滞后还是超前的争论。作为现代化理论核心的工业化和城市化是伴生发展的，工业化和城市化发展的协调性，决定了城市化发展的质量和水平。改革开放以来，我国的城镇化和工业化加速发展，但是关于城镇化与工业化的同步协调性仍然存在争论，其中城市化滞后问题成为讨论的核心。相比于西方发达国家，以及拉美等主要发展中国家的城市化发展经验，主流观点认为我国城市化和工业化发展水平总体上滞后。简新华等学者认为，中国的城镇化水平滞后于国内经济发展水平和工业化进程，同时也滞后于国外同等发展水平的国家④。中国的城市化滞后除了所处发展阶段和国际经济环境导致的工业弱质化的经济原因外，更主要的在于我国经济社会制度的制约。城市化滞后的根源被指向我国的城乡二元制度结构，正是这种二元结构阻碍了城市化与工业化的协调发展和城乡一体化的实现⑤。

① 田毅鹏：《乡村"过疏化"背景下城乡一体化的两难》，《浙江学刊》2011 年第5 期。

② 吴重庆：《从熟人社会到"无主体熟人社会"》，《读书》2011 年第 1 期。

③ 谭深：《中国农村留守儿童研究述评》，《中国社会科学》2011 年第 1 期。

④ 简新华、黄锟：《中国城镇化水平和速度的实证分析与前景预测》，《经济研究》2010 年第 3 期。

⑤ 厉以宁：《论城乡二元体制改革》，《北京大学学报》（哲学社会科学版）2008 年第2 期。

（二）人口迁移与市民化视角的城市化研究

20 世纪中后期，发展中国家开始了快速的工业化和城市化发展进程，其工业化、城市化发展路径，以及在城市化过程中呈现出来的新现象和新问题，迫切需要理论解释和指导。现代化理论主要是面向发达国家现代化进程中社会结构变迁的研究，对发展中国家的工业化和城市化发展的研究，形成了"城乡二元结构—人口迁移"的理论范式，相关理论解释更具有发展中国家的针对性。

城市化研究的人口迁移理论范式，首先预设了城市与乡村、工业与农业的二元分立的关系。人口由农村向城市、由农业部门向工业部门的转移是经济发展和社会进步的体现。刘易斯认为，发展中国家的经济具有二元经济结构的特征，分为传统农业部门和现代工业部门。而传统农业部门存在的大量剩余劳动力和"隐蔽性失业"人群，为城市工业部门提供了无限供给的廉价劳动力，这正是支持发展中国家经济增长的"二元经济模型"。这种二元经济结构促进了整个国民经济的发展①。费景汉和拉尼斯在此基础上对二元经济模型进行了修正，进一步指出，农业部门不仅给城市工业部门提供剩余劳动力，而且提供了剩余农产品。技术的进步则促使工农业部门发展不均衡的二元结构，逐步走向统一发展的成熟阶段②。面对城市日益严重的失业问题，托达罗的劳动力迁移模型指出，农民向城市的流动，并不是因为农业部门存在边际生产率为零的绝对剩余劳动力，而是因为城市工业部门较高的就业率和预期工资收入，正是在预期收入差异的驱使下，即便农业经济不再是生存农业，农民也会不断向城市流动，从而造成城市失业现象的存在③。传统人口迁移理论基于城乡二元结构和人口迁移的经济动因，预设了劳动力从传统部门向现代部门、从农村向城市的永久性迁移。这符合西方发达国家和部分发展中国家工业化和城市化的演进历程和规律。

① Lewis, W. Arthur, "Economic Development with Unlimited Supplies of Labour", *The Manchester School*, Vol. 22, 1954, pp. 139–191.

② ［美］费景汉、古斯塔夫·拉尼斯：《增长和发展：演进观点》，洪银兴等译，商务印书馆 2004 年版，第 96—163 页。

③ 周剑麟：《二元经济论：过去与现在》，人民出版社 2013 年版，第 128—133 页。

发展中国家的城市化发展过程中，必然伴随着大量的农村人口向城市迁移的现象，对此现象的研究形成了众多人口迁移理论模型，其中关于影响人口迁移因素的"推—拉理论"具有较大的影响。影响人口迁移主要是两种不同方向力量的结果，即迁出地的推力和迁入地的拉力。迁出地和迁入地的推拉因素对于人口迁移的积极影响或者消极影响，取决于哪种力量占据主导，迁入地的拉力比推力更大，占据主导地位，因而促进了人口迁移行为的发生①。总体而言，推拉理论基于城乡差异以及理性人的基本假设，认为行动者是原子化的理性个体，在成本和收益理性计算的原则下做出迁移的选择，城市的优势地位决定了人口向城市迁移的方向，并促进了发展中国家的城市化发展。

城乡二元结构和人口迁移理论分析了农村劳动力向城市的流动和迁移现象，这也是发展中国家城市化进程中普遍发生的现象，被广泛运用于分析发展中国家人口从农村向城市流动迁移的现象。中国作为农村人口众多的发展中国家，同样存在农业与工业、农村与城市的二元结构。这也决定了我国工业化和城镇化发展中，人口流动的主导模式是从农业向工业转移就业，以及从农村向城市迁移。在我国长期存在的城市发展政策影响下，农村人口的迁移不仅受经济因素的影响，同时受到城乡二元制度结构的影响。我国快速的城市化进程和大规模的人口城乡迁移发生在改革开放之后，是制度变革和市场经济转轨的直接后果。在城乡二元结构影响下，人口迁移路径与城镇化发展模式具有紧密的相关性。

首先是对中国城镇化发展模式和发展道路的争论。改革开放初期以费孝通为代表的学者，提出以小城镇为主的城镇化发展模式。通过乡村工业化和发展乡镇企业的方式，吸纳农村人口向集镇和小城镇集聚，以此解决农村剩余劳动力问题，促进工业化和城镇化发展，小城镇发展模式承载着我国工业化和现代化的大问题②。小城镇为主的城

① Bogue, D. J., "Internal Migration", P. Hauser, Odduncan, eds., *The Study of Population*, Chicago: University of Chicago Press, 1959, pp. 486 – 509.

② 费孝通：《工农相辅发展小城镇》，《江淮论坛》1984 年第 3 期。

镇化发展模式得到广泛认可，并成为我国改革开放之后较长一段时期内的城市化发展政策，对我国的城镇化发展和学术探讨都有深远影响。主张小城镇路径的学者认为，小城镇发展具有降低城镇化成本、减少社会排斥、减轻大城市的人口负担等方面的优势①，以小城镇发展为依托，推进城乡一体化和区域经济共同发展，因此优先发展小城镇的城镇化道路，在当前仍然具有重要意义②。针对小城镇发展中存在的集约化程度和经济效益低下等问题，部分学者主张应当采取大城市发展的城市化路径，这样可以发挥大城市的规模经济效益，同时也符合世界城市化进程中大城市超前发展的普遍规律③。随着我国城市化的持续深入发展，小城镇和大城市在城市化发展过程中都呈现出自身的局限性。因此在政策层面和学术研究中，有学者主张"大中小城市和城镇"协调发展的城镇化道路，应根据我国的现实国情来选择符合中国实际的城镇化发展路径，协调推进大城市和中小城镇均衡发展④。"多元城镇化"的发展战略和均衡城镇化发展道路⑤，在兼顾大中小城市均衡发展的同时，被认为能解决城市化和现代化进程中的诸多社会问题，是符合我国现实国情的城镇化道路。

其次，在中国城市化发展进程中，农村人口迁移受到市场经济发展、城镇化政策等多重因素的影响，农村人口乡城迁移和农民工城市融入问题成为学术界关注的重点。改革开放初期，在优先发展小城镇的城镇化政策，以及乡镇企业快速发展的背景下，从小农经济中释放的剩余劳动力，就近进入乡村工业企业就业，乡村工业化发展吸纳了大量的农村剩余劳动力，形成了"离土不离乡"⑥的劳动力就近转移模式。随着市场经济的持续深入发展，政策层面也对农村劳动力自由

① 温铁军：《中国的城镇化道路与相关制度问题》，《开放导报》2000 年第 5 期。

② 沈关宝：《〈小城镇大问题〉与当前的城镇化发展》，《社会学研究》2014 年第 1 期。

③ 王小鲁：《中国城市化路径与城市规模的经济学分析》，《经济研究》2010 年第 10 期。

④ 辜胜阻、李永周：《我国农村城镇化的战略方向》，《中国农村经济》2000 年第 6 期。

⑤ 李强等：《中国城镇化"推进模式"研究》，《中国社会科学》2012 年第 7 期。

⑥ 赵喜顺：《论"离土不离乡"》，《社会科学研究》1984 年第 4 期。

流动的束缚进一步减弱。与此同时，中西部地区乡村工业化发展逐渐落潮，在广大中西部地区农村剩余劳动力的就近转移模式难以持续。在此背景下，我国劳动力转移模式也从就地就近转移，转变为中西部地区农村劳动力向东南沿海发达地区或者向大中城市流动务工的"离土又离乡"劳动力转移模式①。在此基础上，农村劳动力的城乡流动和农民工城市融入问题成为我国城镇化发展和人口迁移的研究重心。

城乡二元结构和市民化视角，是我国农村劳动力流动和城市融入问题的基本分析视角和理论基础。虽然改革开放之后我国城乡制度结构持续变革，市场经济快速发展，对农村人口城乡流动的限制日益减弱，但是城乡二元结构并没有完全消除。在城乡二元结构之下，影响农村剩余劳动力转移的因素，主要包括城市对农村人口的吸引力和农村对人口的排斥力两个方面。但是与西方发达国家对比来看，我国城市的吸引力和农村的排斥力是不对等的，农村劳动力进城大多处于兼业状态，并未完全脱离农村②，而是处于周期性的乡城往返流动状态。在影响我国农民工流动的因素中，不仅仅存在经济方面的因素，户籍制度是影响农民工城乡流动的主要制度因素，这是与其他国家最明显的差异。我国特殊的户籍制度对推拉作用产生影响，中国人口流动规律，与一般的经济因素主导下的推拉规律存在一定的差异性③。我国特殊的城乡二元结构，是影响农民流动和农民工市民化的结构基础，成为研究农村人口流动和农民工问题的主要结构视角。

我国的城乡二元结构，不仅是农村小农经济和城市市场经济的差别，而是更深层次的制度性和社会性的城乡二元结构，影响着我国城市化的健康发展和农民工市民化目标的实现。在农民工城市化的研究中，形成了"市民化"的主流研究视角，农民工城市融入问题等成为学者关注的重点。在发展主义思路下，农民由农村向城市迁移并实现市民化，是人口流动和城市化的必然结果，完全城市化被认为是社会进步的体现。

① 董文柱：《我国农村劳动力转移途径的再思考》，《中国农村经济》2003 年第 9 期。
② 邹农俭：《中外农村劳动力转移模式的比较研究》，《人口学刊》2001 年第 5 期。
③ 李强：《影响中国城乡流动人口的推力与拉力因素分析》，《中国社会科学》2003 年第 1 期。

王春光用"半城市化"概念来分析我国农村流动人口城市融入状态，即介于回归农村与彻底城市化的不融合与社会认同内卷化的状态，并且这种"半城市化"状态具有长期性，影响着中国社会结构变迁与城市化健康发展①。由于我国的城乡二元结构的长期延续性，农民工长期在城市务工经商，对农村社会逐渐疏离，而在城市又缺乏完善的制度保障和社会融入，处于一种既进不了城也回不去农村的"半城市化"状态，这是我国城市化进程中面临的突出问题②。同时"不完全城市化""伪城市化""虚城市化"等概念，也成为对城乡二元社会结构下农民工城市融入状态的描述与分析③。这种人口迁移和对城市社会不完全融入的状态，说明农民市民化进程受阻，其社会和制度根源在于中国特色的制度性城乡二元结构，也成为我国城市化进程中"城市病"和"三农"问题的病根所在④。由于城乡二元分割制度结构的长期存在，破坏了农民工应得的权利⑤，农民工"市民权"的丧失是其城市融入困境的根源所在。打破农民工城市化的制度性和结构性障碍，赋予农民完整的"公民权"，让农民享受和市民同等的权利，是解决农民工问题以及实现城市化的关键所在⑥。市民化视角下，农民工流动和城市融入问题，最终指向城乡二元结构的障碍，以及农民工"市民权"的丧失。从制度、经济和社会等方面破除城乡二元结构，是我国城市化和现代化发展的迫切需要。

（三）简要述评

现代化理论为我国的城市化研究提供了重要的理论框架。但是现代化理论范式"传统—现代"的二元划分以及线性发展观，在具体的

---

① 王春光：《农村流动人口的"半城市化"问题研究》，《社会学研究》2006 年第 5 期。

② 杨昕：《新生代农民工的"半城市化"问题研究》，《当代青年研究》2008 年第 9 期。

③ 马雪松：《"不完全城市化"的负面影响及其应对建议》，《江西社会科学》2008 年第 1 期。

④ 陆学艺：《破除城乡二元结构体制是解决"三农"问题的根本途径》，《中国农业大学学报》（社会科学版）2013 年第 3 期。

⑤ 张国清：《分配正义与社会应得》，《中国社会科学》2015 年第 5 期。

⑥ ［美］苏黛瑞：《在中国城市中争取公民权》，王春光等译，浙江人民出版社 2009 年版，第 4—8 页。

城市化解释路径中，往往以西方为现代化模板。认为发展中国家的城市化进程，正是对西方现代化道路的重复，往往忽视了各国特殊的历史和社会文化背景。中国作为发展中的人口大国，农村人口占大多数，是典型的"农民中国"。当前我国处于快速的城镇化发展进程之中，面临着国家现代化发展的艰巨任务。但是我国农村人口庞大、资源禀赋、发展阶段、特定的制度安排以及历史文化传统等这些独特性，都决定了我国的城镇化路径和现代化任务与西方发达国家有所差异。一元现代化理论难以对中国特色的城镇化道路进行全面概括。

城乡二元结构——人口迁移理论范式认为，发展中国家的现代化离不开城市现代部门发展的动力基础。城市现代部门的发展推动了农村人口向城市的迁移，对于发展中国家的发展事实具有很好的理论解释力。但是城乡二元的结构主义理论视角，秉持城乡二分观念，预设了现代城市的中心地位以及传统农村的边缘地位。农村人口向城市的单向度迁移，是城市化的必然规律和结果，是经济社会发展进步的体现。这种结构主义和发展主义的理论特征，将乡城迁移的农民作为被动的身份改变者，而非主体行动者及其动态的城市化实践过程。认为农村人口的迁移，是由城市现代部门的发展带来的结构性后果，而城镇化则是经济发展和制度变革的成果。这一理论范式忽视了作为能动主体的农民，对于卷入城乡关系结构中农民的城镇化实践过程关注不足，这是其理论的片面性所在。

在中国城市化快速发展浪潮中，现代化和人口迁移理论成果为我国的城市化研究提供了有益的借鉴，但是其结构主义和发展主义的理论特质，注重对宏大社会变迁命题进行解释，并秉持西方现代化的路径模板。这一方面忽视了中国城市化进程中涌现的复杂现象及其背后的社会文化内涵，另一方面其宏观解释视角对城市化主体及其微观实践的忽视，使其在解释和指导中国城市化实践中存在一定的理论局限性。

二 城镇化研究的实践转向

现代化理论范式以及城乡二元结构和人口迁移理论范式，其城市化研究的理论视角主要是从宏观层面对城市化发展规律进行总结和分析，具有结构化和发展主义的理论特征。在对中国等发展中国家的城市化研究中，遵循着结构化、制度化的逻辑视角和单向度城市化的发展观，持有一种城市偏向和"城市中心主义"的立场①。虽然这种宏观层面的社会转型和结构变迁，对于中国城镇化进程中特殊的制度结构和城乡二元结构进行了深入分析，但是依然存在社会形态转换、城乡二元结构统摄下对城镇化行动主体的忽视，限制了对我国城镇化进程中复杂现象及其运行机制的深入分析。

尽管中西方城市化进程存在很多共性，但是并不只有一种路径，而是存在多种路径。传统与现代社会形态的二分法，以及单向度的城市化和人口迁移模式，这种一元化的理论逻辑，并不足以指导和解释很多发展中国家的城市化和现代化进程中所遇到的特殊问题和复杂现象②。社会科学研究的"实践转向"③，正是对发展主义和结构主义传统的反思。体现出社会科学研究领域对时空维度上得到有序展开的各种社会实践的重视，是经验性和理论性的有效结合④。基于对城市化的人类后果的关注，布赖恩·贝利认为城市化并不只有一种模式或者路径，而是存在多种实践路径，并由此展开对世界不同国家或者地区城市化及其后果的比较研究⑤。城市化研究的实践转向，强调发展中国家城市化实践和本土经验，弥补宏观体制模式解释的不足。对城镇化实践机制的探讨，需要回到具体的制度逻辑和日常生活逻辑二者之间的互动关系和张力上来，深入考察城乡关系变化的经验和实践过程⑥。城市化进程中的城乡关系动态实践视角，对于挖掘城市化和城乡关系丰富的实践内涵具有重要意义，对处于城市化快速发展过程中的发展中

---

① 文军、沈东：《当代中国城乡关系的演变逻辑与城市中心主义的兴起——基于国家、社会与个体的三维透视》，《探索与争鸣》2015 年第 7 期。

② ［美］布赖恩·贝利：《比较城市化》，顾朝林等译，商务印书馆 2010 年版，第 5 页。

③ ［法］皮埃尔·布迪厄、华康德：《实践与反思：反思社会学导引》，李猛、李康译，中央编译出版社 2004 年版，第 37 页。

④ ［英］安东尼·吉登斯：《社会学方法的新规则——一种对解释社会学的建设性批判》，田佑中、刘江涛译，社会科学文献出版社 2003 年版，第 60—75 页。

⑤ ［美］布赖恩·贝利：《比较城市化》，顾朝林等译，商务印书馆 2010 年版，第 5—10 页。

⑥ 折晓叶、艾云：《城乡关系演变的研究路径———一种社会学研究思路和分析框架》，《社会发展研究》2014 年第 2 期。

国家的城市化研究是十分必要的①。一个好的中国城镇化研究，需要扎根中国波澜壮阔的城镇化发展这一历史进程，注重本土生动的实践性经验，走一条能为中国城镇化研究做出理论贡献的实践道路②。

关于中国城镇化发展的动力机制和实践模式的研究，相关研究立足于挖掘我国城镇化发展道路的独特性和内在机制。有学者指出，不同于西方发达国家市场主导下的城市化发展模式，中国的城镇化发展具有明显的政府主导特征③。新中国成立尤其是改革开放以来，我国城镇化进程一直受到政府政策和政府参与的影响④。政府主导的自上而下的城镇化，成为我国城镇化发展的主要动力来源之一，政府主导的制度投入是我国城镇化兴起和快速发展的重要因素⑤。

地方政府作为城市建设的主导者，其推动城镇化的发展实践，主要体现在地方政府通过行政手段对土地财政运作和城镇化项目的经营中。地方政府作为城镇化的政策执行和公共成本投入的主体，在分税制改革之后面临着财政来源不足的困境，而土地财政成为中国城镇化启动的关键性制度，对于城镇化原始资本积累起到了重要作用⑥。地方政府的土地运作行为影响了地方工业化和城镇化的发展。对于城镇化发展中地方政府行为及其运作逻辑的研究表明，地方政府的土地出让策略是，低价出让城市工业用地，高价出让城市商住用地，以此来降低企业成本，同时增加公共财政收入和支出能力，这样可以进一步吸引企业，促进工业化发展和人口集聚，从而达到推动城镇化的目的⑦。地方政府统筹城乡发展中，地方政府和资本成为推动城镇化快速发展的主导力量，政府主导和资本下乡，利用土地经营的手段，推动农民上

① 张兆曙：《农民日常生活视野中的城乡关系及其出路》，《福建论坛》（人文社会科学版）2009 年第 12 期。

② 孟铬：《〈比较城市化〉评介》，《地理学报》2011 年第 10 期。

③ 李强等：《中国城镇化"推进模式"研究》，《中国社会科学》2012 年第 7 期。

④ 方创琳：《中国城市发展方针的演变调整与城市规模新格局》，《地理研究》2014 年第 4 期。

⑤ 张庭伟：《对城市化发展动力的探讨》，《城市规划》1983 年第 5 期。

⑥ 赵燕菁：《土地财政：历史、逻辑与抉择》，《城市发展研究》2014 年第 1 期。

⑦ 雷潇雨、龚六堂：《基于土地出让的工业化与城镇化》，《管理世界》2014 年第 9 期。

楼集中居住①。在转型期的城镇化发展进程中，政府主导的快速城镇化发展背后，有土地财政的深层运作逻辑，体现出地方政府对土地和城市的经营性逻辑，地方政府企业化的特征明显②。

　　在中国的城镇化发展实践过程中，政府发挥着重要作用，但是也存在着重视"物的城镇化"而忽视"人的城镇化"的局限。正因为政府主导的城镇化发展路径存在诸多问题，应当改革和转变城镇化发展路径。随着我国城镇化的持续快速发展，"人的城镇化"成为学界研究的共识，并被确立为中国特色新型城镇化发展战略的目标，实现以人为本的新型城镇化发展转向具有历史必然性。以人为本的城镇化既体现在政府政策和公共资源配置中服务于广大人民的利益诉求，同时也体现在对城镇化参与主体的关注。我国是农村人口众多的发展中国家，农民是城镇化的真正主体，农民进城成为城镇化快速发展的根本推动力量。不同于结构主义人口迁移理论对人口流动的宏观结构性和制度性影响因素分析，将行动者引入城镇化研究的分析中来，主体行动分析视角更加注重对农民进城决策和行动逻辑的分析。

　　农民是城镇化的主体，关于农民作为行动主体对城镇化进程参与的研究，主要集中在农民外出务工行为及其逻辑的探讨。理性选择理论关注行动者的行动逻辑，遵循行动者是经济理性的这一基本理论假设。作为理性人的行动者，其系统而有目的的行动，目的是实现利润的最大化③。社会理论解释个人和社会组织的活动，必须从行动者的角度来理解他们的行动，理解个人行动意味着寻找其隐藏在行动内部的各种动机，而个体行动者行动的合理性和目的性是效用最大化④。理性选择理论认为作为社会个体的行动者，主要目的是实现价值和效

　　① 周飞舟、王绍琛：《农民上楼与资本下乡：城镇化的社会学研究》，《中国社会科学》2015 年第 1 期。

　　② 殷洁等：《转型期的中国城市发展与地方政府企业化》，《城市问题》2006 年第 4 期。

　　③ ［美］N. 格里高利·曼昆：《经济学原理（第 5 版）：微观经济学分册》，梁小民、梁砾译，北京大学出版社 2009 年版，第 7 页。

　　④ ［美］詹姆斯·S·科尔曼：《社会理论的基础（上）》，邓方译，社会科学文献出版社 2008 年版，第 20 页。

用最大化。

对农民经济行为的研究存在"生存小农"与"理性小农"的理论争论①。黄平②基于生存理性的视角，认为农民行为是受生存理性支配的，农民外出务工行为是一种"寻求生存"的理性行为。文军③认为农民外出就业行为是理性的，但是在农民工的具体行动过程中，遵循着从生存理性到经济理性，再到社会理性选择的逻辑进路。在发展中国家，农民即便面对市场经济的冲击，仍然会按自己传统的行为逻辑行事，在经济理性之外体现出一种"社会理性"的行为逻辑，这一理论视角也是对非资本主义国家本土视角和地方性知识的强调④。农民工的城乡流动和两栖现象是我国城镇化进程中的特有现象，是农民经过反复权衡在实践中走出的一种迁移模式，既是一种无奈的理性创造，也是农民有限理性行为的体现⑤。农民工的迁移行为是受复杂且多元因素的影响，他们是否选择永久性迁移是建立在诸多因素考虑的基础之上的，是生存理性、经济理性和社会理性综合作用的结果⑥。农民进城购房的动力是效用或利益最大化，其购房行为是在社会系统下的一种理性选择⑦。面对城镇化带来的剧烈冲击，农民是否愿意进城定居，除了经济利益的考虑外，还具有很强的对于生计安全需求的考虑。在安全需求无法完全替代的情况下，农民感受到强烈的转型不安全感，出于"安全经济学"的行动逻辑，农民并不愿意在生计安

---

① ［美］黄宗智：《华北的小农经济与社会变迁》，中华书局 2000 年版，第 5 页。

② 黄平：《寻求生存——当代中国农村外出人口的社会学研究》，云南人民出版社 1997 年版，第 80 页。

③ 文军：《从生存理性到社会理性选择：当代中国农民外出就业动因的社会学分析》，《社会学研究》2001 年第 6 期。

④ 黄鹏进：《农民的行动逻辑：社会理性抑或经济理性——关于"小农理性"争议的回顾与评析》，《社会科学论坛（学术评论卷）》2008 年第 8 期。

⑤ 周明宝：《无奈抉择下的一种理性创造——浙西南农民工城乡"两栖"现象专题调研》，《社会》2002 年第 11 期。

⑥ 熊波、石人炳：《农民工永久迁移意愿影响因素分析——以理性选择理论为视角》，《人口与发展》2009 年第 2 期。

⑦ 彭寅、谢熠：《跨阶层购房动因与理性逻辑——基于理性选择理论的案例分析》，《湖北民族学院学报》（哲学社会科学版）2015 年第 2 期。

全尚未得到保障的情况下在城市落户成为城市居民①。

关于农民城镇化和农民行动逻辑的研究，存在个体主义方法论和经济行为研究的局限性。产生于西方的理性选择理论等理论资源，存在方法论个人主义的局限性，主要从经济层面研究个体行动者的行为逻辑。在中国的城镇化和农民行动研究中，更多集中于农民的流动和务工行为逻辑的讨论，一方面侧重于个体劳动者的迁移行为动机，另一方面对农民进城和定居行为的讨论更多集中在经济层面。然而随着城镇化的持续深入发展，农民个体及其家庭对城镇化的卷入程度日益提高，同时城镇化给农民带来的冲击不仅体现在经济层面，更是深入农民家庭的整体性转型，这是个体主义视角和经济侧重的研究指向所难以涵盖的。

关于中国农民对城镇化的参与逻辑和行动机制的探讨，部分研究者认为应当立足农民家庭本位的行动逻辑，从"家庭"出发挖掘农民进城的经济和社会内涵。白南生等②指出，农村流动人口的"候鸟式流动"，恰恰是农民主体能动性的体现，是中国城镇化发展实践的独特方式。张世勇③基于家庭生命周期的理论视角，进一步指出，农民进城与返乡的双向流动是农民有主体性的行动规律，劳动力及家庭生命周期是农民外出打工与返乡行动选择的基本依据，他们是遵循生存理性及家庭本位的社会行动主体。不同于单向度的人口流动和市民化分析视角，贺雪峰等④对农民工城乡流动行为的内在机制和中国城镇化道路的社会文化内涵进行分析，指出农民进城打工，主要不是为了在打工地城市定居，他们主要是为了赚取收入，以维持农村家庭的体面生活，以及家庭再生产秩序的有序展开，因此呈现出周期性城乡

① 毛丹、王燕锋：《J市农民为什么不愿做市民——城郊农民的安全经济学》，《社会学研究》2006年第6期；张翼：《农民工"进城落户"意愿与中国近期城镇化道路的选择》，《中国人口科学》2011年第2期。

② 白南生、何宇鹏：《回乡，还是外出？——安徽四川二省农村外出劳动力回流研究》，《社会学研究》2002年第3期。

③ 张世勇：《生命历程视角下的返乡农民工研究》，博士学位论文，华中科技大学，2011年，第242—248页。

④ 贺雪峰、董磊明：《农民外出务工的逻辑与中国的城市化道路》，《中国农村观察》2009年第2期。

往返流动的规律。在中国独特的制度性城乡二元结构，以及"家庭本位"的社会文化传统中，城镇化进程中的农民工流动机制不应站在个体劳动者的角度进行解释。农民对城镇化的参与行动及其呈现出的城乡流动现象和城镇化实践路径，是农民以家庭为基本行动单位对城镇化参与的行动策略体现。农民的进城与返乡是家庭生命周期中的生计策略选择，通过家庭劳动力分工形成了中国农村普遍的"半工半耕"结构①。正是这种半工半耕的农民家庭劳动力分工与合力的生计模式，保障了农民家庭难以一次性完成城市化的现实约束下的有序进城，支撑了中国城镇化发展进程中"接力式进城"的城镇化发展路径和中国特色的弹性城镇化道路②。但是，需要指出的是，上述"家庭视角"下的农民流动和城镇化参与实践，更多的是从农民工的经济行为和农民家庭生计的层次展开，而对已经深度卷入城镇化和市场化进程的农民家庭的整体转型和城镇化实践机制并没有充分展开。

城镇化研究的实践转向和对行动主体的回归，给中国的城镇化研究提供了新的视角，有助于走出发展主义的线性现代化理论进路、结构主义人口迁移理论范式的局限性。将行动者及其主体实践引入城镇化研究中来，可以挖掘我国城镇化进程中的丰富经验现象和转型机制，是符合社会科学本土化的理论尝试。但是农民主体行动视角的城镇化参与机制研究，也应当避免陷入个体主义方法论对个体行动者核心作用的强调，而忽视了农民家庭这一极富中国特色的社会文化传统根基的实践单位，以及微观行动背后的宏观结构及社会背景的变迁。社会制度空间和城乡经济发展，不仅带来了农民生计的转变，而且促进了农民家庭的整体转型，给农民参与城镇化进程创造了机会空间，提供了基础条件。农民城镇化的主体能动性和家庭的整体性转型，应当纳入农民城镇化实践的整体性考察。本书将在既有研究和分析理论的基础上，将作为主体行动者的农民及其城镇化行动引入分析，以农民家庭为基本分析单位，从农民家庭转型的视角探索农民城镇化参与

———

　① 夏柱智：《论"半工半耕"的社会学意涵》，《人文杂志》2014 年第 7 期。
　② 王德福：《弹性城市化与接力式进城——理解中国特色城市化模式及其社会机制的一个视角》，《社会科学》2017 年第 3 期。

20

的主体能动性和内在实践机制。

第三节　理论资源与分析框架

一　理论资源

农民是城镇化的主体，随着我国城镇化的持续快速发展，农民对城镇化进程参与的广度和深度也在不断增加。"个人与社会""结构与行动"是社会学研究的主要议题和理论框架。农民的城镇化行动嵌入在我国特定的城乡二元关系结构之中，既体现了农民的主体能动性，同时也体现出外部社会结构强有力的结构约束。本书借助社会学中结构化理论对个体与社会、结构与行动的解释框架和理论资源，分析农民城镇化参与的主体能动性和结构约束，以此展现农民城镇化行动的复杂经验面向和内在实践机制。

在经典社会理论家的理论脉络中，存在个人与社会、结构与行动的张力问题，由此也形成了两种理论传统的分野。涂尔干以来的结构社会学秉持结构主义和客体主义的观念，认为社会结构是客观存在的，并把社会这一概念直接与制约相联系，社会的结构性特征对行动有制约影响[1]。以韦伯为代表的社会理论家遵循着方法论个体主义原则，强调行动者作为主体的主观意图的作用，并不是社会结构制约与摆布的傀儡，而是具有能动性的主体，并与社会客体之间形成二元对立。韦伯强调行动的主观意义，并对"行动"进行了界定，个体赋予其行为主观意义的行动是社会性的，"社会的行动则指行动者的主观意义关涉到他人的行为，而且指向其过程"[2]。吉登斯系统概括了两种理论传统的分野，为了克服主体与社会客体、行动与结构的二元张力，将这种二元论重新建构为某种二重性，结构二重性成为其结构化理论的基础。吉登斯关注社会行动的生产与再生产实践，主张从社会实践切入来认识人类社会，社会并非一个"预先给定的"客体世

---

① ［英］安东尼·吉登斯：《社会的构成》，李康等译，生活·读书·新知三联书店1998年版，第271页。

② ［德］马克斯·韦伯：《社会学的基本概念》，顾忠华译，广西师范大学出版社2005年版，第3页。

界，主体的行动可以构造世界，认为"社会的生产与再生产"，是社会成员的机能性实现，而不仅是一系列机械的过程①。结构化理论强调把握行动者活动的具体场景，及互动场景的制度化特征。行动者的行动历程既受社会结构和制度的塑造，反过来行动者的行动也对社会产生影响②。

结构化理论建构克服了社会理论传统中长期存在的个人与社会、结构与行动的二元对立观，对社会科学研究产生了深远影响。结构化理论寻求弥合个人与社会、结构与行动的二元张力。但是其立足西方社会理论传统的理论建构，依然是在个人与社会关系的分析框架中进行的，理论基础也是个体行动者与客观社会的互动或互构关系。

二 找回家庭：农民城镇化的研究视角和分析框架

发展主义和结构主义的分析进路，将城市化置于宏观的结构转型中进行考察，往往忽视行动主体的能动性。农民作为城镇化的主体，由乡入城的迁移和城市生活方式的转变成为农民城镇化的主要内容，这也意味着城镇化是一个主体实践过程，因此农民城镇化研究应当有一个回归农民主体行动的过程。西方社会理论将"个人—社会"关系作为理论建构的基础和框架。在中国的社会文化传统和现代化进程中，"家庭本位"的文化基础虽然受到现代化因素的冲击，但是家庭本位的认同并没有被个体主义的价值观替代，家庭依然是中国社会的基本细胞和社会行动单位。不同于西方个人与社会关系理论脉络中，个体可以直接达成与社会的直接沟通，行动主体的行为动机建立在个体主义文化价值观之上。以家庭为本位的中国传统文化秩序，保障了农民个体服从和服务于家庭整体目标的合理性和合法性。家庭作为勾连个人与社会关系的桥梁和载体，是城镇化的行动主体和基本参与单位，蕴含着经济、社会、文化等综合性内涵，这也是本书把农民家庭作为认识农民城镇化实践机制的基本分析单位的意义所在。

---

① ［英］安东尼·吉登斯：《社会学方法的新规则——一种对解释社会学的建设性批判》，田佑中、刘江涛译，社会科学文献出版社2003年版，第277页。

② ［英］安东尼·吉登斯：《社会的构成》，李康等译，生活·读书·新知三联书店1998年版，第48—61页。

本书立足农民城镇化的具体实践经验，考察县域城镇化进程中农民家庭的参与模式、行动逻辑和实践机制。农民的城镇化行动，既体现出农民的主体能动性，同时也有对外部结构约束的适应性调试。农民既不是完全的个体主义理性行动者，也不是完全被外部结构裹挟的对象，而是以家庭为单位的城镇化的能动主体。基于此，本书将农民的城镇化实践纳入"个人—家庭—社会"的框架中，强调中国农民家庭的自主性，建构农民主体行动与外部社会结构关系的分析框架。将农民城镇化行动置于整体性社会变迁和家庭转型的时代背景中去考察，赋予城镇化研究"社会学的想像力"①。对农民城镇化参与模式和实践机制进行分析性叙事，尝试揭示中国特色城镇化道路丰富而深刻的社会文化内涵。

　　农民走出乡土社会对城镇化的深度参与，也是农民家庭转型的过程，家庭转型路径形塑了农民城镇化实践模式。家庭转型或者家庭变迁研究脉络中，主流的家庭现代化理论基于家庭要素、家庭结构、伦理关系等家庭本身的变革，将家庭转型视为从传统家庭形态向现代家庭形态的转变②。在现代化进程中，家庭结构的核心化和伦理关系的理性化，是现代家庭的典型特征，也是中国传统的大家庭模式向现代核心家庭变迁的必然路径③。基于静态家庭形态的家庭转型研究，存在传统与现代家庭二分的理论简化，而对急剧社会变迁中的家庭转型的动态实践和微观运作机制关注不足。不同于宏观和静态的传统与现代二分的家庭现代化转型研究，在以城镇化为主要内容的现代化进程中，家庭转型可以理解为农民家庭的现代性适应的实践过程④。微观和动态的家庭转型机制和实践形态，是观察城镇化和社会变迁的重要窗口。因此，农民家庭的转型实践过程和微观运行机制，是本书农民

---

　　① ［美］C. 赖特·米尔斯：《社会学的想像力》，陈强、张永强译，生活·读书·新知三联书店 2005 年版，第 3—7 页。

　　② 费孝通：《论中国家庭结构的变动》，《天津社会科学》1982 年第 3 期。

　　③ ［美］阎云翔：《中国社会的个体化》，陆洋等译，上海译文出版社 2012 年版，第 21 页。

　　④ 李永萍：《老年人危机与家庭秩序——家庭转型中的资源、政治与伦理》，社会科学文献出版社 2018 年版，第 27 页。

城镇化研究的切入视角。将县域城镇化的农民参与实践，纳入农民家庭转型和社会变迁的整体性视角。农民的城镇化实践，承载着农民家庭整体性转型的社会文化内涵，并且嵌入微观的农民家庭再生产实践过程中。

农民的城镇化实践受城乡关系结构的约束，作为基本行动单位的农民家庭，起到沟通农民与外部世界的中介桥梁作用。农民家庭既非个体主义的行动主体，也非受外部结构约束的木偶，而是城镇化参与中的能动主体。农民家庭适应城镇化变迁的主体能动性，体现为农民城镇化参与模式和具体实践中的"家庭策略"。在"个人—家庭—社会"的分析框架中，农民家庭是一个具有能动性的整体，起到沟通个人和社会关系的中介作用。在城镇化变迁和家庭转型实践中，家庭策略的分析，讨论整体性的家庭在社会变迁过程中的主动性应对策略，将宏观的社会变迁与微观的家庭（成员）行为方式关联起来①。在家庭策略的分析视角下，农民家庭既具有"形式主义"所赋予的追求利益的理性意识，同时也具有"实体主义"所认为的风险规避的行动策略。家庭策略对农民家庭作为城镇化能动主体的强调，区别于西方现代化和社会理论中对个体化行动主体及个体理性的预设，也不是现代性带来的农民个体解放的意义层次，体现出中国农民家庭的整体观。农民家庭城镇化适应策略和家庭再生产模式，是基于中国社会文化传统，对城镇化进程中，农民家庭整体性转型及其实践形态的概括。

经典社会学理论发展脉络，无不是以应对社会总体结构的问题为出发点，回应总体性结构变迁的问题，所讨论的问题始终没有绕出国家和市场之外②。家庭转型及其实践策略，不是个体主义的自由行动，而是在承认主体对客体的依赖、客体对主体制约的前提下，行动者在实践活动中所体现的主体特性之一③。在农民城镇化实践中，家庭作

---

① 麻国庆：《家庭策略研究与社会转型》，《思想战线》2016 年第 3 期。
② 渠敬东：《坚持结构分析和机制分析相结合的学科视角，处理现代中国社会转型中的大问题》，《社会学研究》2007 年第 2 期。
③ 马衍明：《自主性：一个概念的哲学考察》，《长沙理工大学学报》（社会科学版）2009 年第 2 期。

为沟通农民个体与国家和市场的中介，农民家庭作为能动性的主体，一方面要与作为"资源配置方式"的制度进行互动①；另一方面需要应对进入城市市场经济体系之后市场的僭越，成为重新组织农民生产生活的主要力量，及其所带来的劳动力商品化和生产生活组织的市场化所带来的市场风险②。只有发挥家庭作为基本经济单位、社会单位和文化价值单位的行动主体地位，通过家庭策略的发挥和家庭结构的适应性调试，充分调动和整合家庭资源和城乡制度及市场资源，以此来克服城乡制度结构、市场结构制约及其家庭资源不足所带来的城镇化困境和风险。因此城镇化进程中，在城乡二元关系结构的制约下，农民家庭的城镇化适应策略，正是农民家庭自主性的充分写照。在城镇化进程中，农民家庭自主性的发挥主要表现在两个方面。一是作为能动的主体，在农民家庭的城镇化参与中通过对城镇化节奏的掌握，根据家庭再生产周期和家庭城镇化能力来决定进城的节奏和城镇化参与程度，实现家庭再生产的整体性目标与体面安居的城镇化目标有机结合。二是农民城镇化过程中往往面临家庭经济能力不足的压力和进城失败的风险，通过以家庭为单位对城乡之间制度性和市场性资源以及对家庭内部资源的调配和整合，增强家庭城镇化的能力，克服城镇化带来的家庭再生产压力，同时规避城镇化的市场风险。

对县域城镇化的农民参与模式和实践机制的研究思路如下。首先主要线索是农民城镇化参与过程和实践逻辑的线索。以农民为主体的城镇化实践不仅是农民进城的过程，而且具有丰富的社会文化内涵，这主要体现在农民进城的动力、城市生活方式变革、城镇化目标的达成等方面，展现了以农民为主体的城镇化实践过程。其次是农民家庭应对城镇化变迁和家庭转型的适应过程，也即城镇化进程中农民家庭再生产模式转变和实践路径的线索，这是本书的辅线。农民家庭对城镇化的深度参与不仅带来了家庭生计模式的变化，也促进了深层次的

① ［美］罗纳德·H. 科斯等：《财产权利与制度变迁：产权学派与新制度学派译文集》，刘守英等译，格致出版社、上海三联书店、上海人民出版社 2014 年版，第 70—81 页。

② ［美］苏黛瑞：《在中国城市中争取公民权》，王春光等译，浙江人民出版社 2009年版，第 90—100 页。

农民家庭劳动力再生产和价值再生产模式的实质性转变。由乡入城的城镇化实践，使农民家庭再生产超越乡土社会系统嵌入城市社会系统，改变了家庭再生产的方式、路径和价值目标，赋予农民家庭社会流动和发展的动力与空间，也增加了农民家庭再生产的市场化风险。这就需要农民家庭在家庭资源、家庭结构和家庭关系等方面进行新的适应性调整，以此顺利实现城镇化和家庭再生产的整体性目标，转型期的农民家庭再生产秩序形塑了城镇化路径。

第四节　研究方法与田野工作

一　研究方法

本书是关于农民城镇化的经验研究，采用质性研究方法。经验研究包含两个步骤和过程，一是对经验现象的调研和体悟，二是对经验材料的分析[1]。而经验本身的训练十分重要，通过持续的经验训练和完整的经验调研，社会科学研究者可以真正贴近研究对象的生活情境，对经验现象及整体性经验内部的实践逻辑进行整体把握[2]。费孝通在谈扩展社会学的传统界限时认为，经验研究和实践性认知方式，对中国社会科学具有特殊的方法论意义[3]。关于经验研究与理论关系，黄宗智认为"从实践历史出发的认识方法，与中国长期以来偏重经验和实用的传统具有一定的连续性"，可供建立中国社会科学的现代认识方法和理论[4]。可见经验研究并不是简单地对经验材料的收集和处理，而是有系统的方法论指导和内在的理论关怀的，注重研究者的实践性认知和系统的经验训练[5]。

质性研究以个案研究的方式来体现，在人类学和社会学的研究传

---

①　杜鹏：《土地与政治》，博士学位论文，华中科技大学，2018年，第29页。

②　王德福：《经验研究的"第三条道路"》，《社会学评论》2014年第1期。

③　费孝通：《试谈扩展社会学的传统界限》，《北京大学学报》（哲学社会科学版）2003年第3期。

④　[美]黄宗智：《连接经验与理论：建立中国的现代学术》，《开放时代》2007年第4期。

⑤　贺雪峰：《华中村治研究：立场·观点·方法》，社会科学文献出版社2016年版，第1—16页。

统中，个案研究方法涌现出一批优秀的人类学、社会学经典著作，极大地影响了中国本土社会学的研究。然而，个案研究方法的代表性问题一直是争议的焦点。部分学者认为，由于异质性的存在，个案研究难以获得整体性的认识①。而有学者则认为，不能将代表性和典型性混为一谈，个案研究的作用是突出个案的典型性而非代表性②。针对个案研究的局限，相关研究者也进行了反思和改进。费孝通从社区个案研究，逐步走向社区类型研究，通过对不同类型村庄的调查，用比较法从局部走向区域和整体，逐步接近对中国社会全貌的认识③。美国社会学家布洛维提出"扩展个案法"，寻求自田野扩展出去，从微观走向宏观，研究者既居高临下看到具体生活，又能从具体生活中反观宏观因素的变迁，从而达到对经验问题的深入理解，跳出个案的狭小天地④。卢晖临等学者指出"扩展个案法"，"试图立足宏观分析微观，通过微观反观宏观"，并在实践中凸显理论的功能，从而建立微观社会学的宏观立场⑤，经由理论重构可以较好地处理特殊性与普遍性的关系问题。孙立平等学者所倡导的"实践社会学"强调深度的个案研究和"过程—事件分析"对实践逻辑的把握，在对社会生活逻辑的把握方面，深度个案研究具有明显的优势，深入现象的过程分析，去发现那些发挥作用的隐秘机制⑥。以上学者的尝试，在一定程度上弥合了个案研究法微观与宏观之间的张力与裂痕。

本书是关于农民城镇化实践的经验研究，立足农民进城的实践过程。在城镇化过程中农民的具体行动嵌入在复杂的城乡关系结构中。城镇化作为中国社会转型和重建中的总体性问题，面对农民与国家、

---

① 王富伟：《个案研究的意义和限度——基于知识的增长》，《社会学研究》2012 年第 5 期。

② 王宁：《代表性还是典型性？——个案的属性与个案研究方法的逻辑基础》，《社会学研究》2002 年第 5 期。

③ 费孝通：《学术自述与反思》，生活·读书·新知三联书店 1996 年版，第 34—35 页。

④ ［美］麦克·布洛维：《公共社会学》，沈原译，社会科学文献出版社 2007 年版，第 80—135 页。

⑤ 卢晖临、李雪：《如何走出个案——从个案研究到扩展个案研究》，《中国社会科学》2007 年第 1 期。

⑥ 孙立平：《实践社会学与市场转型过程分析》，《中国社会科学》2002 年第 5 期。

农民与市场关系互动的丰富性，只有深入经验本身的复杂性，才能揭示农民行动的逻辑及经验本身运行的隐秘机制，更好地把握城镇化和社会转型的过程。由于农民进城已经使部分农户走出农村并产生了与城市密切的关联，这样以"社区"或者"村落"为认识单位的"社区方法论"①，就难以满足城镇化背景下对经验现象的完整把握，需要对研究的时空范围进行延展。不同于农民外出务工形成的周期性城乡往返模式，中西部地区农民大多选择了家乡就近的县城或中心镇购房和定居，并且产生了密集且复杂的城乡关联与互动，城镇化和中国社会转型的众多基本性问题交会在县域空间。因此县域是我们进行农民城镇化经验研究的时空场域，个案方法的村庄单位也因此需要扩展到城镇。基于此，本书运用个案研究方法，强调对个案的深度挖掘，挖掘个案背后的一般结构性因素和个案反映的某一类现象的一般特征。呈现农民城镇化实践经验的复杂性与经验逻辑的一般性，从微观与宏观、行动与结构的互动中，揭示农民进城的动力、实践过程和运作逻辑。

二　田野工作

进入学术训练以来，笔者已在全国十余个省市的 20 多个县、镇、村累计进行田野调研 400 余天。在历次的田野调研中，笔者不仅认识到经验的复杂性，同样感受到中国社会变迁之迅速和社会转型的剧烈性。其中引起乡村社会系统性转型的则是当下正在快速推进的城镇化进程，城镇化的快速推进使农民家庭面临巨大的转型机遇和压力，促使农民去参与和适应这场"百年未有之大变局"。在开展本书专题调研之前，笔者主要是随所在研究团队开展的综合性驻村调研训练，对乡村社会的各种现象进行全面的调研，以此达到对复杂经验的整体性认知，增强对经验复杂性的把握和理解能力。这些经验训练虽然并不设定固定主题，但是在不断的调查研究和写作中，积累了一定的经验和理论基础，这也为当前的专题研究的顺利开展奠定了基础。

确定农民城镇化的研究主题之后，笔者从 2019 年 4 月到 8 月对

---

① 费孝通：《江村经济》，商务印书馆 2001 年版，第 12—13 页。

这一主题开展了专题调研。由于东部沿海发达地区农民城镇化与经济社会发展步骤一致，城镇化发展和农民市民化转变相对顺畅。而占我国农村和农民大多数的中西部地区，属于传统的农业型地区，经济社会发展相对滞后，而农民进城的速度近年来却发展迅速，产生的社会张力及农民城镇化适应的矛盾较多。不同于传统的外出务工模式，以农民进城购房为标志的深度城镇化，其落脚点和目的地集中在家乡附近的中小城镇，尤其以县城为主。基于此，笔者决定对中西部地区农民参与县域城镇化的内在机制进行研究，于是聚焦到中西部地区县域城镇化的农民参与这一核心问题上来。

笔者先后到江西章县①、江汉平原的湖北沙县、华北平原的河南栗县等三个县，开展了为期80多天的专题调研。其中在沙县2019年4月份开展了20多天的专题调研，之前的调研训练阶段笔者已有对沙县为期1个月的调研经验。2019年4月到8月，笔者先后独自及随所在研究团队，对江西章县和河南栗县进行了专题调研。章县的调研分两次于4月底到5月下旬以及7月开展。4月底到5月下旬笔者在章县进行了为期25天的关于农民城镇化的专题调研，重点调研了章县两个乡镇的两个村庄以及章县县城。对河南栗县的调研在5月下旬到6月进行了近一个月的调研。通过对沙县、章县和栗县的三次专题调研，形成对农民城镇化参与过程中城乡两端情况的总体把握。带着对前期调研积累的问题意识，笔者从7月份开始又一次对江西章县进行了为期20天的调研，以形成对县域城镇化进程的总体把握和进一步深化。

从调研地点来看，笔者所选择的三个调研点都属于典型的中西部农业型地区。从社会经济发展水平和经济结构来看，三个县都是中西部传统农业型地区的一般农业县。县域工商业经济发展基础薄弱，以农业及相关产业为主，经济发展水平也一般，这代表了广大中西部地区的一般状况。从农民的生产生活状况来看，大部分农户依然保持着务工和务农的兼业状态，外出务工的劳动力工资收入是农民家庭经济

---

① 按照学术惯例，本书对具体的地名、人名都做了匿名化处理，本书后面出现的人名、地名都遵循这一原则。

的主要来源之一，农户家庭年收入大部分处在3万—10万元之间的水平。在此基础上，为了经验表述的需要，本书重点选择调研时间相对较长的江西章县作为经验表述对象。同时以湖北沙县、河南栗县作为经验补充，当然笔者长期的经验训练调研也成为理解相关话题的基础和背景，以及比较研究的经验参照。

笔者的调研同时在城乡之间展开，采取驻村调研和县域调研相结合的方式。由于农民走出农村进入县城已成为普遍现象，因此调研主要集中在两个部分进行。一是对农民进城起点的村庄进行驻村调研，二是对农民进城落脚的城镇尤其是县城及社区展开调研。城镇的调研主要关注进城农民的家庭就业生活状况、县域产业、城乡教育等方面的情况。驻村调研重点关注与城镇化和乡村社会转型相关的话题，以此形成整体性认知和理解的全面性。笔者关注的内容主要是农民进城的动力、对城市生活的适应、城镇化转型中农民的居住、就业、教育、生活、婚姻、家庭结构、城乡关系等方面。以此形成对农民城镇化动力、行动逻辑和适应机制的总体性认识和理解。

调研主要采取个案深度访谈和社区整体性情况调研的方法，调研对象主要是进城农民及其家庭成员以及部分农村和城市社区居民。在调研对象的选择和调研安排上，以村组、社区为基本单位，采取村组（社区）干部介绍和滚雪球的方法寻找和选取访谈对象。一方面对进城农户家庭成员进行深度的个案访谈，以深入了解进城农户家庭状况。另一方面通过对村组干部和村民的访谈，以及相关统计等文字材料，对社区整体情况进行统计和整体性了解。随着调研时间的延长，对调研村庄内的进城农户基本做到了全覆盖，同时对社区的整体性调研及统计，形成对调研地整体状况的把握。由于大部分进城农民只是部分家庭成员进城就业和生活，部分家庭成员依然留在农村，这样城乡两部分调研具有较强的关联性。既有城市视角也有农村视角，也可以形成对城镇化进程中的农民城乡生活的整体认识，克服"城市中心主义"视角的片面性。当然村庄中的未进城户、相关的政府部门以及县域内的用工企业等也是笔者的调研对象，这样可以形成对农民城镇化现象的整体性把握。本书的资料来源主要是笔者调研期间的访谈资料、参与式观察所得资料，以及部分相关政策文件、档案和统计资料。同时由于一些调研是笔者所在团队组织开展的，因此笔者所在团队成员的调研材料也成为本书的补充性资料来源。

第五节 核心概念

城镇化：城镇化是与城市化相对应的一个概念，城市化是伴随西方国家工业化和现代化而兴起的一个概念，对城市化概念的定义具有多学科性。从社会学的角度来看，城市化是指人口向城市集中、城市规模扩大和城市数量增加，城市生活方式、组织体制和价值观念向农村地区传播的过程，这一过程既是人们生活方式变化的原因，也是其变化的结果①。

城市化的概念形成与概念内涵具有西方国家历史社会变迁的背景，我国学术界则认为源自西方发达国家的城市化概念难以概括中国的社会转型特征，城镇化更符合中国的现实。城镇化这一具有中国特色的概念，形成于改革开放初期。乡镇企业发展改变了农村经济结构，释放了农村剩余劳动力，促进了小城镇的兴盛②。辜胜阻认为，城镇化是现代化的重要标志，体现为农业现代化和工业现代化，以及人民生活方式的现代化过程，其中人口向城镇地区集中，社会、经济结构的现代化转换是其主要内涵③。乡村人口的大流动使中国迎来城镇化发展的大潮，从社会变迁的角度来理解农民城镇化，主要体现在如下三方面：人口从乡村向城镇迁移；社会分工的细化带来就业结构变化；生活方式的变迁④。中国的城镇化发展和城镇化概念讨论不仅在学术领域，同时也延伸到政策领域并上升为国家战略。国家新型城镇化发展战略，强调了"人的城镇化"⑤这一核心任务目标，实现进城农民生产生活方式的城镇化转变和农业转移人口的市民化。由此看

---

① 袁方：《社会学百科辞典》，中国广播电视出版社1990年版，第331页。

② 费孝通：《小城镇大问题（之三）——社队工业的发展与小城镇的兴盛》，《瞭望周刊》1984年第4期。

③ 辜胜阻：《中国二元城镇化战略构想》，《中国软科学》1995年第6期。

④ 陆益龙：《后乡土中国》，商务印书馆2017年版，第121页。

⑤ 详细内容参见《国家新型城镇化规划（2014—2020年）》，人民出版社2014年版。

来，城镇化的概念更能体现中国城市化和现代化发展的独特性，并且这一概念越来越强调人的城镇化这一核心内容和发展目标。

本书不对城镇化与城市化作本质性区别，沿用在中国社会科学语境下常用的"城镇化"概念，并强调人的主体性与"人的城镇化"这一核心。中国这样农村人口众多的发展中国家，城镇化的主体是农民，因此城镇化的本质也可以说是农民的城镇化。农民城镇化就是农民向城镇转移和生产生活方式转变的动态实践过程。

县域城镇化：我国的城镇化道路主要有两条，一条是以农民进城务工为表征的以大中城市为核心的路径，另一条是以农民定居为目标的中小城镇发展路径。后者是我国现实国情下农民实践选择的主要模式。在农民城镇化实践中，更倾向于选择家乡附近的中小城镇尤其是县城作为农民集聚和未来定居的目的地，形成了在县域内实现城镇化这一具有中国特色的城镇化现象，县域城镇化越来越成为一种客观存在和正在发生着的"社会事实"。县域城镇化"是发生在县域内的城镇化过程"，农村人口向县域内城镇尤其是县城集聚，是居住由农村向城市转移、农业人口转变为城镇非农业人口的现象和过程①。本书把县域城镇化作为"社会事实"进行研究，强调农民向县域内的城镇尤其是县城转移的过程，并逐步实现居住、就业和生活重心向以家乡县城为中心的城镇转移，以及农民以家庭为单位对生产生活方式转变的适应过程。县域城镇化与农民工到异地进城打工的人口迁移模式有本质差异。

家庭转型与家庭策略：家庭现代化理论将家庭转型或者家庭变迁，视为家庭要素、家庭结构、伦理关系等家庭本身的变革，认为家庭转型是从传统家庭形态向现代家庭形态的转变。在现代化进程中，家庭结构的核心化和伦理关系的理性化，是典型的现代家庭形态②。基于家庭形态的家庭转型研究，存在传统与现代二分的理论简化，而对急剧社会变迁和城镇化进程中的家庭转型的动态实践和微观运作机制关注不足。不同于宏观和静态的传统与现代二分的家庭现代化研

---

① 张登国：《我国县域城镇化发展路径研究》，人民出版社 2018 年版，第 51 页。
② 唐灿：《家庭现代化理论及其发展的回顾与评述》，《社会学研究》2010 年第 3 期。

究，在以城镇化为主要内容的现代化进程中，家庭转型可以理解为农民家庭走出乡土社会，适应城镇化变迁的转型实践过程，也即农民家庭的现代性适应的实践过程和形态。微观和动态的家庭转型机制和实践形态，是观察农民城镇化和社会变迁的重要窗口。

家庭作为社会的细胞，沟通个体和整体性的外部社会。家庭策略强调家庭本身的主体能动性，及其应对复杂多元化社会中的调整与适应，并对家庭的运行和发展做出合理性安排，因而将宏观的社会变迁与微观的家庭成员行为方式联系起来①。家庭策略作为家庭适应客观社会变迁的家庭转型实践过程，是家庭对外部社会结构变迁做出适应性调整的社会行动，具有一定的规定性和客观性，而非单个家庭的特殊性行为，进一步深化了个人、家庭和社会变迁之间的相互关系。在城镇化和乡村社会现代化变迁过程中，农民家庭发生了系统而深刻的转型。农民对城镇化和家庭转型的适应，也即农民家庭作为能动主体的城镇化参与过程，体现为家庭成员应对整体性社会变迁的行动策略和行为模式。在快速的城镇化进程中，农民家庭作为整体性的能动主体，家庭策略主要通过家庭劳动力结构、家庭资源配置、家庭关系和伦理价值等方面的具体实践和适应性调整，来应对城镇化和社会变迁。

家庭再生产：麻国庆②指出，分家的本质内涵是"家庭再生产"，分家是另立门户形成新的家庭，是家庭再生产的表现，分家实际上是分中有合也有继。家庭研究一般将家庭再生产看作家庭结构的再生产，表现为分家带来的家庭结构性裂变。然而在农民生活逻辑中，分家并不意味着家庭继替的完成，家庭再生产是一个母子家庭之间在财产、权力和价值之间的交接和继替的持续性过程③。家庭作为社会的细胞，是一个基本的社会再生产单位，与外部世界的经济、社会和制度关系及其变迁紧密相连。在城镇化和现代化进程中，农民家庭日益

---

① 麻国庆：《家庭策略研究与社会转型》，《思想战线》2016年第3期。
② 麻国庆：《分家：分中有继也有合——中国分家制度研究》，《中国社会科学》1999年第1期。
③ 李永萍：《老年人危机与家庭秩序——家庭转型中的资源、政治与伦理》，社会科学文献出版社2018年版，第43—49页。

深入地卷入城镇化进程中，家庭再生产作为宏观社会变迁和家庭转型的微观实践过程，不仅体现为家庭结构的更替和内部要素的交接和继替，同时也意味着家庭形态和家庭模式转型，以此应对现代化和城镇化需求。本书将农民家庭再生产纳入家庭的现代化变迁过程，以及农民家庭转型实践中进行考察。城镇化变迁中农民家庭整体性转型，体现为家庭再生产模式和路径转换。一方面家庭再生产具有家庭绵延继替的伦理文化内涵的延续性；另一方面在城镇化进程带来的家庭转型冲击下，家庭再生产表现在家庭资源、家庭结构和家庭价值目标的转变和重新调试。

第二章　嵌入家庭再生产的
农民城镇化实践

　　本书从家庭转型微观实践的家庭再生产视角，考察中国农民家庭的城镇化参与模式和实践机制。在"家庭本位"的中国文化传统中，城镇化的基本参与单位不是个体化的劳动者，而是农民家庭。农民家庭的城镇化实践不仅受到外部社会结构的制约，同时作为能动主体，城镇化行动更是家庭能动性的发挥过程。对处于城镇化进程中的农民家庭而言，城镇化不仅是从农村到城市的空间转移，以及从农业到非农业的生计转变，更是整体性社会变迁中的农民家庭的转型和适应过程。农民家庭的整体性和实质性转型，体现为微观层面的农民家庭再生产模式的转换及其实践路径。在城镇化快速发展的时代背景下，农民家庭再生产的整体环境已经超出传统乡土社会体系，而日益深入地进入现代性的城市社会系统。中国农民家庭及其再生产模式，从空间、物质基础到伦理价值目标等，都在发生着深刻而根本性的变化。家庭作为社会的细胞和基本单元，家庭再生产模式转换不仅体现出家庭内部各要素的整体性转变，而且家庭再生产实践路径，在微观层次展现出农民家庭对社会变迁的主动适应过程。城镇化作为社会现代化变迁的主要内容，转型社会中农民家庭再生产模式转换和实践秩序，形塑了农民城镇化实践路径和参与模式，将宏观社会变迁与微观家庭转型实践联系起来。本章主要是对本书的研究思路和分析框架的展开，讨论城镇化变迁和家庭转型过程中，农民家庭再生产实践和家庭适应策略，成为透视农民城镇化参与模式和实践机制的重要窗口，为农民城镇化实践机制分析的具体展开做铺垫。

第一节　乡土社会中的农民家庭秩序

费孝通[①]在对比中西方社会差异时指出，中国乡土社会的基层结构是一种"差序格局"，家庭在中国社会中有着重要地位，以家庭为核心的血缘关系是农村社会关系的基础，这是与现代西方社会的"团体格局"所不同的。在西方社会，尘世间个体的价值实现和个体的独立平等由上帝赋予，相较于西方社会个体与上帝直接沟通的个体主义价值模式，中国社会则是"伦理本位"的社会，伦理性的家庭是填补中国宗教精神的载体[②]。家庭作为实现个体生命价值和组织社会的基本载体，是社会的细胞和基本构成单元，中国社会也是"家庭本位"的社会。正是靠着中国农民的俗世家庭生活所具有的宗教性，使其有了生命价值的寄托，赋予生活与行为以终极意义，俗世生活有了超越性转化[③]。家庭伦理所内含的规范性和制度性，成为勾连人与人以及个人与社会之间的社会性伦理，建构起中国伦理本位和家庭本位社会的价值基础。中国传统农业社会与农民家庭有着整体的契合性，农民家庭的运作模式是乡土社会秩序的基本维系机制，这构成了我们理解中国农民家庭的整体性视角。

一　乡土本色与中国农民家庭

家庭是中国社会研究的核心概念之一，是社会学理解中国社会变迁和社会结构的必要途径[④]。在千年的中国农耕文明发展历程中，中国形成了以农业为根基的乡土社会底色，以及"伦理本位"的文化传统。中国农民家庭作为组织社会的基本单元，嵌入在乡土社会和伦理本位的社会文化环境中，成为理解中国基层社会及其变迁的重要窗口。

---

① 费孝通：《乡土中国　生育制度》，北京大学出版社 1998 年版，第 24—30 页。
② 梁漱溟：《中国文化要义》，上海人民出版社 2011 年版，第 76—79 页。
③ 桂华：《礼与生命价值——家庭生活中的道德、宗教与法律》，商务印书馆 2014 年版，第 11 页。
④ 麻国庆：《家庭策略研究与社会转型》，《思想战线》2016 年第 3 期。

中国的农民家庭不仅体现在家庭要素和家庭结构特征，同时也富有中国特色社会文化的丰富内涵。关于中国家庭的研究挖掘了其社会文化的丰富性和复杂性，扩展了对家庭要素、功能等层次的理解。一般认为家庭的基本要素包括人、财产和祭祀，或者人、财与礼等基本要素①。家庭的要素和功能贯穿于家庭的绵延继替中，家庭的财产、伦理责任以及社区性，构成了家庭的基本元素和家庭继替的基本内容②。因此，中国家庭是兼具生活性、社会性和宗教性的统一体，是基本的生产生活单位、社会单位和宗教单位，这种"三位一体"的特征使家庭的丰富内涵在物质、社会和价值层面充分展开③。中国家庭的丰富内涵体现在其整体性和综合性方面。

首先作为社会细胞的家庭是一个基本的生活单位，集生产、消费和社会功能于一体。费孝通④指出中国基层社会是乡土性的，乡土社会所具有的"乡土本色"贯穿于农民家庭的乡村生活中。乡村生活的生产性通过家庭劳动力和土地的结合实现，人和土地的结合是农民家庭生活的物质基础。乡村消费生活极少超越乡土社会系统，呈现出较强的自给自足性。而土地利用和农业生产中发生的一套社会关系，是乡村社会生活中的重要关系形式。从这一点来看，乡村社会中生活的农民是半截身子插在泥土中的，缺乏流动性是基本特征。"人和土地"是中国农民家庭的两个基本要素，乡土社会中的农民家庭生活形态，不外乎是人和物两种要素的组合。在传统农业社会中，中国农民家庭的生产、生活和社会交往在缺乏流动性的乡土社会中展开，农民家庭生产生活秩序和乡土社会系统秩序维系相互嵌套，具有高度的契合性。

另外，作为生产生活单位和宗教单位的家庭，在更深层次上还承担着农民自我价值实现和种族绵延的功能，是基本的再生产单位。家

---

① ［日］滋贺秀三：《中国家族法原理》，张建国、李力译，商务印书馆2013年版，第57页。
② 陶自祥、桂华：《论家庭继替——兼论中国农村家庭区域类型》，《思想战线》2014年第3期。
③ 王德福：《中国农村家庭性质变迁再认识》，《学习与实践》2015年第10期。
④ 费孝通：《乡土中国 生育制度》，北京大学出版社1998年版，第6—11页。

庭之于个体的意义和功能不仅体现在日常生活之中，更贯穿于家庭绵延继替的再生产过程中。家庭再生产是农民对超越于物质层次的价值意义的追求和自我实现的路径。农民家庭再生产，最直接的体现是家庭核心要素的延续和再生产，也即家庭经济、劳动力和价值的再生产。家庭再生产作为家庭的微观运作过程，不仅是家庭要素的更替，同时体现为农民在特定的物质基础和时空环境中，对家庭生活秩序维持和超越性价值目标的实现过程。农民家庭再生产模式和路径，体现出家庭的综合性和整体性，因此成为理解农民家庭的微观实践基础。这样就为我们理解和分析中国农民家庭，走出抽象性的文化视角或者家庭内部结构要素的视角，而转入实践层次的家庭运作机制的整体性考察提供了基础。

二　小农传统与家庭生计

关于小农户的研究多集中在农民家庭经营的组织模式和经济行为逻辑的探讨，由此形成了生存小农和理性小农的争论，也即"形式主义"和"实体主义"的分析传统。形式主义分析传统从理性"经济人"的经济学假说出发，认为小农作为"经济人"也是理性的行动者，"理性小农"与资本主义企业家有着同样的行为逻辑，为追求最大经济利益而进行生产。实体主义分析传统并不认同农民是纯粹的经济理性人，处在生存压力下的小农，是为了生计而进行生产的，并不是以谋求市场利益的最大化为主要目的①。上述两种分析范式从各自的理论预设出发，集中关注农民家庭生产方式和经济行为逻辑，将家庭作为单一行为主体进行考察，而对家庭的整体性和生计运作模式并没有展开系统深入的讨论。

艾利思将农民定义为从农业中获得生活资料来源，并以家庭劳动

---

① 关于形式主义和实体主义分析范式下小农行为逻辑的论述，参见黄宗智《华北的小农经济与社会变迁》，中华书局 2000 年版；西奥多·W. 舒尔茨《改造传统农业》，梁小民译，商务印书馆 2013 年版；A. 恰亚诺夫《农民经济组织》，萧正洪译，中央编译出版社 1996 年版；詹姆斯·C. 斯科特《农民的道义经济学》，程立显等译，译林出版社 2001 年版；卡尔·波兰尼《大转型：我们时代的政治与经济起源》，冯钢、刘阳译，浙江人民出版社 2007 年版。

力从事农业生产的农户①。而中国的小农户不仅是一个生产单位，同时也是一个消费单位，是可以灵活调配家庭劳动力的社会经济组织单位②。中国作为原住民社会是具有小农传统的乡土社会，小农经济是中国乡土社会的根基，同时也是农民家庭生计和家庭绵延的物质基础。土地和劳动力是农民家庭的核心要素，家庭劳动力和土地生产要素的结合是中国农民家庭生计的基础。不仅维系着农民的家庭日常生活秩序，同时也承担着家庭继替的物质支撑作用。从这一点来看，农民家庭再生产不仅是家产的积累以及代际的转移和传递，也是家庭生活实践中维持家庭生计的稳定与可持续性，体现为中国农民家庭再生产的物质基础和基本组织模式。

人多地少及其伴生的小农体系孕育了中国的农业文明，成为中华文明的基本特征之一③。乡村是以传统小农经济为基础，以农民家庭为基本组织单位的生产生活场所，乡村社会是一个非竞争性的小农经济为基础的小农村社共同体④，小农经济体系是"农民中国"和乡土社会的本质特征。以小农经济为基础的乡土社会具有"土的凝聚性和乡的封闭性"的乡土本色。乡村社会的封闭性和自循环始终伴随着人地关系的紧张，农民处于"水深齐脖"的生存危机边缘。由于农业生产承担着吸纳农民就业和生计维系的生存保障功能，在传统的小农生产模式中，中国的小农经营和农民生计长期处于"内卷"状态，挣扎在生存边缘的农户，只能通过家庭劳动力的分工，依靠耕作和手工业两条拐杖支撑着谋生⑤。中国的小农经济传统，既维系了农民家庭生计的稳定，同时也保障着农民家庭再生产的经济安全。

家产作为农民家庭再生产的物质基础，一方面表现为家庭资源的生产和积累，即家庭生计的维系过程，另一方面则体现在家庭资源的

①　［英］弗兰克·艾利思：《农民经济学：农民家庭农业和农业发展》，胡景北译，上海人民出版社 2006 年版，第 9 页。

②　［美］黄宗智：《中国的隐性农业革命》，法律出版社 2010 年版，第 40—45 页。

③　姚洋：《小农体系和中国长期经济发展》，《读书》2010 年第 2 期。

④　温铁军：《中国农村基本经济制度研究——"三农"问题的世纪反思》，中国经济出版社 2000 年版，第 21 页。

⑤　［美］黄宗智：《中国的隐性农业革命》，法律出版社 2010 年版，第 43 页。

配置和转移过程中。由于中国农民家庭没有私人性的产权概念①，因此家庭资源的生产和配置中始终体现着家庭的整体性。从属于家庭的个体劳动力，在小农经济的生存压力下，遵循着家庭劳动力配置的整体安排。男耕女织、农副结合、同居共财等，是传统农业社会中农民家庭生计的基本组织模式。婚姻、生育、子女抚育、老人赡养等，作为家庭再生产的基本脉络，影响着基础层次的家庭资源的配置模式。家庭资源配置服从于家庭再生产的整体性逻辑，具有家庭制度的基本规定性，既要维持家庭生活的基本秩序，也要服务于家庭再生产的顺利进行。作为整体家庭结构一部分的亲子关系或代际关系，是家庭绵延和再生产的载体和保障，抚育和赡养是家庭生活的核心，家庭资源配置和传递也主要是通过这种关系进行的。费孝通②从中西方文化特点出发，将中国亲子关系模式概括为"付出—反馈"模式。不论是家庭物质资源的配置还是精神层面的互动，父代对子代的抚育和子代对父代的赡养义务是均衡的，代际关系的双向互动是中国家庭结构和家庭再生产秩序的基本体现。

三　伦理本位与家庭价值目标

伦理本位和家庭本位是中国社会文化区别于西方个体主义的基本特点，这也决定了中国农民自我实现的家庭路径，即通过家庭来实现个体生活目标和生命价值。农民家庭再生产不仅是物质层次的家产的积累和转移，也不仅是家庭生计的维系和"过日子"的日常生活的展开，更深层次是家庭绵延继替的伦理性价值目标的实现，使个体有限的生命价值通过无限的家庭绵延得以延续。

家庭作为中国农民的"宗教"，其超越性的伦理价值目标的追求，主要通过"传宗接代"的朴素观念和家庭再生产行为得以体现。贺雪峰③将人的价值和需求分为三个层次，即基础性价值、社会性价值

---

① 张佩国：《近代江南的农家生计与家庭再生产》，《中国农史》2002 年第 3 期。

② 费孝通：《家庭结构变动中的老年赡养问题——再论中国家庭结构的变动》，《北京大学学报》（哲学社会科学版）1983 年第 3 期。

③ 贺雪峰：《农民价值观的类型及相互关系——对当前中国农村严重伦理危机的讨论》，《开放时代》2008 年第 3 期。

和本体性价值,社会性价值和本体性价值作为指向他人的个体超越性的价值追求,通过家庭的社会性和伦理性得以实现。作为社区性家庭的成员,农民需要从社会中获得价值意义,追求社会性认可,同时其行为受到社会伦理和舆论规范的约束。本体性价值需要解决精神层面超越性的终极价值关怀。在中国传统社会中,传宗接代不仅是社会性的共识和舆论准则,也是农民安身立命的根本,通过家庭中子孙绵延,来延续个体有限的生命意义。在祖先、自我、子孙的绵延脉络中,不仅实现了纵向的家庭结构的延续,也实现了自我生命价值完满的追求,这便是家庭之于中国农民的宗教性内涵①。

农民通过家庭再生产追求自我价值目标的实现,自我价值的实现过程同时也是家庭伦理价值再生产的过程。农民在日常生活中对社会性价值的追求、传宗接代的本体性价值追求,都是通过家庭来实现的,农民自我价值实现的路径因此呈现为家庭的伦理性价值目标和家庭再生产的伦理价值层次。中国农民自我实现遵循"即凡而圣"的做人之道,在实践层面则体现为社会性与超越性的统一②。乡土熟人社会中的过日子,不仅是人和土地结合的物质层次生存目标的追求,更要在日常生活和家庭绵延中,获得社会支持和舆论认可的社会性价值。这样也就使得社会性价值的实现具有了超越性的本体意义,从而实现了个人与社会的有机关联,体现了中国农民价值实现路径的非个体主义特征。

中国农民自我实现路径的伦理本位和家庭本位特征,落实在家庭再生产实践过程。一方面通过熟人社会中过日子的家庭生活获得社会性价值的实现,另一方面通过传宗接代的家庭绵延寻获自我生命价值的圆满。在伦理本位的乡土社会中,农民的家庭生活目标具有超越物质层次的伦理性。家庭生活的超越性价值目标的实现,嵌入在一整套地方性知识或者社会共识的规则体系中,获得社会舆论的积极评价和认可成为家庭生活的重要目标。世俗性的家庭生活对应着农民的生活

---

① 桂华:《礼与生命价值——家庭生活中的道德、宗教与法律》,商务印书馆 2014 年版,第 11 页。

② 王德福:《做人之道——熟人社会里的自我实现》,商务印书馆 2014 年版,第 240—243 页。

逻辑，而伦理本位发端于家庭本位，在强烈的家庭观念主导下，如何完成家庭再生产成为中国农民家庭生活目标的伦理性价值追求①，世俗生活因此有了超越性意义。

在传统乡土社会中，世俗性的家庭生活目标，不仅要获得物质层次的生存需求满足，而且要通过日常生活的过日子和传宗接代的家庭绵延，获得社会性价值和本体性价值圆满的体验。农民自我价值通过家庭伦理价值再生产路径得以实现，使得伦理本位和家庭本位的价值规范具有丰富的实践性内涵。

第二节　流动社会中的农民家庭转型

一　流动性与家庭转型

传统以农业为基础的农村社会是一个静态封闭的社会，农民缺乏流动性，农村社会的变动缓慢。费孝通用"乡土社会"的概念来刻画中国传统社会形态，以土地谋生的中国农民，像是半截身子插进泥土里，在这种不流动的乡土社会世代生存的农民，由于缺乏与外部世界的接触也是土头土脑的，缺乏流动的乡土社会成了生于斯、死于斯的地方性社会②。相对于传统社会的封闭性，现代化进程中兴起的现代社会则是流动性的社会。鲍曼用"流动的现代性"来概括现代社会变迁的总体特征，在全球化的背景下，现代社会的流动性这一深刻变化改变了人类社会的状况，流动社会的变动不居也造成了个体化横行③。在对现代性的分析中，吉登斯从时空分离、脱域、反思性监控等方面，来概括现代社会的流动性特征④。正是流动的现代性兴起，传统乡土社会的封闭界限被打破，乡村社会变得开放起来，越来越多

---

① 陈辉：《"过日子"与农民生活的逻辑——基于陕西关中Z村的考察》，《民俗研究》2011年第4期。

② 费孝通：《乡土中国　生育制度》，北京大学出版社1998年版，第6—11页。

③ [英]齐格蒙特·鲍曼：《流动的现代性》，欧阳景根译，上海三联书店2002年版，第12—35页。

④ [英]安东尼·吉登斯：《现代性的后果》，田禾译，译林出版社2000年版，第10—16页。

的农村人口走出村庄成为现代社会流动的主体，促进了传统农民家庭的转型和现代化变迁。

家庭变迁的研究形成了占据主导地位的家庭现代化理论，家庭的现代化转型主要集中在家庭内部的家庭结构、家庭关系、家庭功能以及家庭伦理等方面，将家庭转型视为家庭要素的现代化转变。在社会的现代化进程中，现代家庭的特征和标准是小型化的，家庭功能减少以及非自足性，与其他专业化组织相互依存，普遍主义伦理取代家庭和亲属关系决定的个别性①。家庭现代化理论有着浓厚的结构功能主义和进化论的理论色彩，传统与现代的分类以及一元化和单线演进的家庭变迁路径，成为家庭现代化理论的主要局限②。

首先家庭转型体现在家庭结构和家庭关系变迁中。家庭的小型化和家庭结构的核心化是现代化进程中家庭结构变迁的主要方向，并且家庭现代化转型具有趋同性。家庭现代化理论认为，家庭形式和家庭关系是家庭变迁的主要内容，在工业化和城市化进程中，不同类型的传统家庭形式，将走向均质化和统一性的"夫妇式家庭制度"。中国的传统扩大家庭形式向现代性的核心家庭转型，是家庭现代化转型的必然趋势。在中国的城市化和现代化进程中，家庭结构核心化成为中国社会变迁和家庭现代化转型的主要特征，当代中国家庭结构变动中，夫妇核心家庭显著提升③。家庭关系与家庭结构作为家庭转型的两个主要内容，具有紧密关联，家庭结构的变迁会影响到家庭内部的关系形态，而家庭结构的变化本身是家庭关系转型的外在表现和结果④。在家庭现代化转型中，传统以纵向的代际关系和父子为轴心的大家庭形式，逐渐让位于以横向夫妻关系为主轴的核心家庭形式。中国家庭本位的家庭伦理关系随着这种家庭结构形式的变化而发生转

① ［美］西里尔·E. 布莱克：《比较现代化》，杨豫译，上海译文出版社 1996 年版，第 216 页。

② 唐灿：《家庭现代化理论及其发展的回顾与评述》，《社会学研究》2010 年第 3 期。

③ 王跃生：《当代中国家庭结构变动分析》，《中国社会科学》2006 年第 1 期。

④ 王跃生：《农村家庭代际关系理论和经验分析——以北方农村为基础》，《社会科学研究》2010 年第 4 期。

变，"核心家庭本位"甚至个体本位成为家庭关系变迁趋势①。

家庭具有超越世俗的伦理性，作为家庭核心要素的家庭伦理价值变迁成为家庭现代化转型的核心内容之一。家庭的伦理性贯穿于家庭绵延之中，通过纵向的代际关系及其实践得以展现。费孝通曾指出，付出和反馈的均衡性是亲子关系的内核，这种代际关系模式形成了中国传统伦理孝道的文化根基。快速的现代化进程带来的家庭转型，除了对外在家庭结构形式的影响外，在更深层次上则形成了对传统家庭伦理价值的冲击。在国家和市场主导的现代化进程中，私人生活发生变革，人的个体理性得以强化，这也造成了父母身份的去神圣化以及家庭伦理孝道的世俗化②。在传统家庭中，家长对家产的控制权形成了父母身份神圣性的经济基础，维系了传统社会的父权，并通过伦理性家庭代际间的"继—养"体系维持着代际伦理的厚重均衡性。随着社会主义国家的制度化改造以及劳动力的市场化，传统农业社会的家庭经济基础面临着转型，同时推动了家庭伦理关系的转变。随着农民家庭中家庭资源来源和家产控制方式的变化，传统大家庭的父代权威逐渐弱化，在市场化的剧烈冲击下，甚至出现了孝道衰落和伦理危机。作为代际关系实践形式的老年人养老模式，传统养老模式和价值规范在急剧的社会变迁中难以维系③，甚至农村老年人养老出现危机。

然而基于家庭本身以及家庭核心要素从传统到现代的家庭变迁视角，忽视了现代化和城镇化进程中，中国农民家庭转型实践形态及其内在运行机制。在波澜壮阔的现代化进程中，农民家庭转型不仅体现为家庭形态从传统到现代的变迁，更是农民家庭整体性卷入现代化进程的转型实践和适应过程。家庭要素通过家庭再生产实践得以延续和变迁，家庭再生产涵括了家庭要素整体性变迁，因此微观的家庭再生产实践成为观察家庭转型和宏观社会变迁的窗口。农民家庭转型，主

---

① 谭同学：《从伦理本位迈向核心家庭本位——论当代中国乡村社会结构的文化特征》，《思想战线》2013年第1期。

② ［美］阎云翔：《私人生活的变革：一个中国村庄里的爱情、家庭与亲密关系（1949—1999）》，龚小夏译，上海书店出版社2006年版，第181—184页。

③ 陈柏峰：《农民价值观的变迁对家庭关系的影响——皖北李圩村调查》，《中国农业大学学报》（社会科学版）2007年第1期。

要是农民家庭从传统的乡土社会进入流动性的现代城市社会的转变及适应过程。在流动的现代性环境中，农民家庭转型主要呈现为农民家庭再生产模式和实践路径的转换，并统摄了整体性家庭各要素的现代化变迁。

二　流动社会中农民家庭生计转型与分化秩序

农民家庭的转型首先体现在物质和结构层次，并通过微观的农民家庭生计及其分化来具体展现。以小农经济为基础的传统乡土社会，土地和劳动力结合是农民家庭生计维持和家庭再生产的物质基础。传统乡土社会中农民家庭的生产生活秩序维系，具有以土为生以及缺乏流动性的"乡土本色"。由于缺乏外部的市场机会，土地和家庭劳动力相结合是农民家庭主要甚至是唯一的生计来源。一方面，土地作为劳动力就业的主要方式，农民家庭劳动力的分工就业主要围绕农业生产进行，呈现出家长权威和男耕女织的伦理性和模糊性的分工合作模式；另一方面，小农经济的自循环系统始终面临着人地关系紧张的局面，以土地为生的农民家庭只能依靠增加劳动力投入"过密化"农业经营维持生计，始终未能彻底走出生存危机的威胁，农户之间的分化并不明显。

中国流动社会具有制度性和市场性生成的特征，流动社会的到来开启了农民家庭生计转型和乡村社会的分化，流动性使中国从传统乡村社会走向现代城市社会。中国流动社会的兴起，有着与西方市场主导下社会经济自然发展演化所不同的制度背景。中国基于一系列制度安排而形成的"体制性城乡二元结构"，使制度化了的城乡差异深入社会生活的各领域，也在一定程度上影响了人口的城乡流动。中国社会流动性的生成是城乡二元制度变革和市场经济转轨的结果。改革开放之前的户籍制度不但限制人的城乡流动，同时也规定了城乡差别的再分配资源的权利，把农村人口排斥在城市之外的工业化发展限制了城市化进程，其核心还是一种反城市化的逻辑[1]。改革开放初期，虽

---

① 陆益龙：《1949 年后的中国户籍制度：结构与变迁》，《北京大学学报》（哲学社会科学版）2002 年第 2 期。

然户籍制度对人口迁徙的限制有松动的趋势，但是城乡二元户籍制度的鸿沟并没有打破，依然限制着农村人口向城市的流动。由于农村人口向城市迁移的大门并没有完全打开，农村中隐藏着大量的剩余劳动力，这种城乡户口隔离的制度限制也迫使农民另谋出路①。随着改革开放和市场经济的持续深入发展，户籍制度对农村劳动力流动的限制日益减弱，工业化的快速发展增加了城市劳动力市场对农村剩余劳动力的用工需求。进入 21 世纪以来，城乡户籍制度结构不再成为限制农村劳动力自由进入城市务工的主要障碍因素，加之城市劳动力市场的大量用工需求，可以说农民获得了外出务工目标下的乡城自由流动机会。改革开放前 30 年，外出务工成为农民流动的主要形式，打工经济逐步取代农业生产成为农民家计的主要组成部分，以农民为主体的中国流动社会形成。

城乡二元制度和市场结构的转型是中国流动社会形成的结构基础，同时农民流动嵌入其中的城乡制度和市场结构，也是制约和塑造农民流动特征的客观环境。走出乡土社会进入城市市场环境中的农民并不是无产化的个体劳动者，而是家庭中的劳动力，是为家庭生计而劳动的家庭成员。社会的流动性并没有改变中国农民家庭本位的文化特质和行为逻辑。

分田到户之后，户均不足十亩的承包地，虽然赋予了农民家庭经营自主权，但是人地关系紧张的现实矛盾并没有根本改变。小农的生计压力，促使农民改变家庭生计策略。在流动社会的背景下，传统农业耕作与家庭副业相结合的模式，逐渐让位于农村的农业生产和外出打工相结合的生计模式。农民以家庭为单位，通过家庭内部的夫妻分工和代际分工模式，既保障了农业生产的持续，也有了外出务工的非农就业收入。在打工经济持续发展的背景下，农民家庭劳动力进入市场的程度不断加深，农村社会逐步形成了"半工半耕"的结构和农民家庭生计模式②。正是这种"半工半耕"的家庭分工、工农结合的

---

① 费孝通：《从实求知录》，北京大学出版社 1998 年版，第 179 页。

② 贺雪峰：《关于"中国式小农经济"的几点认识》，《南京农业大学学报》（社会科学版）2013 年第 6 期。

生计结构，使得农民家计构成，既可以保持稳定的小农经济部分，也可以获得向城市劳动力市场流动的机会，增强了他们进入流动社会应对市场冲击的适应能力。

"半工半耕"结构是中西部农村社会的普遍结构，保持这种结构稳定的制度根基是中国特色的家庭制度和农村土地承包制度。在我国工业化、城市化的快速发展进程中，农民保有农村土地的承包经营权，农民外出务工的流动形式并没有使农民完全脱离农村和土地。因此流动社会中农民不会成为"无产化"的流动个体，而是保持着农民家庭的"半无产化"①。从"半工半耕"形成的制度基础和农民家庭策略来看，中国流动社会中的农民并非以单一的劳动力要素参与市场，农民对土地和劳动力具有相对独立自主的支配权，这样就不会使农民的劳动力异化为市场和资本的附庸。中国农民的流动性并没有拔掉农村的根基，作为家庭的一员，他们不是由乡入城单向度地流动，而是根据实际的家庭状况来做出进城与返乡的决策。在寻求家庭发展的同时，也通过城乡互动机制努力规避市场化带来的生计风险。对于大部分暂时不具备在城市体面安居的农民来说，城乡周期性地流动往返，是他们的自主理性决策，也是对他们权益的保障。

农民的城乡流动打破了传统农村的封闭性，打工经济的兴起促进了农民家庭生计来源的多元化，同时也使农户间发生经济分化，以及农民与农村和土地的关系发生分化。农民的经济分化和农村社会的阶层分化逐步显现，重构了农村经济社会结构。在阶层研究的经典理论范式中，韦伯多元分层理论采取"权力、财富、声望"的分层标准，其最终对阶层分化的操作落脚到"职业"这一标准上②。这也符合韦伯方法论个体主义的原则，将分化的主体定位在理性的个体行动者上。中国学者的社会分层研究也秉持职业划分方法③，这是与西方社

---

① ［美］黄宗智：《华北的小农经济与社会变迁》，中华书局2000年版，第303—317页。

② ［德］马克斯·韦伯：《经济与社会（上卷）》，林荣远译，商务印书馆1997年版，第333页。

③ 关于中国社会阶层分化的相关划分标准，参见陆学艺《当代中国社会阶层研究报告》，社会科学文献出版社2002年版；郑杭生《当代中国城市社会结构：现状与趋势》，中国人民大学出版社2004年版。

会分层理论一脉相承的。而马克思的阶级分析方法，是建立在资本主义生产资料占有制基础上，以对生产资料的占有状况为标准，以生产关系为基础的社会阶级划分方法，其中蕴含着阶级的不平等和剥削性①。然而在我国社会主义制度基础上，农民的阶层分化并不是个体意义上的职业或者经济分化，也不是生产资料的等级占有秩序，而是农户家庭意义上的生计分化，其基础和逻辑在于农民与土地关系的分化。在打工经济的浪潮中，农民家庭劳动力参与市场非农就业的广度和深度不断增强，农民家庭就业和经济收入来源的非农化进程并不是同步的，农民家庭生计对农村土地的依赖性也发生了不同程度的分化，这构成农民分化的主要路径与核心逻辑。因此有学者从农户与土地关系的标准，以土地耕作为线索，对我国农村的社会阶层分化进行了划分②。

在市场化和城镇化的背景下，农民外出务工或者进城定居，农民家庭生计发生多元分化，农民与农业生产和乡村社会的关系产生了分化。因此，以农民与土地的关系作为划分农民分化和农村社会分层的标准具有实践基础。一方面，从农村社会内部和农业生产的角度看，农民与土地关系代表着农民对土地的依赖程度，可以区分出农户耕作模式和类型的差异；另一方面，农民与土地关系的差异，从农民进城和非农就业的角度看，代表着农户生计非农化程度的高低，代表着农民非农就业收入和城市立足能力的分化。

流动性带来了农民分化和农村社会结构的变化，成为农民城镇化实践的农村社会基础。根据笔者的调研经验和既有研究成果，在农民流动和城镇化背景下，以农民与土地关系为线索，根据农户对农村和土地依赖程度的差异，将分化秩序中的农户分为离农户、半离农户、半工半耕户、纯农户等阶层，这也成为乡村社会变迁的动力和形塑村庄社会结构的基础。

离农户主要是指通过教育、长期在城市务工经商等方式，已经实现全部家庭成员就业的非农化、居住生活的城市化，完全脱离了农业生产，与村庄的社会关联较弱。半离农户则没有完成这一过程，虽然

---

① 《马克思恩格斯选集》（第三卷），人民出版社 1972 年版，第 439 页。
② 贺雪峰：《取消农业税后农村的阶层及其分析》，《社会科学》2011 年第 3 期。

长期在城镇务工经商，但是尚不具备实现全部家庭成员在城市体面安居的能力，依然存在城镇化失败的风险，将来存在着返乡的可能。半离农户虽然家庭生产生活的重心已经转移到城市，并不依赖土地及农业收入作为生计来源，但是并没有完全脱离农村，往往部分家庭成员尤其是老年人还在村里生活。随着家庭发展能力的增强，这部分农户最有可能转化为离农户完成向城市社会流动的城镇化过程。

半工半耕户主要是通过家庭劳动力分工的形式，既兼顾农业生产同时也进城务工获得务工收入。半工半耕结构中务工与务农的比例在不同农户中是存在差异的，这与农业经济学领域中，以务农收入为主的兼业户和以非农业收入为主的兼业户的划分，既有相似性也存在区别。半工半耕不仅是农民收入结构和农户经营模式的概括，也包含了丰富的社会学内涵，既指向流动社会中农民的经济模式，同时也指向工业化、城市化背景下农村社会结构转型、农民家庭再生产秩序等[1]。虽然半工半耕户的家计结构中，务工和务农的比重存在差异，但是其共同性在于半工半耕户对土地和农业生产存在着依赖性，与村庄社会的关联程度还很强。虽然这类农户中部分家庭成员已经进城居住或者务工，但是就整个家庭而言并不能完全脱离土地和农村。纯农户主要由两部分构成，一部分是农民流动背景下依靠土地流转等方式形成的规模种植户或者职业农民，从经济收益和能力来看这类农户与半工半耕户相当。还有一部分纯农户则属于村庄的弱势阶层，这部分农户因为疾病等家庭挫折，家庭劳动力结构不完整或者缺乏劳动力，无法外出务工只能依靠土地维持生计。

从当前各类农户占村庄农户的比重来看，离农户和纯农户占比都较小，而处于城镇化过程中的半工半耕农户占据农村的主体部分。根据有关学者的统计，对外出打工和农业生产都有依赖的半工半耕农户占农村农户的70%以上[2]。半工半耕农户阶层，作为农村社会阶层结

① 夏柱智：《半工半耕：一个农村社会学的中层概念——与兼业概念相比较》，《南京农业大学学报》（社会科学版）2016年第6期。

② 关于农村阶层分化状况的研究，详见贺雪峰《取消农业税后农村的阶层及其分析》，《社会科学》2011年第3期；杨华《中国农村的"半工半耕"结构》，《农业经济问题》2015年第9期。

构中的中间阶层和主体部分，同时也是推动当前中西部地区城镇化快速发展的主导群体，是本书建构普通农户城镇化参与模式的社会阶层基础。其他农民阶层作为当前农村社会结构中的少数部分，可以视为中间农民阶层城镇化进程演进的不同阶段。

表 2 - 1　　　　　当前中西部农民分化和农村社会阶层状况

阶层类型		与土地关系状况	离农程度	城镇化意愿/能力	所处阶层结构中的位置
离农户		脱离土地	脱离农村和农业生产，离农程度高	强/强	上层
半离农户		不直接依赖土地维持生计	脱离农业生产但并没有完全脱离农村，离农程度较高	强/较强	上层或中上层
半工半耕户		农业生产和城市务工是农民家庭生计的重要组成部分	对农村和土地的依赖程度较高，离农程度一般	较强/一般	中层
纯农户	适度规模经营户	对土地依赖程度高	对农村和土地依赖程度高，离农程度低	一般/一般	中层
	贫弱阶层	对土地依赖程度高	对农村和土地依赖程度高，离农程度低	弱/弱	底层

　　中国流动社会的生成是城乡二元制度和市场结构转型的结果，农民的流动嵌入在城乡制度和市场结构中。农民流动的起点是农村乡土社会和小农经济的经济社会基础，农民流动性带来农民与土地关系的变化和农民生计模式的转型。农民家庭生计的变化构成了农民家庭转型的物质基础。流动性不仅重构了农民家庭生计，推动了农民家庭在物质基础和家庭结构层次的转型，更带来了深层次的农民自我实现路径和家庭伦理价值的整体性变迁。

三　农民家庭转型的价值之维

　　传统乡土社会秩序中以农业为生的小农生产者，遵循着生存性小农的行动逻辑，在生存压力下为维持生存而采取一定的生存策略。乡土中国时代的基本问题，是农民通过自身的劳动力和土地的结合，所获得的劳动收入能否维持基本生存安全的问题。小农户的生存第一原则并不是为了个体的生存而是为了家庭的生计稳定和延续，可以说最终指向了家庭绵延的再生产目标。作为生存者的小农维系其家庭再生产的生存策略，是在传统农业基础上进行的，缺乏外部市场机会来释放家庭生计的压力。农民家庭不论是采取农副业相结合或者农工商互补经济的经营模式，还是依靠不断地投入家庭劳动力维持的"过密化"农业生产模式，都是在传统农业经济基础上展开的生计策略，最终目的是服务于家庭再生产顺利进行。传统小农生产和农民自我实现，指向家庭再生产的整体性伦理价值目标的实现。农民家庭再生产是在村庄社会日常生活场域中延展的，一方面是实现村庄日常生活中"过日子"①的社会价值，另一方面则是实现传宗接代家庭绵延的"本体性"价值。在传统乡土社会系统中，立足于村庄日常生活和生命绵延的家庭再生产模式，可以称为农民的"简单家庭再生产"，维持了农民家庭的继替和乡村社会的自循环。

流动性和市场化对农民家庭的冲击是全方位的，在促进物质层次的家庭生计转型同时，传统乡土社会中农民自我实现方式和家庭伦理价值模式也在发生转变。家庭现代化理论将家庭要素的现代化变迁视为家庭转型标准，家庭结构的小型化、核心化，家庭关系的理性化和去伦理化等，成为现代家庭在结构和价值要素方面的标志。然而从家庭转型的实践视角来看，家庭价值要素的现代化变迁通过家庭价值目标的转变及其再生产路径得以展现。作为农民在村庄熟人社会及家庭日常生活中通过"过日子"来展现的社会性价值，以及通过家庭绵延得以实现的本体性价值，构成农民自我实现和家庭转型的价值维度和实践路径。随着流动性带来的农民生产生活空间的延展，以及农村社会的阶层分化，传统乡土社会封闭空间中维系做人之道的过日子逻辑面临开放社会带来的冲击，新的社会评价和价值标准逐渐重构传统

---

① 陈辉：《"过日子"与农民生活的逻辑——基于陕西关中 Z 村的考察》，《民俗研究》2011 年第 4 期。

乡土社会的价值体系，成为转型秩序中农民家庭新的价值目标追求。农民家庭转型在伦理价值层次的实践路径，一是农民群体和村庄社会分化及其带来的阶层竞争，推动农民社会性价值的实现路径的转变，二是流动性重构了农村社会的价值共识，赋予农民本体性价值实现新的家庭伦理价值和功能目标。

在传统乡土社会系统中，乡村的封闭性和土地的凝固性，赋予农民价值目标以浓厚的伦理色彩。在物质层次上使农民家庭始终处于对生存目标的追寻中，农民的超越性价值则通过家庭伦理责任的履行和社会性规范的遵循来实现。以流动和分化为表征的乡村社会现代化变迁，在重构农民自我实现的时空场域的同时，也给农民家庭转型注入新的伦理价值目标。

农村开放和农民流动带来的直接后果是农村社会的阶层分化。相对均质的传统乡土社会中以向内用力地过日子和做人竞争，通过熟人社会中的社会交往和完成家庭再生产的人伦责任，获得社会肯定性评价。在分化和竞争的流动社会中，农民自我实现和家庭伦理价值的转型路径，向内用力的做人之道，日益被向外用力地社会阶层的竞争和流动秩序取代。在流动和分化社会中生活的农民，要获得肯定性社会评价和舆论认可，就必须在生活实践中过上不比别人差的生活，也即不在阶层竞争中落入底层。社会竞争压力下，农民一旦落入阶层结构的底层位置，将直接威胁到人伦责任的承担和超越性本体价值的实现。比如在农村市场化和婚姻市场竞争过程中，农村底层群体处于婚姻市场的不利位置，是农村光棍群体的主要来源阶层，在社会舆论评价中处于不利位置，同时家庭绵延链条受到威胁。因此，在农村分化和流动的时空场域中，实现阶层结构位置的向上流动，关乎农民社会性价值和本体性价值的实现，成为农民家庭伦理价值再生产的路径和新目标。

第三节　嵌入家庭再生产的农民城镇化实践

农民作为城镇化的参与主体，以城镇化为具体形式的现代化进程，并非农民个体理性化和社会原子化的变迁路径。在伦理本位和家庭本位的中国社会文化传统中，家庭作为基本的生活单位和再生产单位，是农民参与城镇化和应对社会现代化变迁的基本行动单位。中国农民家庭卷入城镇化进程中，面临整体性和实质性转型。家庭作为沟通个体农民与社会的中介和载体，家庭转型蕴含着社会变迁的整体性意义。宏观层次的社会变迁和家庭转型主要通过微观层次的家庭再生产实践来展现，体现为农民家庭再生产模式和路径转换，以及家庭及其成员适应城镇化变迁的具体行动逻辑和实践形态。

不同于发展主义和结构主义的城市化研究，本书立足农民主体实践，从农民家庭转型过程及其微观层次的家庭再生产实践视角，分析城镇化进程的农民参与机制。农民参与城镇化进程的主体实践，以家庭为基本行动单位，追求家庭再生产的整体性目标。从微观实践来看，农民城镇化实践嵌入家庭再生产过程，并服务于转型社会中家庭再生产的顺利进行。因此，在整体性社会变迁背景下，农民家庭再生产模式转换和家庭再生产秩序，是观察以农民为主体的城镇化实践过程和机制的重要窗口。具体而言，首先在社会变迁背景下，农民家庭再生产模式的转变是农民家庭对社会变迁的适应过程，建立在农民进城带来的乡城空间转换的基础之上；其次农民家庭再生产的目标与家庭城镇化目标具有高度的契合性，农民城镇化实践过程也是家庭再生产路径变迁和家庭再生产目标实现的过程；最后农民家庭再生产逐渐脱离乡村社会传统，进入城市社会系统，农民家庭适应城镇化变迁，实现城市生活方式和在城市维系家庭再生产秩序的完全城镇化目标，需要农民家庭在家庭资源、家庭劳动力结构以及家庭伦理关系等方面做出新的适应性调整，从而塑造了中国农民城镇化的实践路径和参与机制。

一 农民家庭再生产模式转换的物质和空间基础

在中国"家庭本位"的文化传统中，农民的城镇化参与是以家庭而非独立的原子化个体为基本行动单位，其城镇化行动嵌入在特定的城乡关系结构之中，围绕家庭再生产秩序展开。家庭再生产是种族绵延、家庭继替的过程①，通俗来讲也就是中国农民根深蒂固的"传宗接代"伦理价值观念及其自我实现的过程。家庭资源是家庭再生产的物质基础，"家产"是家庭的核心要素之一，家庭再生产的过程也是家产的积累、再分配和传递的过程。

在传统乡土社会，农民生活在封闭的农业村庄中，以农为生的农民世代间的分化和流动性不强。小农经济长期"过密化"的状态，使得农民家庭经济维持在生存的水平线上，与此同时，农民家庭劳动力再生产和伦理价值再生产也局限在缺乏流动性的乡土社会中。在缺乏足够家庭经济剩余的情况下，农民缺乏冲破地方性社会的动力和能力，农民家庭再生产基本等同于在"祖荫下"完成传宗接代、家庭绵延的人生任务，以此实现社会性价值和本体性价值。这种家庭再生产，实现的是在封闭的农村社会中农民家庭低水平的循环，是一种"简单家庭再生产"模式②。乡土社会和简单家庭再生产秩序下，农民的日常生活和价值实现基本都能够在乡村社会内部完成，可以说传统农业社会中农民家庭再生产的空间场所就是村庄或者扩大化的乡村社会。

在现代化进程中，农民的流动性增强，传统乡土社会秩序逐渐瓦解，被新的流动社会取代。在"流动的现代性"影响下，农民的生产生活和家庭再生产空间已经冲破封闭的乡土社会，日益进入城市化、市场化的环境中。农民的生产、生活越来越与城市市场体系紧密关联，农民家庭再生产的目标变得多元化并冲破乡村社会的发展性。乡村社会变迁和农民流动性带来的农民家庭再生产方式和路径变化，其空间基础在于从农村到城市的空间转换，而其物质载体则是从小农经济到工业化的变迁。

中国农民家庭再生产模式的转换，与乡村社会的现代化变迁是同步的，经历了一个逐步变迁的过程。改革开放初期对农民家庭经营制度的重新确立，释放了农民家庭对劳动力支配的自主性。在人地关系

---

① 陶自祥、桂华：《论家庭继替——兼论中国农村家庭区域类型》，《思想战线》2014年第3期。

② 李永萍：《老年人危机与家庭秩序——家庭转型中的资源、政治与伦理》，社会科学文献出版社2018年版，第59—63页。

紧张的生存压力下，农村剩余劳动力冲破乡村社会进入城镇非农就业，开启了中国特殊的"打工经济"时代。在打工经济背景下，农民外出务工主要是迫于农村土地资源有限造成的劳动力剩余和生存压力，外出打工的主要目的在于获得城镇非农就业收入，以此来反馈农村生活，在农村社会中维持家庭再生产秩序。可以说在打工经济兴起后的很长一段时期，农民并没有彻底脱离农村，农民生产生活面向和家庭再生产的主要空间依然是农村社会。

但是随着农民流动的持续和深入发展，近年来以农民进城购房为标志的农民"进城时代"的到来，带来的直接变化是，农民家庭生产生活和家庭再生产的主要空间场所逐渐向城镇转移，相应变化的还有农民生产生活方式和家庭再生产模式。随着农民家庭生产生活和再生产空间向城市社会的转移，农民家庭再生产目标不仅仅是实现家庭继替绵延的伦理性目标。实现整个家庭在城市生活的稳定，以及家庭向上的社会流动，成为农民家庭再生产的发展型目标。实现城镇化不但是农民家庭再生产的目标，在社会变迁和社会分化背景下，进城也成为顺利实现农民家庭再生产的必要条件和主要路径。比如婚姻、子女教育等农民家庭再生产的重要环节和内容，越来越紧密地与农民购房和进城的城镇化目标捆绑在一起，不参与城镇化的洪流之中很可能就意味着家庭再生产的失败。

与中国传统农村社会中农民简单家庭再生产模式不同，走出乡土社会的农民家庭进入城镇化和市场化环境中，促进了农民生产生活方式和家庭再生产模式转型。从某种意义上来说，农民的城镇化实践，也正是农民家庭适应城镇化变迁和家庭转型，实现城市生活方式和社会流动的家庭再生产过程。农民的城镇化实践嵌入家庭再生产过程中，并且服务于家庭再生产的顺利完成，赋予了农民城镇化以实现城市生活方式和社会流动的发展型目标。城镇化的快速发展带来农民生产生活和家庭再生产空间向城市的转移，促进了传统乡土社会中的简单家庭再生产模式转换，农民家庭再生产与城镇化目标紧密关联起来。

二 农民家庭再生产的城镇化目标嵌入

城乡二元结构转型为农民流动提供了机会空间，流动的现代性不仅带来了农民家庭生计结构的转型，而且在推动深层次的农民主体价值之变。农民走出封闭的乡土社会参与城镇化进程，是传统农民家庭融入现代化进程的重要形式，构成农民家庭转型宏观的社会变迁背景。在家庭本位的文化传统中，家庭依然是流动社会中农民自我价值实现的基本单位，农民个体价值与整体性的家庭价值目标是融合统一的。流动社会中农民主体价值之变融入家庭转型的伦理价值维度，并通过家庭价值再生产和实现家庭目标的微观实践过程具体表达。农民走出传统乡土社会迈向现代城市社会的过程，也是农民家庭的整体性转型和家庭再生产实践过程，农民家庭再生产目标与城镇化目标形成日益紧密的关联。

随着工业化和市场经济的持续快速发展，农村社会的开放性和农民的流动性日益增强，传统农村社会的自循环系统难以为继。农民简单家庭再生产模式也受到外部现代性力量，以及内部村庄社会结构变迁力量的冲击。农民家庭生计和家庭价值再生产卷入城市社会系统的程度日益加深，这也就意味着传统封闭乡村社会系统维系的简单家庭再生产模式面临转型，实现城镇化目标嵌入在家庭再生产实践过程中，成为农民家庭新的目标追求。

改革开放之后，中国进入了流动性的社会大变革时代，为农民的流动打开了城市的大门，给农民生计提供了外出务工的机会，越来越多的农民为了"寻求生存"的目标而选择外出打工。由于农民的家庭生计已经高度嵌入在市场经济环境中，劳动力与土地结合的农业生产不再是农民家庭唯一或者最主要的生计来源，劳动力和市场的结合在农民家庭经济再生产中发挥着越来越重要的作用。农村剩余劳动力向城市劳动力市场转移，农业生产正在经历"去内卷化"的过程，家庭生计的多元化使农民家庭经济的积累性和发展性特征日益明显。但是在相当长的打工经济时期，农民外出打工的目标并没有超脱出维持家庭生计的生存理性目标。农民外出打工的主要目标还是为了获得在城市打工的收入，以此来维持和改善农村的生活条件，保障家庭再生产顺利进行。这一时期农民进城的主要动力在于家庭生计层次上的目标追求，以家庭劳动力和市场相结合的外出务工为主要实践形式，农民家庭对城镇化的整体性卷入程度还不深。

在持续的社会转型背景下，农民进城和家庭再生产的价值目标也在发生变化。农民家庭对城镇化参与程度日益加深，由原来进城务工反馈农村生活的简单目标，向实现全部家庭成员进城和更好地展开城市生活的目标转变①。农民家庭在物质基础和伦理价值层次发生系统而实质性的转型。农民家庭再生产的空间不再局限于封闭的乡村社会，而面向外部的城市空间。家庭生活目标也不再局限于维持村庄日常生活，实现体面的城市生活成为新的目标追求。

随着社会变迁和农民家庭转型的持续深入发展，城镇化目标嵌入在农民家庭再生产的整体性价值目标的转型和实现过程。农民家庭再生产走出传统农村社会系统，嵌入在城乡社会系统之中，农民家庭再生产越来越与进入城市的城镇化目标捆绑在一起，普通农民家庭由乡入城的趋势越来越普遍。尤其是在中国长期的城乡二元分割体制的影响下，不论是在政策导向还是农民的价值观念中，城市生活还是要优于农村生活，由农村向城市转移算是实现了明显的阶层向上流动。这也是城镇化背景下农民家庭再生产所追求的主要目标，是农民家庭实现社会流动和发展的标志。

家庭目标的多元化和对以进城为核心的发展性目标的追求成为农民生产生活的新指向，发展型农民家庭兴起②。乡土社会中的农民家庭简单再生产模式发生根本性转变。"寻求发展"取代"寻求生存"成为农民进城和实现社会流动的家庭再生产目标新的动力机制。这在总体上体现为有别于小农生存理性的农民发展理性③。农民的发展理性不同于个体的经济理性，而是家庭本位的寻求家庭整体性发展的价

---

① 贺雪峰、董磊明：《农民工外出务工的逻辑与中国的城市化道路》，《中国农村观察》2009年第2期。

② 张建雷：《发展型小农家庭的兴起——皖东溪水镇的小农家庭与乡村变迁（1980—2015）》，法律出版社2018年版，第38页。

③ 刘成斌：《生存理性及其更替——两代农民工进城心态的转变》，《福建论坛》（人文社会科学版）2007年第7期。

值追求。这种寻求家庭发展的价值目标转型，既体现为物质层次家庭生计可持续的家庭经济再生产，同时也贯穿于家庭结构延续的农民家庭劳动力再生产，以及本体性价值圆满的家庭价值再生产过程中。农民实现家庭发展的再生产目标转变，最直接地体现为近年来农村普遍兴起的农民进城购房和由乡入城的实践行动，从而推动了中西部地区城镇化的快速发展。

流动的现代性使农民家庭再生产冲破传统封闭的乡土社会，进入城市市场环境中，由此带来农民家庭再生产模式的转换。农民家庭再生产的环境，由传统乡土社会中的自循环体系逐渐被现代性的城市市场体系取代。从乡土社会进入流动性的城市社会，农民家庭生产生活秩序和家庭再生产目标也随之发生整体性转变，农民城镇化目标的实现过程也是家庭再生产的具体实践过程。

第一，农民的城镇化实践带来生产生活方式的变革，农民家庭经济的再生产和家庭生计的可持续性，与实现城市生活方式的城镇化目标具有同一性。劳动力和土地作为传统农业社会中农民家庭的核心要素，家庭劳动力和土地的结合构成农民家庭再生产的经济基础，维持着农民家庭基本的生产生活秩序。进入流动性的城市市场环境中，农民生产生活方式发生根本性转变。劳动力的市场化脱离了土地的生计基础，通过商品化的劳动力在城市劳动力市场中的就业获得家庭在城市生活的生计来源，实现家庭经济积累和再生产。进入城市社会系统的农民要实现城市生活方式的转变，必须建立在家庭劳动力与市场结合的稳定就业和收入来源的物质基础之上。在城市市场化环境中维持家庭生计的可持续和家庭经济的积累与再生产，必须充分释放家庭劳动力参与劳动力市场就业，传统农业社会中的生产生活和家庭再生产组织方式发生转变。

第二，农民家庭城市生活方式的实现，深层次的是对体面安居的城市化目标，以及在城市社会完成家庭劳动力和价值再生产目标的追求。在城市市场环境中实现稳定的就业和收入，不仅是农民城市生活的生计来源，同时也是家庭再生产的物质基础，通过劳动力和市场的结合支持家庭再生产。不同于以个体劳动力参与市场的进城务工方式，以进城购房为标志的农民家庭整体性参与城镇化的程度加深，并且融入城市生活以及在城市社会中完成家庭再生产，是农民家庭实现阶层流动的重要标志，成为农民参与城镇化进程的主要动力和价值目标。实现在城市体面生活和完成家庭再生产，不仅是农民家庭绵延的伦理需求，同时也是实现家庭向上社会阶层流动的发展性需求，赋予农民家庭再生产发展型面向。然而打工经济时代的农民工"半城市化"状态，显然难以满足农民家庭社会流动和发展性需求。在特定的城乡制度和市场结构中实现城镇化目标，农民家庭必须做出新的调整，以适应城镇化带来的家庭再生产困境，选择符合家庭再生产需求的城镇化实践路径。

三 家庭再生产秩序与农民城镇化实践路径

在社会流动和阶层分化的背景下，农民家庭再生产的目标与实现城市生活方式和家庭向上阶层流动的城镇化目标融合在一起。以代际传承和家庭绵延为价值基础的家庭再生产，在阶层分化和流动的社会转型中，农民家庭打破城乡和阶层壁垒实现社会阶层流动，主要通过代际社会流动的路径实现，指向家庭代际间的累积性发展和阶层流动的家庭劳动力和价值再生产目标。"代际流动"作为转型社会中农民家庭再生产和社会流动机制的重要载体，农民家庭再生产突破对父代的重复性循环，实现代际间阶层流动和家庭发展，是农民家庭参与城镇化进程的主要目标。农民家庭对城镇化目标的强烈追求，赋予农民城镇化实践以实现家庭绵延和社会阶层流动目标的内涵。参与城镇化进程作为农民家庭社会流动和再生产的路径，在城市体面安居目标的实现，关乎转型社会中农民家庭再生产秩序的稳定。

城镇化作为家庭再生产的重要内容和路径，要实现进城购房和在城市体面安居等发展型目标，就要负担更大的经济成本。这无疑增加了农民家庭再生产的经济成本和难度，对农民家庭的资源积累能力提出了更高的要求。在流动性和市场化环境中，农民家庭再生产顺利进行，需要通过家庭资源的积累和再配置，以及家庭结构和家庭关系的调整，来实现家庭继替与代际社会流动的再生产目标。以实现家庭再生产为整体性目标的农民城镇化，家庭再生产模式转换和实践秩序形塑了农民城镇化的实践路径。

传统农业社会中农民家庭经济积累主要通过农业生产来实现，而城市化和市场化转型中，农民的生产生活和家庭再生产日益卷入城市市场环境之中。一方面农民就业的非农化和多元化增强了农民家庭经济的积累能力。但是劳动力和市场相结合的非农就业劳动力市场，充满了竞争性和不确定性。受人力资本和社会资本有限性的制约，农民在全国统一的劳动力市场中处于劣势地位，中国的进城农民工主要集中在"非正规经济"领域实现非农就业①。绝大部分落脚城市的非正规经济就业人员，具有就业的不充分性和稳定性较差的特征，这决定了进城农民置身于"不充分就业的风险社会体系"中②。在农民缺乏充分就业保障的情况下，其生产生活的重心向城镇转移，需要通过劳动力雇佣和工资收入来实现稳定的城镇生活。一旦遭遇诸如经济危机、家庭变故等不确定因素，劳动力和市场结合下的农民非农就业就可能难以持续。缺乏稳定就业和收入的城市生活是难以持续和稳定的，甚至威胁到农民家庭再生产。因此对于城镇化进程中的农民来说，城镇化既是农民家庭再生产和代际社会流动的发展性需求，同时面临着家庭再生产的压力与风险。

　　在社会变迁和家庭转型过程中，农民的城镇化实践嵌入在农民家庭再生产过程中，家庭再生产秩序形塑了农民城镇化实践路径。农民家庭对城镇化进程的参与，既是农民家庭转型的表征，同时服务于实现城市生活方式和社会流动的家庭再生产目标的顺利实现。与城镇化捆绑在一起的农民家庭再生产实践，嵌入在特定的城乡关系结构和外部的市场环境之中，受到城乡制度结构和市场结构的制约，增加了农民家庭再生产的不确定性。但是农民作为城镇化和家庭再生产过程中能动的主体，并不是完全被社会所摆布的对象，而是其周边世界的创造主体，通过主体性行动来适应外部环境的挑战。面对城镇化给家庭再生产带来的发展机遇和可能的风险，农民家庭通过家庭策略的发挥，来积极应对城镇化和家庭再生产的压力和风险，以此适应剧烈的社会变迁。

---

①　黄宗智：《中国被忽视的非正规经济：现实与理论》，《开放时代》2009年第2期。

②　[德]乌尔里希·贝克：《风险社会》，何博闻译，译林出版社2004年版，第175页。

具体而言，农民城镇化实践是生计非农化、城市体面生活和在城市完成家庭再生产的循序渐进过程。在城镇化参与过程中，面对城镇化带来的家庭资源压力和家庭再生产风险，农民通过家庭结构、家庭资源、家庭关系和价值目标等方面的灵活适应策略，充分调动家庭内部和城乡结构中可资利用的各种资源，在"寻求发展"和"规避风险"的均衡原则下，实现城镇化目标和家庭再生产的有序性。

家庭资源的积累和流动是家庭再生产的物质基础和基本实践路径。面对城镇化带来的家庭再生产压力和风险，对家庭资源的积累和配置方式进行调整，成为农民家庭实现城镇化目标的主要行动策略。一方面，农民家庭在家庭资源积累和劳动力结构方面做出调整，以减轻城镇化过程中实现家庭再生产的经济压力。农民的生产生活空间向城市的转移，意味着劳动力市场化和农民家庭生计的市场化程度提高，进入市场化分工体系的农民家庭劳动力也面临着更为精细化的分工。传统农业社会中围绕农业生产进行的家庭劳动力的简单分工模式，难以满足市场化环境中家庭经济积累的需求。因此农民家庭在家庭劳动力的性别、代际分工，以及劳动力就业方式的工农分工两个维度进行调整，最大限度地释放家庭劳动力，增强家庭经济积累能力。另一方面，农民家庭通过家庭关系调整和家庭资源再配置手段，实现家庭资源的整合，增强家庭发展能力，满足城镇化目标需求。家庭资源的流动和传递主要建立在代际关系模式基础上。传统代际关系付出与反馈的均衡模式，是建立在简单家庭再生产目标之上的。城镇化目标的实现作为发展型农民家庭的再生产目标，农民家庭普遍面临资源不足的困境。因此家庭资源的整合与配置必须对家庭代际关系实践进行调整，将家庭资源充分集中到实现城镇化这一关乎家庭绵延和代际阶层流动的目标上。

农民家庭作为城镇化参与的能动主体，农民城镇化实践建立在中国社会文化传统、制度和市场结构基础上。这也决定了农民城镇化路径与西方个体劳动者流动路径的差异性。

首先，家庭本位和伦理本位的文化传统，决定了农民以家庭为基本单位参与城镇化进程。一方面农民参与城镇化进程，成为转型期农民家庭劳动力再生产和代际流动的家庭再生产目标和路径；另一方面农民家庭城镇化目标的实现嵌入于家庭转型和再生产的实践过程，在中国当前的经济社会发展阶段，大部分农民家庭还不具备一次性完成城市化目标的发展能力。因此对家庭再生产秩序的维系，需要农民家庭在家庭资源、家庭结构、家庭关系和价值目标等方面做出适应性调整的实践策略，塑造了农民城镇化的实践路径。

其次，社会主义制度传统决定了中国农民家庭有产者的经济社会地位，农民参与市场经济的就业流动并不是作为无产化的产业工人或者"工业无产者"。流动社会中的农民作为小农有产者或者"半无产者"，家庭劳动力资源和农村土地生产资料，依然是城镇化进程中农民家庭生计和家庭再生产的重要物质基础。

最后，农村的集体土地制度以及乡土熟人社会文化传统，保留了农民城镇化进程中农村的小农根基，奠定了流动中的农民对农村社会去而复归的制度和社会基础。中国农民的城镇化参与秩序和实践路径并不是个体主义和单向度的城市化，而是以家庭为基本参与单位，通过家庭的分化与整合策略，形成家庭合力，保持紧密的城乡关联和双向互动，以此增强农民家庭发展能力，适应城镇化变迁和家庭转型。

第三章　走出乡土：农民进城的主体动力与空间实践

走出乡土社会是农民家庭参与现代化和城镇化进程的重要标志。不同于外部力量直接干预下的农民被动城镇化，农民走出乡土社会，是外部社会变迁背景下农民主动参与城镇化的实践过程。随着城镇化的持续快速发展，以农民进城购房为标志，农民家庭对城镇化参与的深度不断增加，与外出打工相比，农民城镇化的动力和实践逻辑也在发生转变。本章将结合江西章县农民城镇化实践经验，探讨城镇化深入发展过程中，农民走出乡土社会参与城镇化的动力机制和实践逻辑。

第一节　农民进城逻辑的转变与购房潮的兴起

一　经验概况

章县地处江西省南部，与广东省北部、福建省西部和湖南等地区较近。章县具有悠久的历史和文化传统，明朝中后期建县，是客家聚居地，拥有丰富的客家文化，同时章县也是具有优良传统的革命老区。章县总面积 2000 多平方公里，地形以丘陵为主，矿产资源较为丰富。靠近北回归线，属于亚热带季风气候区，年平均气温 19℃ 左右，平均降水量 1600 多毫米，境内河网密集，水资源丰富。土壤属于亚热带红壤区，土壤肥力较好，适合水稻、柑橘等作物的生长。

全县人口近 40 万人，人均耕地 1 亩，户均 5 亩左右。农业以水稻等粮食作物种植和柑橘、脐橙等经济林果种植为主，生猪养殖也发展较快。山林资源丰富，适宜发展经济林果，其中柑橘、脐橙成为章县重要的农业支柱产业，种植面积 30 余万亩。但是 2010 年之后黄龙病的爆发，对于区域内柑橘、脐橙产业影响较大。由于户均土地资源有限，加之本地非农产业吸纳劳动力就业能力有限，20 世纪 80 年代初开始，越来越多的农村劳动力向珠三角、长三角地区转移务工。大部分农民家庭青壮年劳动力以外出务工为主，中老年劳动力主要就近打零工和从事农业生产，农民家庭年收入 5 万元上下的居多。在农民家庭收入结构中，随着家庭主要劳动力外出务工越来越普遍，外出务工收入成为农民家庭经济收入的主要来源，农业生产收入成为农民家庭收入的重要补充。

章县产业发展以农业为主，是典型的农业县，农业生产在农民家庭生计中占有重要地位，地理位置上属于中西部地区。县域内三次产业结构比中第一产业占比超过 15%，第二产业占比不足 40%，内生性工业企业发展不足，工业化基础薄弱。以招商引资方式引进的劳动密集型工业企业，以中小企业为主，且分散难以形成规模，对产业结构转型和县域经济整体发展的带动作用不强，对本地劳动力吸纳能力有限。近些年章县开始规划建设正规产业园区，进行电子及相关产业集中引进，以形成特色产业和规模化集中发展。但是招商引资依然以东部劳动密集型企业为主，招商引资企业的稳定性并不强。章县地区生产总值 100 亿元左右，财政总收入不足 15 亿元，在江西省属于中等偏下水平。近年来，章县大力推进土地开发和招商引资，通过房地产开发和工业园区建设，推动了城镇化的快速发展，城区规模快速扩张，农民进城购房加速发展，常住人口城镇化率突破 45%。

丰镇、南镇和北镇是章县的普通乡镇，各乡镇人口规模在 2 万人至 5 万人之间，与县城距离 10 公里到 30 公里不等。丰镇茅村、南镇冠村和北镇张村，是笔者随机选择的普通村庄，并进行了重点驻村调研。调研期间同时对章县的城市社区进行了调研，以深入了解进城农民的生产生活状况。与章县绝大部分乡镇一样，丰镇、南镇和北镇这三个乡镇都属于典型的农业型乡镇，缺乏工业发展基础，大部分农户主要经济收入来源于外出务工。由于产业基础薄弱和人口规模有限，丰镇、北镇的镇区人口集聚能力有限，农民进城购房主要向县城转移。南镇作为章县的中心镇，人口规模相对较大，近年来在人口自然集聚和政府土地开发的共同作用下，镇政府所在地的镇区形成了规模较大的万人社区，吸纳了一部分镇域内的村民向中心社区购房集中居住。虽然农民进城购房发展速度很快，但是绝大多数购房农户和农村劳动力依然以外出务工为主，本地非农就业劳动力并不多。章县在中西部农业县产业结构和经济社会发展中具有一定的典型性和代表性，而与东部发达地区工业化的县、镇有较大的差别。

二　农民进城购房潮的兴起

改革开放之前的传统农业社会中，农民缺乏参与外部市场的机会，以土地谋生计的小农，在"过密化"农业经营秩序中面临着生存性压力。改革开放之后，随着持续的制度变革和市场经济发展，为农民流动性提供了外部制度空间和市场机会，加速了中国流动社会的到来。章县农村人均 1 亩、户均 5 亩左右的耕地规模，使得以耕种自家承包地的小农依然难以彻底走出生存困境，市场经济的发展加速了农村剩余劳动力向外转移，形成了农户的打工经济模式。以打工经济为外在表征的农民进城，其逻辑内核是在小农经济生存危机的压力下，将家庭剩余劳动力向城市劳动力市场释放，以此获得进城务工"寻求生存"的机会。农民寻求生存的进城务工逻辑，其内在的主体驱动力在于维持家庭生计的生存理性或者经济理性。中国经济社会的持续发展和农民生计的多元化，使得流动社会中的农民家庭也基本摆脱了生存危机的威胁，农民进城寻求生存的经济理性逻辑也逐渐发生转变。

农民进城逻辑的转变以购房为标志。不同于纯粹以劳动力转移的外出打工的形式，农民进城购房有了更强的定居城市寻求发展的愿望，其生产、生活重心也从农村转移到城镇。农民进城逻辑的转变，其社会文化根基是乡村社会变迁和农民家庭的转型。农民进城购房以及生产生活空间向城镇的转移，推动了农民家庭生活方式以及家庭再生产模式的转变，同时农民家庭的根本性和整体性转型也促进了农民由乡入城的城镇化实践。

房子对于中国人有着特殊的意义，是农民实现社会文化价值的重要载体。住房既是农民安居的空间，也是农民家庭绵延的物质空间载体，更是农民身份地位的象征。不论是"同居共财"为本质要素的家庭或者家族生活①，还是以分居异爨为标志的家庭的分裂和继替，其基本的物质空间载体都是住房。有了安居的住房，才能展开深层次纵向的家庭绵延和生命价值的追求。住房是居住功能和本体性价值实现的物质载体，同时也是社会价值的展现，居住空间是个人社会价值的"第一文化象征"②。从家庭消费和社会性价值展现的角度，住房不仅是私人的空间，更是社会建构的产物③，是人的社会身份地位和外在表征，也是农民社会性价值实践的物质载体。即便是在当下的流动社会，子女结婚、分家立户，也还是要有一套属于自己的新房，以此来表示从母家庭分立出来，成为一个独立的社会单元。阎云翔通过农民住宅空间结构的演变，探讨了私人空间和个人隐私的兴起这一私人生活变革的面向，私人生活的转型预示着现代独立个人的出现④。阎云翔是在个体主义视角下观察居住空间变迁的，而农民住房和居住空间的变迁，更是农民家庭整体转型的展示，直接体现出农民家庭目标的时代变迁。

笔者在江西章县等中西部地区的农村调查发现，改革开放之后，农民的住房大概经历了三次更新换代，农民居住空间的变化反映出不同时期农村社会和农民家庭的变迁。江西章县农村第一次住房更新开始于20世纪70年代末，90年代中后期接近尾声。第一次房屋更新主要是服务于农民家庭自身的居住需要。由于传统民房是老的土坯房，房屋低矮居住空间狭窄。改革开放之后，随着农业生产力的提高和农户经济条件的提高，一方面农民添置了新的生产和生活用具，需要扩展住宅空间；另一方面经济条件的改善，也使农民提高了对居住生活条件的要求，于是农民纷纷开始建设新的住宅。这次住宅建设大多是

① ［日］滋贺秀三：《中国家族法原理》，张建国、李力译，商务印书馆2013年版，第57页。

② 张鸿雁：《城市形象与城市文化资本论——中外城市形象比较的社会学研究》，东南大学出版社2002年版，第35页。

③ 王宁：《消费社会学——一个分析的视角》，社会科学文献出版社2001年版，第256页。

④ ［美］阎云翔：《中国社会的个体化》，陆洋等译，上海译文出版社2012年版，第21页。

原地更新，这样距离农田近，同时也符合家族聚居的传统习惯，因此并没有改变传统的居住空间格局，只是提升了房屋建设质量，大部分农户建起了砖瓦房。

第二次房屋更新建设与农民大规模外出务工基本是同步的，开始于20世纪90年代中后期，并且进入21世纪后延续了10年左右的高峰期。这一次房屋更新的直接动力是农民外出务工普遍改善了家庭经济条件。原来的住房多建在靠近耕地的老湾子里，当时是为了方便农业生产。但是由于越来越多的农民家庭生计结构转变为以务工为主，农业生产的地位退居其次。老湾子较为分散且不靠近公路，更没有通村硬化路，交通十分不便，难以满足农民对交通便利性和居住生活环境改善的需求。于是在一部分经济条件率先改善的农户带动下，越来越多的农户选择到主要公路两侧建设新的住房。沿公路的住房建设改变了聚族而居的传统居住格局，但是基本没有突破原来的村域界限。这一时期的住房主要以楼房为主，并且一部分讲究的农户还做了室内装修。持续十余年的第二次住房更新，使一部分村庄的聚落空间形态发生了较大改变，由于是在靠近交通干道的两侧新建了住宅，原来的老宅子成了荒废的空心湾。案例3—1中章县村民ZYH的住房建设代表了这一时期农民住房更新的普遍情况。

案例3—1：ZYH，58岁，章县茅村人。ZYH改革开放之后在砖厂工作，开始做苦力，后来慢慢学会了技术，砖厂卖给私人后他也入股成了半个老板。由于砖厂效益不错，且干这一行十多年，算是村里经济条件比较好的。家里的老房子是80年代初自己结婚时建的瓦房，空间比较小，做饭、储物和居住的地方都混在一起，两个孩子还在储藏粮食的房间住了两年，孩子也慢慢长大了，生活很是不方便。1998年，ZYH决心建设新的房屋，自老房子前靠近公路的地方新建了两层楼房，还因此成了村里最早建楼房的农户之一。建楼房花了几万元，算是比较大的花费，由于手里的现钱不够还向亲戚借了几千元，不过很快便还上了。2005年还在这栋房子里给儿女成了家，也把室内装修了一遍。开始建楼房时邻居都很美慕，没过几年村里越来越多的人也开始建起了楼房，有的还建了三、四层，越建越气派。（章县茅村

农民访谈）

前两次的农民住房更新主要是农民经济条件改善之后提升住房质量的选择，建设新房的目标也相对单一，改善居住条件和子女成家的需要是新建住房的主要目的。农民的居住格局并没有打破传统的村落界限，只是在村落范围内进行新的布局调整。住房建设作为村民的大笔开支，是农户家庭经济积累的主要消费方式，并且农民的积累方式和乡村系统内的互助传统，使得这笔一次性开支还在村民的承担能力范围内，村庄中隐性的住房竞争并没有拉开村民之间的差距。

2010 年前后开始的农民进城购房成为农民的第三次住房更新，并且这一趋势的快速发展形成了农村的购房潮，推动了城镇化的快速发展。前两次住房更新主要是在乡村空间范围内进行的住房建设，农民的第三次住房更新以进城购买商品性住房为主要表现形式，农民进城购房则突破了封闭的村庄空间限制，由农村进入了城镇空间。农民进城购房不但打破了村庄界限，同时也改变了农民的生活居住格局，由农村聚族而居的熟人社会空间进入城市陌生空间，农民的生产生活方式也因此发生改变。表 3－1 是笔者在章县调研期间对北镇张村农民进城购房时间节点的统计，进城购房成为农民城镇化参与逻辑转变的重要转折点，越来越多的普通农户被卷入购房潮之中。

表 3－1　　　　　　章县张村农民进城购房状况

进城购房时间	进城购房户数（户）	进城购房主体	进城购房主要原因
2010 年之前	8	农村精英群体和上层农户	在城市有体制内稳定的就业或者经商成功农户
2010 年（含）以后	56	普通农户和农村中间阶层占主导	在城市长期打工、结婚、子女教育等功能性需求

住房更新与农民家庭转型紧密关联。前两次的住房更新是在外出打工背景下进行的，并且主要是面向村庄内部以满足居住和子女结婚等家庭再生产需求为主要目标。这种房屋更新形式与城镇化并没有直接联系，依然是嵌入在村庄社会系统内的自循环。农民进城购房突破

了乡村社会系统，而日益融入城市社会系统，农民到城镇购置商品房的动力因素也变得多元化，与家庭的发展目标关联密切。

农民进城购房的动力和契机与家庭生命周期的关键节点高度相关，并服务于家庭再生产和家庭发展的整体性目标。农民进城的契机和主要目标是就业、教育和婚姻，这与前两次村庄内部的住房更新具有明显的差异性。如果说前两次的住房建设是村民改善生活居住环境，以及村庄内部的"面子"竞争的内在需求，那么近年来兴起的进城购房更多地围绕家庭的发展型目标展开，比如职业流动、子女教育、婚姻竞争与流动等。农民家庭再生产及发展性目标的实现，已经超越乡村社会系统，日益紧密地与城市社会体系关联起来。农民的非农就业和职业流动，农村学生进城接受优质教育资源等，这些关乎农民家庭再生产和家庭发展的重要因素，都已经在乡村社会系统内难以得到满足，促使农民纷纷走出村庄购房进城。也正是由于越来越多的农民进城了，农村资源加速向城镇流动，农村社会完整的自循环系统也难以再继续维持，比如农村教育的衰败就是典型。这样农民家庭的再生产和发展目标就进一步和城镇化联系在了一起。

从章县农村的调研来看，进城购房追求农民家庭向城镇的流动，已经成为乡村社会的"地方性共识"。进城作为一种乡村社会的共识，对农民的行为规范产生了约束性，建构起农民行动的"意义之网"。农民参与之广泛，参与度之深，使得农民进城已经成为不可逆的潮流。进城购房成为当前农村社会的集体展现，是一场农民家庭寻求发展的竞赛，如下面 LHX 的案例所示。

案例 3—2：LHX，45 岁，章县茅村人。家里有楼房，2018 年又在县城买了房子，还没有装修住进去。儿子快 20 岁了，书没读好，快到结婚的年龄父母就得考虑买房子了。本来家里有楼房也不想买的，现在的农村不买也不行，别人都在城里买房了，自己不在城里买房娶不到媳妇。自己打工攒了些钱，帮儿子买房子，村里有一半的人都买了，大家都这样，反正以后儿子结婚和小孩读书都用得上。自己不会去住，（儿子）他们住不住就是他们的事情了。（章县茅村农民访谈）

第二节 寻求发展：农民进城的
多元化动力机制

作为城镇化的主体，农民以家庭为单位参与城镇化进程，并服务于家庭再生产的整体性目标。农民进城购房决策及行动契机，与家庭再生产周期的主要节点性事件具有契合性，遵循着寻求家庭发展的目标。在农民家庭再生产周期和实践中，就业、教育以及婚姻作为农民家庭再生产周期的重要环节，构成了农民家庭进城抉择的主要促成因素。因此农民进城呈现出多元化的动力机制，并最终指向家庭再生产和寻求家庭发展的最终目标。

一 跳出农门与寻求职业身份的流动

理性经济人是古典经济学的基本假定，追求个人利益的最大化是人理性行为的目的，这一前提假设也被理性小农学派接受。沿着这一理论思路，国内关于农民迁移行为的研究也认为，农民流动的主要原因是追求收入的最大化，农民迁移的主要动因在于城乡之间和地区间的收入差距，是农民理性选择的结果[①]。国内研究者多以农民工外出务工行为作为研究的经验载体，然而外出农民工由于劳动力素质等方面的原因，真正能够在务工地城市获得稳定的工作和体面安居收入水平的还只是少数。因此中西部地区大部分外出务工者并不会在务工地购房，而在家乡的城镇购房则是越来越多农民的选择。在家乡城镇购房的农民进城行为，单一的经济收益最大化逻辑已经难以完全解释。因为很多原来在收入更高的沿海城市的打工者，反而选择在工资水平并不那么高的中西部城镇购房，显然超出了单一的经济收入的考虑。

稳定的非农就业是中西部农民在县城购房和定居的直接经济动因，而其背后的社会动因则是"跳出农门"实现职业身份的向上流动。稳定就业给了他们在城镇安居的经济基础，同时获得城镇稳定的

---

① 赵耀辉：《跳出农门：中国农村人口到城镇迁移决策》，载蔡昉、白南生编《中国转轨时期劳动力流动》，社会科学文献出版社 2006 年版，第 137—147 页。

就业也是农民向城镇的职业流动，更深层次的则是社会流动的象征和农民身份的转型。韦伯的社会分层理论以及国内阶层分化研究者，都把"职业"作为社会阶层分化的主要标准，职业身份是比直接的经济收益更为进城农民在意的。在长期的城乡二元户籍制度下，与城市直接相连的是城市居民的职业身份，其背后则是各类制度性保障和福利的叠加。这也在农民的观念中形成了城市优于农村，城市的铁饭碗是比务农更体面也更有保障的职业身份。

虽然户籍制度及其福利捆绑已经弱化了，但是在工业化和城镇化发展进程中，城市在农民的认知中又是和正式且有保障的工作相联系的，城市人的正式职业是比进城打工的农民工更为体面的身份象征。虽然大部分农民有长期在城市务工的经历，但是普遍认为自己并不是城里人，即便进城购房居住多年的农民也普遍表示还不算城里人。在进城农民看来，和城里人的最大区别并不是制度性的户籍，而是"城里人是有工作，拿工资的"，进城的农民则缺乏这层保障。可见，获得城市里稳定的职业是农民更为看中的，这也是成为城里人最主要的标准，是决定进城农民能否在城市体面安居的基础性条件。从务农向城市稳定就业转变，并实现城市就业和生活方式，被认为是一种实质意义上的职业流动。

从章县农村的调研来看，农村居民获得城镇稳定的就业主要有两种路径。第一种是通过升学、考试等途径获得体制内的就业机会，如公务员，银行、学校、医院等企事业单位职员等。这样的工作不但稳定且收入有保障，是城市中较为体面的职业身份，一旦实现由农民向这些行业的职业流动，就可以算是城里人了。另外一种途径就是长期在城镇务工经商或者创业。通过长期在城市务工或者创业，有了稳定的就业和不错的经济基础，具备了在城镇体面安居的能力和条件，这也算是一种"跳出农门"实现职业流动上升的途径。

章县这样的中西部地区的中小城市，体制内的职业类型是十分体面的就业方式，也是农村居民普遍向往的城里人的职业身份。但是体制内稳定的就业岗位十分有限，且有很高的人力资本和社会资本的门槛，只能成为受过较高学历教育或者社会资源丰富的，农村精英阶层的职业流动和城镇化方式。职业流动是农民进城的重要动因，稳定的城镇就业是进城农民体面安居的基础条件，体制内正规就业是农民实现"城市梦"和职业向上流动的重要途径。在经济机会有限的中西部城镇，对于绝大部分普通务工者的农村中间阶层而言，获得体制内就业机会十分困难。但是青年农民工由于没有务农的经历，也吃不了农业劳动的苦，回到农村没有适合自己的就业方式。与此同时，大部分农民工在东南沿海大中城市务工，难以获得稳定的工作和体面安居的经济基础。因此返乡是他们的现实选择，并期待在家乡城镇获得稳定的非农就业，过上城市人的生活方式。返乡进入家乡的城镇就业或者创业，成为青年农民实现"市民化"的主要途径和理性选择①。

案例3—3：SD，女，28岁，章县丰镇人。大学毕业之后考取了章县实验小学的教师岗位，有正式编制。老公是初中同学，大学毕业后考到县财政局工作。结婚时老公家里在县城买了一套90平方米左右的房子，公婆也一起居住，房子到单位的距离也比较远，生活不是很方便。夫妻两个决定在单位附近的小区再买一套房子，看中了一套130平方米左右的房子，算上车库需要八九十万元。自己有些积蓄，父母再支持一点，按揭还房贷的压力也不大，毕竟工作和收入都稳定，还有单位的福利。（章县实验学校教师访谈）

案例3—4：CYF，39岁，章县冠村人。从2009年开始一直在县城开门店做生意，主要做水电建材生意。开始是租房子做生意，当时一是买不起房子，二是也不知道能不能把生意做下去，就没有着急买房子。做了十年生意，收入还算不错，门店也比较稳定，有很多老客户，平时老婆看店自己还可以上门做安装服务。家里的田地不种了，孩子也都在身边读书，既可以做生意也可以照顾老人孩子。没有出去打工的想法，打算一直这么干下去。2017年决定不再租房子了，花了一百万元左右在街边买了带门面的楼房，既可以全家人居住也可以做生意，虽然暂时借了一些钱，但生意稳定很快就可以还上。农村的

① 罗竖元：《农民工市民化意愿的模式选择：基于返乡创业的分析视角》，《南京农业大学学报》（社会科学版）2017年第2期。

老房子不会再翻修了，基本也不会再回农村居住，城里稳定了就不会回农村种田。（章县冠村农民访谈）

二　"文字上移"与农民教育城镇化

文化资本理论认为，文化资本通过教育资格的制度化，承认文化资本的世袭传递性，从而达到社会结构再生产的目的[①]。布迪厄论证了教育与社会再生产的关系，认为文化资本具有垄断性和传递性，通过教育制度本身达到阶级结构再生产的结果。这是在阶级分化和阶级结构固化的社会背景下的社会再生产机制，这一理论并没有注意转型社会中，教育依然作为农民家庭实现社会流动主要渠道的重要意义。

中国的乡村社会正处在阶层分化和社会流动的剧烈转型期，越来越多的农民寄望于通过教育的途径实现家庭文化资本积累，以及通过家庭人口再生产实现代际社会流动。在乡村教育转型和社会转型背景下，城乡教育资源进行重新配置，在转型实践中农村生源和优质教育资源有向城市集中的趋势。教育资源分配的城乡差异，在农民认知中形成了城市有更好的教育环境和机会，为了让孩子和家庭有一个更美好的未来，农民纷纷向城镇迁移[②]。让孩子进城接受教育，成为农民进城购房及居住的最主要动力来源，教育城镇化成为中国城镇化发展路径的重要特征。

乡村教育转型是在两种力量的推动下进行的，一个是自上而下的制度改革和政策推动的乡村教育转型，另一个则是内生于乡村社会内部的社会分化与变迁动力。费孝通指出，中国基层社会是乡土性的，庙堂性的文字并不会发生在基层，而自上而下的"文字下乡"之所以能够成功，根源还在于基层社会发生了变化[③]。因此政府推动的乡村教育转型与乡村转型的内生性力量相互关联，乡村流动性社会的兴起和农民的城乡流动是乡村教育转型的重要背景。乡村教育转型伴随

---

① ［法］皮埃尔·布迪厄：《文化资本与社会炼金术》，包亚明译，上海人民出版社1997年版，第192—194页。

② 何雪松等：《城乡迁移与精神健康：基于上海的实证研究》，《社会学研究》2010年第1期。

③ 费孝通：《乡土中国　生育制度》，北京大学出版社1998年版，第12—24页。

的直接现象或后果是"文字上移"①，文字上移与文字下乡一样，其中发展主义的现代化逻辑下的政府推动是重要的外部力量。发展主义思路认为，农村教育转型是推动城镇化的重要力量，推进农村教育城镇化是实现教育均衡发展的治本之策②。地方政府的教育改革实践往往把农村教育转型与城镇化发展捆绑在一起③。

农村教育嵌入乡村社会之中的教育格局，一直是中国乡土社会的传统。改革开放之后的较长一段时期，农村教育一直是由乡村社会承担的，由乡村社会主导的普及九年义务教育。国家财政制度改革、农村税费改革是农村教育转型的重要制度基础，2000年前后开始的农村教育制度改革拉开了乡村教育转型的序幕。2001年国务院发布的《国务院关于基础教育改革与发展的决定》，明确提出了"地方政府负责、分级管理、以县为主"的教育改革原则和发展方向。县级地方政府作为农村教育改革的重要主体和直接参与力量，其中地方政府的发展主义逻辑和地方政府政策实践，对农村教育转型产生巨大影响。国家财政体制改革和农村税费改革后，地方政府尤其是中西部地方政府的财政能力普遍不足，而在发展主义竞争"锦标赛体制"下，地方政府的晋升锦标赛模式④，成为县级地方政府主导的教育转型和城镇化发展的重要运作逻辑。分税制改革后，缺乏工业化发展基础的中西部地区的县域政府普遍缺乏有效的财政来源，地方政府对土地资源的垄断权力，成为地方经济发展和城镇建设的基础条件。在中西部县级城市缺乏招商引资发展工业化的优势条件的情况下，县级地方政府通过运作土地项目来"经营城市"和发展经济，成为地方政府的主要经营模式⑤。但是相较于县城房地产市场的红火，中西部县城的工

---

① 李涛：《"文字"何以"上移"？——中国乡村教育发展的社会学观察》，《人文杂志》2015年第6期。

② 胡俊生、李期：《城市让教育更美好——再论城镇化进程中的农村教育》，《当代教育与文化》2012年第6期。

③ 饶静、孟祥丹：《"国家和社会"框架下的农村中小学布局调整——以江苏省A县L镇为例》，《中国农业大学学报》（社会科学版）2012年第4期。

④ 周飞舟：《锦标赛制》，《社会学研究》2009年第3期；周黎安：《中国地方官员的晋升锦标赛模式》，《经济研究》2007年第7期。

⑤ 折晓叶：《县域政府治理模式的新变化》，《中国社会科学》2014年第1期。

业化发展则明显基础不足，对人口集聚的拉动力有限。为了进一步推动农村人口向城镇的集聚，公共服务资源向城镇的倾斜配置是重要手段。

县级政府的城镇化经营模式，很重要的就是进行城乡资源的重新配置，而城乡教育布局调整是最主要的方式之一。相关研究指出，2000 年之后农村小学和教学点数量快速减少，2000 年到 2010 年的 10 年间，全国平均每天消失的农村小学和教学点数量达到 90 多个，10 年间减少了六成，而农村初中减少超过 1/4①。当然农村学校数量减少其中有农村社会流动和农民生育行为变化的社会背景，但是地方政府通过教育城镇化来推动农民进城，也是其中主要原因之一。

进入 21 世纪，章县与全国其他地区一样也在经历一场农村学校布局的巨大调整。章县丰镇在 90 年代"普九"达标时期，全镇 19 个行政村都通过教育集资兴办了自己的学校，同时乡镇还有一所中心小学和 1 所乡镇中学。这一时期农村学生也基本是就近在村办小学就读。在农村教育转型的背景下，经过十余年的农村小学撤并调整，现在丰镇只有 1 所乡镇中心小学、3 所农村完小（也称片区小学，含 1—6 年级）和若干教学点（一般只有 1—3 年级）。乡村学校数量减少了一半左右，并且还在持续减少中。例如 2019 年刚撤销的一个教学点，只有 3 名在校学生和 2 名老师。与此相对的是，在同一时期随着县城房地产开发和城市规模扩大，县城不断建设新的中小学，这也是城市新区建设吸引农村人口进城购房的重要方式。学校划片制度一方面是为了更为均衡优化配置城市稀缺教育资源，同时也是推动农民进城购房的手段之一。

案例 3—5：县域内中小学实行相对就近、免试入学的原则，县城中小学按照划定学区范围招生，保证教育公平。县城片区学校入读条件一是具有常住户口的适龄学生；二是进城务工人员的随迁子女，需要居住和务工经商证明；还有最普遍的方式是购置了城区商品房，有

① 饶静等：《失去乡村的中国教育和失去教育的中国乡村——一个华北山区村落的个案观察》，《中国农业大学学报》（社会科学版）2015 年第 2 期。

房产证。很多农村人为了让子女能够上城里的学校，这几年越来越多地到城里来买房子。城北小学和城南小学两所新建的学校，大部分学生是从农村过来买房入学的农家子弟。（章县教体局干部访谈）

虽然当前县城落户获得户籍对农民基本是放开的，但实践中对农民的吸引力并不大，愿意把户口迁到县城的农户比较少。由于中西部县城工商业发展基础薄弱，吸纳农村剩余劳动力就业条件有限，因此绝大多数农民靠外出打工实现剩余劳动力非农就业转移，而在县城长期务工经商的并不多。在上述情况下，要让子女获得在县城学校就读的机会，对大多数农户来说到县城购买商品房成了必要条件。

案例3—6：JL，31岁。2015年之前在浙江打工，2015年回家在流转土地种葡萄。结婚的时候家里建了楼房就没有在城里买房。自己不在城里工作本来也不打算去买房的，但是这几年农村的小孩都去县里读书了，没有房子不让读，去年就在县里买了房子。买房子主要是为了让小孩去县城读书，自己不会去住的，在城里没有工作，到时候会让老婆或者小孩奶奶去县城陪读。（章县张村农民访谈）

在这场"文字上移"的农村教育转型中，除了城乡学校数量的此消彼长外，城乡教育资源质量的不平衡也日渐突出。虽然在城乡教育均衡发展的政策话语下，农村中小学硬件基础设施得到了较大改善，但是"软件"资源却在不断拉开与城市同类学校的差距，其中以生源和师资两方面最为严重。农村生源的流失既是农村学校撤并调整的结果，同时大量农村学生进城就读也是导致农村学校进一步减少的原因，在这种循环中农村中小学面临优质生源严重流失的困境。当前乡村学校教师由教育局进行统一招考分配，一些新考进来的大学毕业生在分配中也会进行城乡学校的均衡分配，农村小学教师也会给予相应的补贴，本可以通过这种方式改善农村学校师资状况。但是在实践中，由于农村学校条件艰苦，尤其是一些偏远农村的学校更是如此，这些年纪轻轻的毕业生到农村小学去任教，生活习惯、社会交往等方面构成了极大的限制，因此流动率十分高，年轻教师普遍希望通过考试等方式进入城镇学校。

南镇是章县的中心镇，人口集聚和经济发展水平仅次于县城。但是在教育城镇化的背景下，南镇的中小学依然面临着生源流失与教师资源不足的问题。南镇现有 1 所乡镇中心学校，4 所完小和若干所村小教学点。中心学校在校生 900 余人，完小在校学生各有 100 人左右，而教学点在校生人数普遍在 30 人以下，个别教学点只有不足 10 人，其中最小的教学点只有 3 名学生。即便如此，南镇各小学近年来也在面临着生源流失尤其是优质生源流失的问题，先后有上百名学生进入县城学校就读，而且每年流失学生数量还在增加。而县城两所新建的城北小学和城南小学，近两年吸纳的来自各乡镇的进城学生超过 2000 人。乡村学校面临的另一个突出问题是师资不足，表 3-2 反映了南镇学校师资状况。

表 3-2 南镇不同类型小学师生状况

学校类型	教师数量（人）	教师年龄结构	教师专任情况	在校生数量（人）
镇中心小学	56	50 岁以上 8 人；40 岁到 50 岁 8 人；40 岁以下 40 人	全部专任教师	990
亭小（完小）	11	50 岁以上 3 人；40 岁到 50 岁 1 人；40 岁以下 7 人	语文、数学、英语专任，其他兼任	108
龙小（教学点）	5	50 岁以上 5 人	无专任教师，其中英语由上一层级小学教师"走教"兼任	20

注：根据南镇中心学校及各村小校长和教师访谈材料整理绘制，每种类型学校选择一个典型的学校进行统计。

从表 3-2 中可以看出，镇域内的小学具有明显的梯级层次，且层级越低的学校面临的师资不足状况越突出。农村完小和教学点普遍面临着教师年龄老化的问题，多数教师都是村办教育时期的民办教师转公办的，他们长期扎根农村，并且基本上都在农村安家，具有较强的稳定性。但是原来的民办教师普遍学历层次不高，且没有经过严格的专业训练，大多知识陈旧，甚至连现代化的电子设备也不能灵活操作，难以跟上现在的教学形式和知识更新。而通过教育部门统一招聘的年轻大学毕业生，很少愿意到农村学校任教，即便来了也会很快流失，很难满足农村学校对年轻教师和专业教师的需求。这样就导致了农村师资中的另一个问题，即英语、体育、音乐、美术等方面的专任教师缺乏，相关课程只能靠其他教师兼任，很多农村小学的体音美等课程难以开设，无法满足素质教育和学生综合发展的要求。在教学质量方面，乡村学校明显落后于乡镇学校，而南镇的中心学校虽然在同类乡镇学校中排名前列，但还是整体落后于县城学校。乡村学校大多属于维持型的兜底教育，在越来越重视学生安全的环境下，"完成任务、不出事，凭良心教学"成为一套默认的教学准则，这类学校的教学动力普遍不强。

在新时期的"文字上移"运动中，国家自上而下的推动力与自下而上的社会变迁力结合，成为农民教育进城的主要动力来源。乡村教育改革是农民教育进城的城乡教育结构环境和制度基础，而农民的教育进城行为同样嵌入在村庄社会阶层分化结构中，村庄社会依然是他们价值意义再生产的场域，这构成了农民教育进城竞争的村庄社会基础。面对剧烈的乡村教育转型，农民在行动上对此做出应对，而主要的应对策略就是把子女送到条件更好的城镇学校去读书。

在农村社会分层结构中，在城市有体制内就业或者长期经商户，他们处在农村社会阶层结构的上层，他们率先在城镇定居，并且子女都已经到城镇学校就读，与农村也逐渐脱钩。作为村庄中间阶层的半工半耕农户，通过长期的家庭经济积累已经有了较强的经济基础。面对乡村教育衰败的状况，他们有较强的动力把孩子送到城镇学校接受教育，而实现这一目标的主要途径就是到县城购买商品房。当前教育城镇化是中西部地区城镇化发展和农民进城的主要路径，也是农村中间阶层教育竞争推动的。而农村底层农户，由于家庭劳动力结构不完整等原因，经济能力普遍较差，无法支付子女进城接受教育的成本。村庄结构分化中的底层，一般采取留守教育的模式，继续在农村学校接受教育，他们成为农村阶层分化和教育竞争的边缘群体。

章县农村调研发现，农村学校和教学点的学生，基本都来自经济条件较差的家庭。一方面他们无力承担去更好的学校就读的经济成本，另一方面也缺乏必要的家庭支持。因为这些学生大多属于"留守儿童"，年轻的父母外出务工，而爷爷奶奶只能照顾他们基本的生活，无法每天接送他们去较远的乡镇中心学校去读书，只能接受农村学校的兜底教育。对章县冠村30多名在农村学校就读学生家庭情况的统计发现，其中有10余名学生来自建档立卡的贫困户家庭，其余绝大部分来自家庭经济条件较差的家庭。这些学生主要是留守儿童，其中父母全部外出务工的留守儿童占近一半。

案例3—7：CWF，79岁，章县冠村人。儿子50多岁还在广东打工，两个孙子都成家了也在外地打工，还有4个重孙在家里读书，奶奶一个人带不过来，自己也帮着带俩。对自己来说也没有什么大负担，就是接送他们上学，照顾一下生活。儿子孙子都是普通打工的，一年也挣不了多少钱，不出去也没事做，只能长期在外打工。在城里买不起房子，没有条件把小孩送到城里读书，看到别人都把孩子送到县城、镇里学校读书，也没那个能力送过去，接送很不方便，遇到下雨天更麻烦。（章县冠村农民访谈）

在村庄分化和教育转型背景下，农村的教育竞争成为当前农村社会竞争的主要内容。而这场教育竞争的主体并不是年纪大的中老年人，而是年轻的父母。村庄年轻父母主导的教育竞争源于年轻人教育思想的转变，他们更加重视教育，主要有以下几方面的原因。其一，不同于老一辈的农村人，他们在流动社会背景下成长起来，长期的打工经历并没有使他们真正实现城市梦，但是却使他们意识到人力资本和教育的重要性。其二，这一代年轻的父母，在他们幼年读书时期他们的父母迫于生存压力而外出打工，大部分有过做留守儿童的经历。他们不再希望自己的儿女重复自己的老路，要么把子女带在身边读书，要么在家乡城镇购房待子女读书时也逐渐把工作和生活重心转移到家乡，这成为很多返乡农民工的重要动力。其三，现在家庭子女数量普遍较少，绝大部分家庭只有两个子女，独生子女家庭的数量也在增加。相较于老一辈重视子女数量的"多子多福"老思想，年轻人更加重视子女的培养质量，因此更加重视教育，经济条件改善后，教育投资占家庭经济支出的比例也越来越大。

案例3—8：CKJ，女，30多岁，在章县开照相馆，做婚庆生意。两个小孩都在读书，大的读初中了，小的还在读小学。在大女儿读3年级之前夫妻两个都是在广州打工，一年回来一两次，孩子由爷爷奶奶带，在村里的学校读书。开始时孩子学习很好，回来前那一两年孩子有些不听话，学习成绩也下降，爷爷奶奶只会宠，舍不得管，也不会辅导功课。夫妻两个觉得这样不行，将来孩子读书不行只能重复自己的老路，还得给人打工，自己现在挣再多钱，不把孩子培养好也是白搭，挣的钱将来也是为了他们花。于是在孩子读3年级时夫妻两个决定回家就业，有照相的手艺就在城里租了门面开了家照相馆，兼做婚庆生意，现在也买了房子。回来后可以随时督促孩子学习，现在两个小孩学习成绩都不错，指望将来考个好学校，虽然现在挣钱也不算多，但是对现在的生活也很满足，既可以照顾家里，也可以更用心地把孩子培养好。（章县进城农民访谈）

教育是实现人力资本积累和上升的主要途径，也越来越受到农村家庭的重视。这种以教育为载体的家庭人力资本的积累和再生产，是对家庭向上流动的预期，已经超出了传统农村生活层面的"面子竞争"范畴，本质上是一种家庭发展层面的竞争。在教育资源的城乡分化和村庄阶层分化背景下，教育竞争成为农村竞争的主要方面，根源于家庭发展压力之上的教育进城竞争。在这场发展性的竞争环境中，谁也不愿成为被甩出阶层分化和竞争秩序的失败者。农村教育转型中，教育资源在城乡之间和农村社会阶层之间经历着一次新的再分配竞争，而优质教育资源的竞争最终转化为农民的进城购房竞争，推动了中西部地区的城镇化进程。在中西部地区快速的城镇化发展中，教育进城成为农民城镇化最主要的动力来源之一。

三　婚姻市场竞争与代际社会流动

婚姻不仅是两性的结合，还包括生育子女，把孩子抚育成人，甚至包括帮助子女成家等一套社会活动体系，是种族绵延的保障。在乡土中国的传统通婚圈内，熟人社会关系是进行婚配的纽带，婚姻本身不仅是家庭内部的私事，在横向上更是两个家庭甚至是家族的公事。在"祖荫下"完成的婚姻，附属于生育制度，承担着家族绵延的任务①。在纵向"父子一体"的家本位的中国文化传统中，父子共同承担着对祖先的责任，父子同一性，一边联系的是众多的祖先，一边则是无尽的子孙后代，共同受着祖先的荫庇，同时也承担无限的责任②。在乡村社会中，农民现世生活的意义寄托于无限绵延的家庭再生产中。而一旦后代的儿子没有成家或者没有继续生养下一代，那么就意味着现世生活寄托于其中的价值绵延链条的断裂，这在农村生活中要背上"绝户"的伦理负担。因此，在家庭生活和村庄生活秩序中，农民把子女婚姻作为重要的"人生任务"，是家庭再生产的重要环节。

在流动社会兴起之前，农民的婚姻是在一个相对静态、封闭的乡村社会中完成的，维持在熟人社会网络可及的范围。这样，农民的通婚范围大多是局限在附近不远的村落，从而建立起了靠通婚关系维系的地方性共同体，也即"通婚圈"③。施坚雅④基于中国基层市场的研究，认为农民的通婚圈与基层市场具有同构性，"基层市场社区"内农民的通婚有一种阶层内部通婚的特征。在传统中国婚姻社会现象的理想模式中，婚姻是建构和维系社会联结的重要形式，维持了农村社会系统的完整性和社会再生产，具有社会性功能。同时婚姻作为个体和家庭生命历程的关键节点，承载着家庭绵延和伦理价值再生产的功能。传统通婚圈具有封闭性和稳定性的特征，在地方性的通婚圈内，

①　陈讯：《婚姻价值的变革》，中国社会出版社 2014 年版，第 202—214 页。

②　［美］许烺光：《祖荫下》，王芃等译，（台湾）南天书局 2001 年版，第 205—208 页。

③　唐利平：《人类学和社会学视野下的通婚圈研究》，《开放时代》2005 年第 2 期。

④　［美］施坚雅：《中国农村的市场和社会结构》，史建云译，中国社会科学出版社 1998 年版，第 45—48 页。

农民的婚姻也局限在有限的乡村地域范围内，婚姻资源的流动性较弱。传统婚配讲究"门当户对"，这恰恰也是婚姻流动性弱的写照。正如施坚雅指出的那样，农民的通婚具有阶层内部通婚的特征，缺乏城乡和区域的流动性。总体而言，农村传统的婚姻模式更多地体现为社会和文化层面的功能意义，与农村社会系统之外的关联性不大，传统延续性远大于其变迁性，这与传统农村社会的稳定性是一致的。比如在 2000 年之前，由于农民的流动性并不强，章县农村的婚姻圈主要集中在县域范围内，大部分农村青年的婚配对象集中在周边村庄和乡镇的熟人社会范围内，以熟人介绍的婚姻形式为主。

然而在制度转型和市场转轨的推动下，传统中国农村进入了流动社会的时代。农村的开放性和农民的流动性都极大地增强了，"父母之命媒妁之言"的婚配形式逐渐被自由婚恋形式取代。从 20 世纪 90 年代中后期开始，随着大量农村青年外出打工，章县农村也越来越多地出现了"外地媳妇"的婚姻现象，甚至跨省婚姻也在不断增加。以章县冠村为例，20 世纪 90 年代出现第一个年轻人的跨市婚姻，2000 年之后开始出现外省媳妇和女性嫁到外省的婚姻流动现象，目前全村有十余例跨省婚姻，农民的态度也从开始的排斥变得慢慢接纳，"外地媳妇勤快，反正都是出去打工，本地外地没啥区别"。受农民外出打工潮的影响，农村婚姻圈的封闭性和稳定性逐渐被打破，取而代之的是农村婚姻市场的形成，农村婚姻资源城乡之间和区域之间的流动性增强①。

农村婚姻资源的流动性带来了婚姻市场的性别失衡现象，这种婚姻资源的失衡主要表现为城乡间和区域间的流动不均衡。在计划生育和性别选择的背景下，农村地区普遍面临着男女性别比的失衡，导致"80 后""90 后"的适婚青年普遍面临着男多女少的不匹配性矛盾。而农村社会的开放性和婚姻资源的流动性，进一步加剧了中西部地区农村婚姻市场性别比的失衡。田先红②在总结农村青年婚姻流动的内

① 桂华、余练：《婚姻市场要价：理解农村婚姻交换现象的一个框架》，《青年研究》2010 年第 3 期。

② 田先红：《碰撞与徘徊：打工潮背景下农村青年婚姻流动的变迁——以鄂西南山区坪村为例》，《青年研究》2009 年第 2 期。

在机制和变化规律时指出，在打工潮的冲击下，农村青年进入一个更宏观的全国性婚姻市场。由于社会分层的原则，婚姻资源流动呈现出性别、区域和城乡等方面的差异，农村女青年更容易向城市和东部发达地区流动，导致中西部农村婚姻市场中的女性资源不足，形成对农村男性青年尤其是底层青年的婚姻挤压。农村青年长期在城市打工生活，形成了对城市生活的崇拜，导致中国社会出现了"城市信仰"①。尤其是农村青年对城市生活已经习以为常，反而对农村社会日渐陌生，难以适应农村单调的生活。农村婚姻市场的失衡，导致了日益严重的婚姻竞争和婚姻市场要价，在农村青年对城市生活向往的刺激下，婚姻成为越来越多农村青年实现"城市梦"的主要途径②，农村青年的婚姻竞争与城镇化目标紧密捆绑在了一起。在分化和流动的社会变迁背景下，婚姻不仅承担着家庭继替的再生产功能，同时因婚进城也寄托着农民家庭实现代际社会流动的愿景。

在章县农村，普遍出现了婚姻购房现象，婚姻成为普通农户进城的重要动力。农村婚姻市场的形成，以及婚姻市场中婚姻资源流动的城乡结构和区域结构不平衡，导致中西部农村男性青年受到婚姻挤压。尤其是在农村阶层分化环境中，农村底层青年普遍面临着婚姻焦虑。婚姻市场的不平衡导致了农村婚姻市场竞争的加剧，女性占据婚姻市场的优势地位，婚姻市场的女方要价，使农村婚姻成本快速上升。农村婚姻成本的上涨主要来自两方面，一是农村婚姻市场推动的彩礼上涨，另一方面是婚姻购房日益成为农村男性青年结婚的必备条件。农村婚姻彩礼的快速上涨发生在近十年前后，也即是计划生育政策严格执行时出生性别比失衡的"80后""90后"前后一代进入适婚年龄的时期。虽然彩礼的数额呈现出一定的区域差异性③，但是在广大中西部农村地区呈现出普遍上涨的趋势。在章县农村，十年前农村彩礼的数额也只是刚刚过万元，但是近十年间经历了快速上涨期，目前结婚彩礼达到 10 万元左右，也有部分超过 10 万元的高额彩礼出

　　① 　张玉林：《当今中国的城市信仰与乡村治理》，《社会科学》2013 年第 10 期。

　　② 　陈讯：《婚姻要价、代际支持与农村青年城镇化——基于晋西北 W 村调查》，《中国青年研究》2018 年第 2 期。

　　③ 　朱战辉：《农村彩礼性质的区域比较研究》，《当代青年研究》2017 年第 4 期。

现。不仅农村婚姻普遍迎来了高额彩礼时代，而且婚姻购房也日渐成为潮流，在县城购买商品房逐渐成为农村青年结婚的必备条件。

案例3—9：WZ，28岁，章县冠村人。初中毕业后一直在广东打工，没有学到什么手艺，只是进厂做普通工人，工资水平不高，存不下来钱，只够自己生活开支。兄弟两个，哥哥前几年结婚了，当时没有买房，家里建的楼房。自己谈过一个女朋友，她家里人嫌自己个子矮，也没有买房，没有谈成。看着年龄大了，父母着急老是催，经人介绍也接触了几个都没有成，有的嫌长相，有的提出要买房。父母去年在县城花了将近20万元首付买了一套商品房，在父母支持下自己也买了车，主要是为了找对象方便。现在女孩子眼光都高，没有买房在农村越来越难找到对象。（章县冠村农民访谈）

案例3—10：ZDX，52岁，章县茅村人。两个儿子都是前几年结的婚，大儿子读大专在城里工作安家了，结婚后买了房，首付自己支持了一二十万，其余的只能他们来还贷了。小儿子结婚在县城按揭买了房子，当时找对象时女方要求在城里买房，不然不同意，没办法只能买了。在县城买房首付是自己付的，还有按揭要还，每个月要还2000多元的贷款，儿子和自己一起还。给儿子买房结婚几年了，他们也没去城里住，房子也没装修，一直跟着住在农村。两个儿子结婚后自己也没什么钱，外出打工年纪也大了没人要，现在家里流转土地种果树，反正任务完成了，钱可以慢慢挣。（章县茅村农民访谈）

进城购房是农村青年婚姻达成和家庭再生产的必要条件，是当前农民城镇化的重要动力来源之一。面对婚姻进城迅速提升的婚姻成本压力，家庭资源通过代际伦理责任进行整合，以顺利实现进城购房和子女结婚的"人生任务"。在家庭绵延的人生任务和家庭发展压力下，婚姻压力成为农村父母的"伦理负担"，因为这是家庭再生产实践的第一道门槛，如农民所说的那样，给儿子娶媳妇是父母的"硬任务"。在章县等中西部农村流行着"有车有房"才能顺利结婚的说法，父母"在儿子结婚前准备几年，结婚后再为他们服务几年"，也即子女结婚前积累购房等结婚资本，婚后慢慢偿还因支持子女进城而欠下的债务以及支持子女的城市生活。只有这样才能慢慢消化城镇化带来的婚姻成本上涨的负担，通过代际合力完成家庭再生产和进城目标。在人生任务和婚姻竞争压力下，"儿子结婚、父母欠债"在农村地区越来越具有普遍性，这也是通过家庭资源的代际传递和代际合力方式实现农村青年城镇化的重要体现。

案例3—11：WP，章县张村人，刚四十出头，儿子还在读书，普通大学，将来出路还不确定。现在最大的理想就是到儿子结婚时存30万元钱，10万元支持儿子买房首付，10万元给儿子娶媳妇，10万元装修。为了积攒这30万元钱，从儿子十多岁时就开始做准备了，夫妻俩种田打工，这样算来基本到儿子结婚时理想还是可以实现的，这也是奋斗的动力所在。完成了最大理想还是不能宣布自己退休，他还要继续给儿子帮10年的忙。儿子刚进城肯定是无法立足的，再用自己种田的十年时间继续给儿子提供支持，带孙子，生活上、经济上还要支持一下。在这之后才会考虑挣点自己的养老钱，减轻孩子负担。（章县张村农民访谈）

在传统的农村大家庭模式下，"同居共财"和"分居异爨"的家庭分合继替秩序中，围绕的都是农村的房子，房产与土地一样是家庭承继和再生产的物质基础。但是在城镇化和婚姻流动背景下，农村的房屋哪怕是楼房也很难满足子女成家的要求，在城镇购买商品房成为农村婚姻市场要价的基本条件。农民的婚姻和家庭再生产已经超出传统的乡村社会自循环系统，而与城市紧密关联，传统农民家庭以传宗接代、家庭绵延为主要目标的"简单家庭再生产"模式也难以为继。因为婚姻竞争以及代际间的阶层流动，已经把家庭再生产目标与城镇化目标紧紧结合在了一起，家庭再生产的成本有了较大提升。家庭再生产的目标不再是简单的传宗接代，其围绕的目标也日益多元化，比如阶层竞争与流动、教育实现家庭人力资本的提升、过上现代化的城市生活等发展性面向，而这些家庭再生产目标都与城镇化目标紧密捆绑。从寻求家庭发展的维度来看，在农村社会阶层分化和婚姻竞争的背景下，结婚购房有其内在的理性缘由。脱离农村、过上更具现代意味的城市生活、享受更为优越的城市公共服务设施，同时一并解决子女接受城市教育的问题①，最终实现农民家庭的社会阶层跃升。

综上，不同于单一的经济理性驱动下外出务工的进城方式，以进城购房为标志的农民家庭对城镇化进程的深度参与，是发展理性驱使下的农民进城实践，具有服务家庭发展的多元化动力来源。在农村阶层分化背景下，虽然农民进城动力具有多元化和综合性的特征，但是不同阶层间农户进城的直接动力来源也存在一定的差异性。上层离农户和半离农户进城路径是基于在城市的稳定就业，基本实现了完全城市化目标，这部分农户当前只占进城农户的较小比例。而占农村阶层主体部分的半工半耕农户，是当前处于进城过程中的主导群体，因为在城市缺乏稳定的就业，教育、婚姻等家庭再生产的功能性需求成为他们进城购房的直接动力来源，如表 3 - 3 所示。在多元化动因的驱动下形成了当前农村的购房潮和农民普遍进城的发展趋势。

表 3 - 3　　　　　　　　**农民进城购房动力及其阶层差异**

农户进城购房动力	就业需求	教育需求	婚姻需求
离农户、半离农户	直接/强	间接/一般	间接/一般
半工半耕农户	直接/一般	直接/强	直接/强
纯农户	间接/弱	直接/强	直接/强

第三节　落脚县城：农民城镇化
实践的空间选择

中国流动社会和城镇化进程的快速发展，使农民寻求生存逻辑下的进城务工的劳动力流动模式，逐渐转变为寻求家庭发展逻辑下的进城购房定居的城镇化参与模式。农民作为城镇化的能动主体，其城镇化参与实践，并不是简单的个体行动者在城乡结构的推拉力作用下的被动卷入，而是农民家庭主体能动性的发挥过程。农民家庭自主参与

---

① 王绍琛、周飞舟：《打工家庭与城镇化——一项内蒙古赤峰市的实地研究》，《学术研究》2016 年第 1 期。

城镇化进程，寻求家庭发展是重要的主体动力来源。农民家庭对城镇化落脚空间的选择，以满足家庭再生产和家庭发展目标的功能需求为准则，是家庭能动性发挥和自主决策的结果。

一　进城有风险

传统封闭自循环的乡土社会系统，具有"超稳定"的结构性特征，乡土社会中的农民，通过劳动力和土地相结合的小农生计模式维系着世代生存绵延。农业社会中的小农户，虽然始终没有挣脱生存危机的威胁。但是农业生产基础上形成的小农生存逻辑和生计策略，总能在自循环的乡村社会系统中克服一次次的生存风险，实现家庭绵延的再生产目标。现代性的流动社会到来，为农民进城打开了一扇门，与此同时也将农民置入一个充满不确定性的城市"风险社会"中[1]。农民进城意味着劳动力与土地结合的稳定生计模式发生转变，进城农民通过劳动力和市场的结合谋生计，面临着市场波动带来的就业和生计风险。而这种市场化就业带来的生计风险，将直接威胁到农民家庭再生产，农民家庭在物质和价值再生产中，处于城市市场环境中"风险分配"的不利位置。

在农民进城实践中，对落脚城市的空间选择是农民家庭能动选择的结果。对于流动社会中的农民来说，进城的落脚空间主要有两个，一个是打工所在地的大中城市，另一个是家乡的中小城镇。以城市为中心的考察视角下，预设了农民进城的单向性，以实现市民化为最终目标，这也是现代化发展进程的必然过程和规律。而中国进城农民工面临着实现市民化的制度障碍，难以获得与城市居民同等的市民权，正是以户籍制度为核心的城乡二元体制造成了农民工难以融入务工地城市的"半城市化"[2] 问题。尤其是在经济发达地区的大中城市，虽然吸纳了大部分的进城农民工，但是对这些长期工作、生活于其中，并做出一定贡献的农民工，依然保持着就业吸纳和制度排斥的张力。

---

① ［德］乌尔里希·贝克：《风险社会》，何博闻译，译林出版社 2004 年版，第 13—15 页。

② 王春光：《农村流动人口的"半城市化"研究》，《社会学研究》2006 年第 5 期。

比如发达地区的大城市一般都实行"积分落户"等政策，同时产业转型升级对劳动密集型低端制造业进行淘汰，造成了对劳动密集型产业就业农民工的排斥，这无疑增加了农民工在务工地城市定居的制度成本和就业风险。

进城农民工的异地融入困境，不仅是城乡二元体制的单一原因。全国统一的劳动力市场形成以后，户籍制度为核心的制度结构并不构成农民职业和社会流动的主要障碍，而农民工的教育程度等人力资本条件决定着其进城安居的能力①。但是进城务工的流动人口整体受教育程度和劳动力素质并不高，全国人口普查数据显示，2010年全国流动人口中初中以下教育程度的为14816.7万人，占全国流动人口总量的近60%②。传统农业经济中的从业人员，进入城市非农业部门就业，其劳动力技能和综合素质都决定了他们难以进入正规经济部门就业，只能被非正规经济吸纳，因此没有完全纳入国家的法律保护和社会保障网络③。

非正规就业农民工不仅没有完全享受劳动法律和社会保障，所从事的劳动密集型的低端制造业，工资水平并不高。尤其是相对于务工城市的生活、住房等方面消费来说，进厂务工工资难以保障全家在城市的体面生活。进入劳动力市场的年轻农民工还具有较强的竞争力，也是用工企业比较欢迎的。但是随着年龄的增长，他们渐渐难以适应工厂流水线快节奏的工作环境，面临被淘汰的命运。从中西部地区进城务工的农民工，面临着劳动力生命周期的规律，即年轻时到大中城市务工，而进入中老年后逐渐被城市劳动力市场排斥，逐渐返回家乡农村。农民工的劳动力生命周期和他们的家庭再生产周期具有一致性，年轻的农民进入城市务工以此获得家庭主要经济收入来抚养下一代。待到他们的子女成长起来他们也已进入中老年阶段，如果他们的子女没有通过读书出来就只能重走他们当年打工的老路，接替他们继

---

① 夏柱智、贺雪峰：《半工半耕与中国渐进城镇化模式》，《中国社会科学》2017年第12期。

② 陈丙欣、叶裕民：《中国流动人口的主要特征及对中国城市化的影响》，《城市问题》2013年第3期。

③ 黄宗智等：《中国非正规经济（上）》，《开放时代》2011年第1期。

续在城市务工。在当前中国经济社会发展水平还不高的情况下，大部分农民工城乡周期性往返的情况还将持续。

江西章县农村剩余劳动力以外出务工为主，主要从事建筑、制造业工厂流水线、服务业等行业，这些行业的工资水平普遍较低，大部分农户年均收入在 5 万元左右。根据国家统计局 2012 年农民工监测报告数据显示，2012 年外出农民工在服务业、住宿餐饮业以及制造业的月平均收入只有 2058—2130 元。与此同时，非正规就业的农民工的工作稳定性较差，工作的频繁更换是大部分打工者的就业状态。年龄超过 45 岁之后就很难在打工的城市找到合适的工作，尤其是到了 50 岁之后大部分务工者只能返回家乡。依靠家庭劳动力有限的务工收入，难以负担城市的高房价和生活成本，更为重要的是，即便在城市购房了，但是由于没有稳定的就业和收入来源，未来的城市生活也是缺乏持续性的。农民工在务工地城市定居普遍面临着巨大的经济和市场风险，缺乏长期而稳定的预期，国家统计局统计数据显示，2012 年外出农民工仅有 0.6% 在务工地自购房居住①。

对于大部分农民工来说，由于城市缺乏稳定的就业和制度性保障，他们形成了"进城有风险"的共识。选择在务工地城市定居生活，就意味着进入一个充满不确定性的"风险社会"。置身于充满风险的城市市场环境中，农民家庭面临着生计可持续性压力。对于大部分进城务工家庭而言，由于缺乏稳定的就业和收入来源，家庭经济积累能力并不足以实现全部家庭成员体面安居城市的目标。进城农民工在务工地城市实现家庭再生产面临着不可逾越的经济鸿沟，家庭再生产面临着城市化带来的不确定性风险。正如道格·桑德斯所言，这些打工地是农民工迁徙过程中具有过渡功能的落脚点，他们在落脚城市与来源地乡村保持着持久而紧密的关联，没有足够的金钱在打工地城市购买一套商品房，更缺乏长期定居的稳定预期，在这样的城市"没有未来"，在适当的时候他们便开始回迁，以便离家人近一点，期望

---

① 《2012 年全国农民工监测调查报告》，国家统计局，http://www.stats.gov.cn/tjsj/zxfb/201305/t20130527_12978.html。

子女将来有机会到城市生活①。在外的漂泊更加增强了务工者的家乡感情，而返乡"寻根"② 增强了内心的确定性和安全感。正是有了家乡农村的依托，为城市化和市场化带来的家庭再生产风险提供了稳定性保障，农民家庭对城市市场风险的厌恶影响其对落脚城市的空间选择。

二 落脚县城：农民城镇化实践的空间表达

在经过一番努力和取舍之后，外出农民意识到在打工地的异地城市安居存在着巨大的不确定性和风险，开始做出留城还是返乡的抉择③。农民对定居地的选择是基于定居地是否适合自己的考虑，这一选择过程也是对自身资源的再认识的过程④。鉴于人力资本有限，难以实现全家人留在务工地城市实现城市化的目标，但是长期在城市务工的青年农民工，已经适应城市生活，返回家乡的农村既没有合适的就业机会也难以满足他们对城市生活的需求。彼得·布劳⑤指出，人们社会生活中往往会遇到"两难困境"，这时人们的选择就需要进行折中，行动策略从一个角度转到兼顾另一个角度上。于是越来越多的农民工选择返回家乡的城镇，通过"回流式市民化"⑥ 的途径继续实现他们的"城市梦"。

回乡发展和进城定居⑦并不是截然对立的。大部分农村流动人口面临难以融入务工地城市或者大中城市的"半城市化"困境，于是

① ［加］道格·桑德斯：《落脚城市：最后的人类大迁徙与我们的未来》，陈信宏译，上海译文出版社 2012 年版，第 2—11 页。

② 郭星华：《漂泊与寻根——流动人口的社会认同研究》，中国人民大学出版社 2011 年版，第 161 页。

③ 李强、龙文进：《农民工留城与返乡意愿的影响因素分析》，《中国农村经济》2009 年第 2 期。

④ 丁波、王蓉：《新型城镇化背景下农民工定居地选择意愿的研究——基于科尔曼理性选择理论视角》，《西北人口》2015 年第 4 期。

⑤ ［美］彼得·布劳：《社会生活中的交换与权力》，张非、张黎勤译，华夏出版社 1988 年版，第 359—361 页。

⑥ 潘华：《"回流式"市民化：新生代农民工市民化的新趋势——结构化理论视角》，《理论月刊》2013 年第 3 期。

⑦ 章铮：《进城定居还是回乡发展？——民工迁移决策的生命周期分析》，《中国农村经济》2006 年第 7 期。

选择在家乡的县城或者中心镇买房子，既不是完全城镇化也非完全返乡，而是既城镇化又回归乡村的"第三条城镇化之路"①。对于农村青年人来说，返回家乡也是要以进入家乡城镇定居为最终目标的，只是进城的目标空间由打工地的大中城市换成了家乡的中小城镇。县城作为乡村和大城市的连接点，起着沟通城乡的桥梁作用。一方面，县城作为区域内市场中心，具备完善的服务性功能，能够满足农民对城市便利生活和家庭发展的基本需求；另一方面，家乡县城是农村生活的延展，提供了城乡联系的便利性，有利于进城农民保留农村的根基。农民"落脚县城"的城镇化发展趋势，可以从表3－4章县农民进城购房的目标城市得以说明。

表3－4　　　　　　　　江西章县农户购房情况统计　　　　　　单位：户

购房地点	乡镇	县城	地级市	省城	省外城市	总计	统计总户数
南镇冠村	25	38	10	1	3	77	218
丰镇茅村	3	25	6	0	2	36	90
北镇张村	11	45	4	2	2	64	150

注：本表数据来自笔者对江西章县南镇、丰镇和北镇随机选择3个村的驻村调研中农户情况统计资料。南镇冠村是一个靠近国道的行政村，总户数218户，距离县城25公里左右；丰镇茅村是一个靠近省道的自然村落，总户数90户，距离县城15公里；北镇张村是一个普通自然村，总户数150户，距离县城18公里。

从章县农民进城的空间选择来看，大部分进城农民将最终的落脚点选择在了家乡的县城或者中心镇。也有一部分选择在家乡的地级城市购房定居的，然而在省会城市以及打工城市异地购房定居的只是极少数。农民购房空间的选择具有一定的地域层次性。从对购房农户具体家庭情况的调查来看，农民购房的落脚空间与农民家庭的发展需要、家庭发展能力具有相关性，购房空间的梯度层次也基本遵循农户分化的逻辑。农民对于进城居住地的选择，是根据家庭劳动力城镇就

①　王春光：《第三条城镇化之路："城乡两栖"》，《四川大学学报》（哲学社会科学版）2019年第6期。

业稳定性和家庭经济积累能力，与家庭应对城镇化风险能力权衡的结果。总体而言，城镇就业稳定且家庭经济条件好的农户，相应的家庭城镇化能力就强，对于落脚城市的选择空间就大。

选择在省会城市和省外城市购房定居的，一般都是村庄出去的经济较强的农户，属于村庄分层结构上层的离农户。由于长期在城市务工经商或者通过读书途径，已经获得在大中城市稳定的就业和不错的收入水平，具备实现全家在城市体面安居的能力，因而与农村逐渐脱离了关系，转变成为所在城市的居民。地级城市的购房者，也属于家庭经济能力较强的中上层农户，一般在地级市购房的农户就业非农化程度和稳定性相对较高，能够支撑起城市的生活。地级城市对农民的吸引力随着距离的远近而有所差异，距离地级市和所在县城的远近成为农民购房空间抉择的重要参考。章县距离所在地级市较远，章县农村的普通农户去地级市购房的数量和比例都不高。

案例3—12：CYD，40岁，章县冠村人。中学毕业后就到东莞打工，跟着姑姑一家人在东莞生活很多年。后来自己创业，开了一家电子厂，现在公司发展规模比较大，老婆也是在东莞那边娶的，在东莞买房安家了，回村里来的次数很少，家里的老房子还在，土地给别人种了。现在把父母都接到东莞去养老了，家里没什么人了，估计以后不会回来了，要是回来也只可能是父母将来去世叶落归根。（章县冠村农民访谈）

案例3—13：ZJ，38岁，章县茅村人。大专毕业后在家乡的地级市工作，找的老婆是中学老师，两个人都有稳定的工作。自己开始在一家工程预算公司上班，后来熟悉业务了就自己出来创业，现在发展的还不错，收入每年有几十万元。结婚时父母靠多年在杭州打工的积累给自己买了一套房子，生了小孩后母亲就没有再出去了，在城里给自己带孩子，父亲还偶尔外出干活。成家后一家人在一起生活不习惯，尤其是婆媳关系时间久了也容易出矛盾，于是自己又在附近小区给父母买了一套五六十平方米的房子，他们单独住，这样会好一些。家里的老房子很多年没有人住了，有些漏水，母亲想翻修一下偶尔可以回去，但是自己不打算翻修了，不会有人回去住了。家里的承包地

很多年前就流转给别人种了，自己很少回去，只有在亲戚结婚、去世等大事时父母偶尔回去一下。（章县茅村农民访谈）

　　相对于异地城市或者大中城市，大部分普通农户更愿意选择家乡的县城作为落脚场所。因为"落脚县城"更符合他们的现实经济能力，以及对家庭再生产稳定的预期。县域城镇既能满足家庭发展的基本需求，比如教育、婚姻等功能性需求。县城的房价低于大中型城市，在农民的经济承受能力范围内。同时家乡县城有农村熟人社会和土地资源作为依托，消除了农户对进城风险的忧虑，满足了他们对于家庭生计和家庭再生产安全的需求。处于"乡首城尾"的县域城镇，是联系城乡的纽带，兼具城市的规模优势，拥有农村的广阔腹地，具有人口和资源条件，可以降低城市化的成本[1]。进入家乡的县城和中心镇，比进入大中型城市付出的直接经济成本和机会成本都要低，遭遇城镇化风险退出的成本也比较低[2]，是农民家庭自主且理性选择的落脚之地。

　　从县城购房主体来看，农村的半工半耕农户是落脚县城的主要群体，他们属于村庄的中间阶层或者中下阶层，也即当前作为进城主体的普通农户。虽然部分农户以外出打工为主要就业方式和家庭主要收入来源，但是从家庭生计和家庭再生产安全的角度看，他们还不具备脱离农村和土地的条件。因此家乡县城既可以满足他们进城发展的需要，也能够不切断与农村的联系，从而保障了家庭再生产的安全与秩序。县城作为乡土社会和现代城市社会的交会点，受到这部分农户的欢迎。总体来看，落脚县城是农民在寻求家庭发展和保障家庭再生产安全原则下权衡的结果，是符合绝大部分普通农户理性选择的落脚空间。

　　案例3—14：CH，60多岁，章县冠村人。两个儿子，大儿子在

---

　　[1]　陆学艺：《晋江模式新发展——中国县域现代化道路探索》，社会科学文献出版社2007年版，第38页。

　　[2]　温铁军、温厉：《中国的"城镇化"与发展中国家城市化的教训》，《中国软科学》2007年第7期。

广东打工，过年回村里住，小儿子在县城居住。种了几百株李子树，平时管理也不是很辛苦，每年还能有些收入，不愿意到城里去跟他们一起挤，还是更愿意在农村生活，习惯了，自己在农村还能给儿子些支持。大儿子和大儿媳在广东打工，一般打工的根本不能在广东买得起房子，买了房子也生活不下去。小儿子在县城工业园的一家工厂做财务，工资一个月3000元左右，小儿媳在城里超市上班，住房之前买了，不需要房租。他们带4个孙子孙女读书，其中有两个是大儿子的，让他们带着读书，每个月给他们一两千元的生活费。他们一家人在县城勉强能够维持住生活，还要有自己的朋友交往，存不了钱。小儿子还想着买车，自己不支持，车子就是个消费品，用途不大。小儿子经常在周末骑摩托车带小孩回来，到农村玩一下，带点蔬菜什么的回去。有时自己也会坐公交车给他们送点，也看看孙子，在城里跟他们吃个午饭。（章县冠村农民访谈）

第四节　走出乡土：县域城镇化的农民主体参与

以在县域城镇购房为标志的农民进城实践，不同于政府推动的征地拆迁、城市扩张带来的失地农民的被动城镇化。本书主要的考察对象是进城购房的农民群体，相对于征地拆迁的城郊农民，主动购房进城的农民群体更具有普遍性和代表性。农民主动参与城镇化进程，体现了农民的主体能动性，处在城镇化进程中的农民有其内在动力和家庭发展的整体性目标。乡土社会曾是农民安身立命和实现家庭绵延的主要场所，但是"流动的现代性"背景下，农民家庭再生产目标实现已经难以完全依赖传统的乡土社会，而越来越多地与城市社会联系在一起。寻求发展的家庭再生产目标，农民必须"走出乡土"，表现出较强的进城动力。而走出乡土的过程中体现出农民与市场，以及农民与政府主导的城市公共服务机会获得的密集互动关系。

农民走出乡土进入劳动力市场环境中，首先是要实现就业方式的转变，即从传统的农业生产方式向市场环境下的非农就业方式转型。在打工经济背景下出生和成长起来的农村年轻人，普遍缺少农业生产经历和深刻的农村生活体验，而获得城市的非农就业机会和实现职业的向上流动，成为他们"寻求发展"的强烈诉求。对于"80后""90后"的农村年轻人来说，城市就业和生活是他们的最理想归宿。但是作为城市打工者的他们，学历水平普遍不高，长期的工厂流水线的务工生活，也使他们中的一部分有了"打工无前途"的想法。在东南沿海发达地区长期打工，也很难体面安居下来，但是回到家乡的农村又缺乏适合他们的经济机会空间，因此徘徊于城乡之间。于是他们的返乡和进城还是关联在一起的，只不过返乡之后进入的是家乡的中小城镇，寻求新的城镇就业和职业流动。少数读书出来的年轻人，在城镇获得了体面的"体制内"稳定职业。但是大部分打工返乡者只能通过再就业或者"创业"，寻求在家乡城镇立足的可能性，少数创业成功者获得了在家乡城市体面安居的机会，大部分返乡青年还在摸索前行。

相对于家乡城镇有限就业机会的获得，农民进城实践最直接和最主要的动力还是为了子女的婚姻和教育而进城购房，以此获得享受城市便利基础设施和公共服务资源的机会。虽然城乡户籍等制度体系已经不再构成农民自由进城的主要障碍，但是城乡公共服务资源的分布依然呈现出较强的城乡差异性。城乡机会空间的差异与农民直接相关的体现在婚姻和教育方面，因而婚姻和教育进城体现出农民向城市流动和寻求家庭发展的强烈需求。城乡教育资源的不均衡既是农民进城的动力，也是农民教育进城的结果。在城镇化的快速发展浪潮中，农村教育的衰败在一些地区在所难免。而在农村婚姻市场背景下，婚姻市场资源的不平衡加剧了农村的婚姻竞争。在家庭再生产的伦理压力下，婚姻竞争直接转化为农民的进城购房竞争，并且农民的婚姻进城目标越来越和教育等多元性发展目标所捆绑。乡土社会中的简单家庭再生产模式难以为继，在寻求家庭发展的动机下，农民表现出"走出乡土"的强烈愿望。

农民走出乡土社会，意味着家庭再生产空间向城市转移，而落脚县城则是农民家庭自主选择的结果。相对于长期打工的沿海大中城市而言，农民进城实践中普遍选择家乡的中小城镇作为进城购房的落脚之地，尤其是家乡附近的县城是中西部地区大部分农民购房的主要空间选择。农民落脚县城的城镇化实践，体现出农民在寻求家庭发展和规避城镇化带来的家庭再生产风险的整体权衡。相对于沿海发达地区和大中城市过高的房价和城市生活成本，家乡的县城不论是在房价还是城市生活成本上，都在一部分农民的承受范围之内。并且县城作为附近乡村公共服务等的集聚之地，很大程度上满足了农民寻求家庭发展的需求。与此同时，家乡的中小城镇有农村和土地作为依托，在经济、社会和心理层面都给予农民应对城镇化风险的自主调控空间，保障了家庭再生产的安全性。因此，家乡的县城或者中心镇，是进城农民家庭自主且理性选择的落脚之地。

在西方发达国家和部分发展中国家的城市化和现代化进程中，农民走出农村进入城市是一种单向度的城市化路径，走出农村的农民就意味着脱离农村而进入现代化的城市社会。在中国农民的城镇化实践路径中，"走出乡土"是否就意味着彻底脱离农村，从乡土社会和农村的土地上被连根拔起，实现在城市的安居乐业，从而走向单向度的城镇化发展之路呢？在中国的制度环境、文化传统以及农民家庭再生产实践中，走出乡土和落脚城市都是农民城镇化的实践过程，在这一过程中，农民家庭具有一定的自主调控能力。在农民分化的背景下，农民走出乡土的彻底性取决于农民家庭在城市生活的适应状况，以及在城市完成家庭再生产的能力。作为城镇化的能动主体，农民走出乡土社会并不意味着对农村和土地的彻底脱离。在获得体面安居城市的生活，以及保障家庭再生产秩序稳定之前，处于城镇化过程中的农民难以彻底脱离乡土社会，这也赋予中国城镇化实践道路独特的社会文化内涵。

第四章　由乡入城：农民家庭生活方式转型与城市生活适应

"21世纪最鲜明的特征之一是人口最终阶段的大迁徙，彻底从乡间的农业生活移入城市，人类将成为一个完全生活在城市里的物种"①，这是桑德斯对人类迁徙及其未来的定位。进入21世纪，中国农民也经历着一场前所未有的大迁徙，对于中国农民的生产生活产生根本性影响。在这场百年未有之大变局中，中国农民正在经历着的迁徙现象及其内在机制值得关注。农民从农村迁移到城镇，其内在动力和落脚之地的选择，前文已经进行了阐释。然而，以农民进城购房为标志的"落脚县城"，与外出打工的"落脚城市"存在本质差异。后者更多地是以进城打工挣钱为目的，对于在打工地城市的定居预期不高。但是农民落脚县城，更有可能实现向城镇的彻底转移，实现全家进城生活的目标。从主体参与的角度看，城镇化的本质是一种"城市生活方式"。越来越多的普通农民走出农村选择落脚县城，不仅仅是生活空间的转换，农民生产生活方式也发生巨大转变，这已成为中西部地区普遍发生的"社会事实"。那么落脚县城之后农民的城市生活逻辑转变及其县城生活适应状况，将是决定农民城镇化质量的关键。本章将从进城农民家庭的就业、消费生活和社会交往等维度，对进城农民的县城生活逻辑转变及城市适应状况进行研究。

---

① ［加］道格·桑德斯：《落脚城市：最后的人类大迁徙与我们的未来》，陈信宏译，上海译文出版社2012年版，第1页。

第一节　由乡入城：农民生产生活
空间扩展与生活方式变革

传统中国农民是生活在"乡土社会"中的，其生产生活的场所和组织形式离不开农村和土地。家庭是农民生产、生活、公共服务、社会交往的组织单元，大部分功能在乡村社会中完成。改革开放之后中国流动社会形成，越来越多的农民从农村进入城市寻求就业和发展机会，农村劳动力就业开始走出封闭的乡村社会空间。在打工经济背景下，农民在农村人地关系紧张的压力下被迫进入城市寻求"生存机会"，以获得城市较高的打工收入为主要目的。这一时期农民的流动遵循着周期性的城乡往返规律。对于城乡往返的务工者来说，生产生活的重心还是家乡的乡村社会，遵循着家庭再生产的乡土逻辑。农民以在县城为主的家乡中小城镇购房为标志，越来越多的农民及其家庭开始走出乡土社会，"由乡入城"实现了农民生产生活空间的全面扩展，进入现代性的城市社会来组织家庭生产生活和劳动力再生产。

在中国长期以来"城乡分治"政策的影响下，城市和农村代表着两种不同的生产、生活方式，是两种不同的社会文化类型①。虽然农民长期的城乡流动，使农村与城市的关联互动更加频繁和紧密，但是城乡之间的差异和差距并没有从根本上消失。与大多数发展中国家相似，中国的城乡差距依然明显，城市与农村是"两个不同的世界"，城市和农村生活的组织方式不同。相对于传统农村的自然经济和自给自足的生活特征，城市的首要功能是经济，这也决定了城市是一个"经济联合体"，是一个"市场定居点"②。农民购房进入县城，从乡土性的农村社会进入市场化的城市社会，不仅意味着其生产生活的空间发生了转移，而且其生产生活组织方式也逐渐发生了根本性转变。传统农民与村庄和土地相结合的生产生活组织方式，在"由乡入城"

① 文军、黄锐：《超越结构与行动：论农民市民化的困境及其出路——以上海郊区的调查为例》，《吉林大学社会科学学报》2011 年第 2 期。

② ［德］马克斯·韦伯：《经济与社会（下册）》，林荣远译，商务印书馆 1997 年版，第 569—574 页。

之后发生根本性变化。这种转变不仅体现在空间层次，而且更主要体现在农民的就业、日常生活和社会交往关系等方面，传统的乡土组织逻辑逐渐被现代城市、市场的组织逻辑替代。

首先，进城农民的就业越来越深地嵌入城市劳动力市场之中。在以农业为主的乡村社会中，农民的生产劳动是通过自身的劳动力与土地结合实现的。农业生产是农民最根本的劳动力就业方式，土地是农民最主要甚至唯一的生计来源。打工经济兴起之后，农民家庭劳动力不断向城市转移务工，绝大部分的农户通过"半工半耕"的家庭劳动力分工模式，依然保持着与土地的联系。随着农民由乡入城，农民家庭劳动力就业方式和家庭经济来源也变得以城市非农就业和收入为主。这意味着农民与城市劳动力市场的结合更加紧密，嵌入以分工为基础的城市职业体系的程度不断提高。在我国城市工商业快速发展和市场经济制度确立的背景下，农民通过乡城流动的打工模式，促进了"全国统一劳动力市场"的形成。农民"落脚县城"之后，其就业实际上遵循着劳动力市场的组织方式和运作逻辑，通过"劳动力"与"市场"的结合，是进城农民劳动就业的主要组织方式。农民进城也意味着进入城市精细化的劳动分工体系中，他们的职业也变得专业化，而不是传统自给自足环境下的"综合性"生产，进城农民也只有通过从事一种职业来维持日常生活的运转①。农民与城市劳动力市场的结合能力和结合程度，从根本上影响了进城农民家庭经济发展能力，决定着他们能否实现在城镇体面安居的城镇化目标。

其次，农民进城之后其日常生活所需的公共服务资源和生活资料来源，越来越依赖政府和市场来提供，拉近了农民与国家和市场的距离。传统农业社会中生活的人们，依靠农业生产和家庭副业的结合，其生活实现了较高程度的自给自足，农民在乡村生活的货币化和市场化程度较低。进城农民日常生活需求的货币化和市场化程度快速提高，高度嵌入城市商品市场环境中。正如进城农民所言"在城里什么东西都要花钱买"，农民日常生活的物质需求依赖市场的提供，通过

---

① 张兆曙：《农民日常生活视野中的城乡关系及其出路》，《福建论坛》（人文社会科学版）2009 年第 12 期。

货币化的手段实现。这也对进城农民的就业和经济来源提出了更高的要求，因为没有稳定的工作和较高的收入是没法在城市生活下去的。在乡村社会，农民生产生活所需的公共服务可以通过农村的邻里互助体系和村社集体组织来满足，农民与国家和市场的关联不强。随着国家制度改革和市场转型，农民流动性的兴起，一定程度上瓦解了乡村社会系统内部对农民生活的自我供给能力。尤其是在农民"由乡入城"之后，冲破了乡村社会系统的界限，进入了城市社会系统，对与生产生活相关的公共服务需求更加依赖国家和市场的供给。与农民生活直接相关的，除了城市便利的基础设施带来的生活便利性，对于中西部地区绝大部分进城农民来说，其进城生活最主要的还是为了子女能够享受城市优质的教育资源。正因如此，大部分进城农民的生活是围绕着小孩的教育需求展开的。可以说中西部地区农民的进城生活更为看重的是城市集聚的公共服务资源，尤其是教育资源，而从农村社会向城市空间的转移主要是为了获得享受城市公共服务的机会。

再次，由乡入城影响着农民的社会关系，进城农民城市生活的展开需要一定的社会交往关系和社会资本，农民城市生活的适应离不开传统社会关系的支持和新型关系的建构。传统的小农经济生存方式下，农民只能把社会关系建立在自然的、初级的亲缘和地缘关系之上[1]。因此乡土社会的本质也是一种"礼俗社会"，与现代化的"法理社会"存在根本差异。农民由农村向城市转移，在现代化的演进规律中，是乡土礼俗社会向城市法理社会的转型。农民进城和城市化的发展也被认为是传统农民的终结，和现代理性人形成的过程，在这一过程中农民变得更加个体化和理性化。但现代化转型并不是以某个时刻为节点截然的二元对立结构，对于由乡入城的农民来说，他们正是通过借助"小传统"而进入"大传统"中去[2]，由此增强了他们城市生活的适应能力。城市社会的精细化分工和市场化服务，一定程度上替代了农民对传统社会互助关系的依赖。但是对于秉持过去习惯的进

---

① 曹锦清等：《当代浙北乡村的社会文化变迁》，上海远东出版社 2001 年版，第 516 页。

② ［美］J. 米格代尔：《农民、政治与革命——第三世界政治与社会变革的压力》，李玉琪、袁宁译，中央编译出版社 1996 年版，第 15 页。

城农民来说，传统社会关系资源恰恰构成了他们适应和建构城市生活秩序的关系基础，弥补了现代性关系的不足。而县域地方社会的性质，恰恰为农村熟人社会关系的延展和新的社会关系建构提供了便利的时空场域，这也是农民选择落脚县城，增强城镇化确定性的心理优势。

最后，如果说农民进城购房是农民城镇化的起步阶段，那么农民生产生活方面的"由乡入城"则是农民城镇化的又一关键阶段，意味着农民已经逐渐把生产生活的重心向城镇转移。这一阶段的适应状况对于"人的城镇化"最终目标的实现至关重要，是整个城镇化进程的关键一环。相对于传统乡土社会中农民与村庄和土地相结合的生产生活组织方式，进入城镇生活的农民实质上进入了一个市场主导的现代城市社会，依靠自身的劳动力与市场的结合，成为农民生产生活方式的根本组织原则。由于农民城市生活的货币化和市场化程度增加，农民落脚县城之后的城市生活是否能够顺利展开，取决于农民在城市的劳动力就业状况，这决定着农民城镇化的成败。同时进城生活的农民对公共服务需求的满足，以及城市生活对传统社会关系的维系和新的社会交往关系的建构，都将影响"由乡入城"农民的城市生活适应状况和县域城镇化发展质量。下文将重点阐述以江西章县为代表的中西部农业型地区，农民落脚县城之后带来的就业、生活、社会关系的转变，以及进城农民的城市生活适应状况。

第二节　进城农民的县域非正规就业

农民由乡入城的城镇化实践，首先带来的是农民家庭生计和劳动力就业方式的转变。城市非农就业和收入，成为进城农民家庭的主要生计来源，是其城市生活和家庭再生产的经济基础。进城农民主要通过劳动力和城市劳动力市场相结合的方式实现就业，其就业集中在城市的二、三产业部门。因此作为落脚城市的县城工商业的发展水平，决定了进城农民的就业状况，成为影响农民城镇化质量的关键因素。

一　劳动密集型产业转移与中西部农业县非农产业发展

改革开放之后，相对于东南沿海地区工商业经济持续快速发展的状况，中西部大多数县、镇并没有走上快速工业化的道路，县域经济依然以农业为基础，属于传统农业型地区。章县作为典型的中西部农业县，县域经济发展和城镇化发展具有一定的代表性。改革开放初期，章县曾有过乡镇工业的短暂发展，20世纪80年代和90年代初期是乡镇企业快速发展时期。但是由于市场区位条件和经营管理等方面的限制，进入20世纪90年代中后期，与中西部地区的其他农业型县市一样，在市场经济的冲击下，乡镇企业发展便归于沉寂，绝大部分乡镇工业企业破产倒闭①。

相对于乡村工业化的短暂发展，农业一直是县域经济发展的基础，也是农民就业和生计来源的主要方式，具有较强的小农经济传统。章县的农业以水稻种植、经济林果种植和生猪养殖等为主，但是长期以来，主要以初级农产品生产为主，并没有形成农业产业链的扩展。在小农经营模式下，农村人地关系紧张的状况一直在持续。章县的人均耕地规模在1亩左右，仅仅从事农业经营的农户还是面临较大的发展压力。改革开放之后，章县农村剩余劳动力便开始向外转移，外出务工越来越占据农民家庭劳动力就业和经济收入的主要部分。农村青壮年劳动力大部分外出打工，而中老年人继续在农村从事农业生产或者其他兼业，形成了农民家庭生计和农村社会的"半工半耕"结构。

在全国性产业转移的背景下，中西部县域经济发展也在经历着产业结构的转型，县域工商业经济发展薄弱状况有所改善。章县的县域工商业发展，主要通过两种途径，其一是地方政府主导的招商引资和产业园区建设，其二是在市场规律作用下自发进行的产业转移。县域内产业结构转型和县域经济发展，吸纳了农村剩余劳动力在县域内非农就业，促进了县域非农产业和城镇化发展。

在以乡镇企业为特征的县域工业化衰落之后，尤其是分税制改革

---

① 朱丽萌：《城市化与江西县域经济发展》，江西人民出版社2011年版，第72页。

之后，县级地方政府转向土地、金融和财政的"三位一体"的城镇化和县域经济发展模式①。以土地开发和土地财政为基础的县域城镇化项目经营的县级政府统合模式，是县域城镇化和县域经济发展的重要驱动力②。章县作为传统农业县，缺乏内生性工业产业发展的基础，主要通过承接东部地区的产业转移来推动县域工业化的发展。传统的招商引资模式下，引进的工商企业质量并不高，主要集中在建材、家居、轻纺等传统领域。引进的企业具有规模小、企业类型分散、科技水平不高等问题，大多数企业效益低下甚至成为"僵尸企业"，对县域工商业经济发展和城镇化的整体带动作用不强，难以形成规模集聚效应。

近年来，章县通过土地财政运作和积极承接东部沿海发达地区的产业转移，把推进县域产业发展和加速城镇化发展相结合。一方面推进县城房地产开发、城市公共基础设施建设，吸引农民进城购房推动农村人口快速向县城集聚；另一方面，大力进行县城新型产业园建设，吸引东部地区劳动密集型产业规模化转移，形成了县域特色产业发展模式，以此促进县域产业结构调整和县域经济发展水平的提升，为进城农民提供就业机会。2017 年开始，章县为了适应新型城镇化和县域经济发展，调整招商引资思路，新建了章县电子产业园，把招商引资的重点放在电子等新型产业领域。通过对长三角、珠三角同类企业的大量引进，形成县域特色工业企业的集聚发展效应。

县城产业园区的招商引资企业具有一定的正规性，主要以劳动密集型中小型企业为主，这些企业对中西部地区的廉价劳动力具有较强的需求。因此在招商引资企业落地过程中，地方政府也承担了为相关企业进行招工服务的责任。新入驻园区的企业普遍面临着招工困难，为此章县党委政府对产业园区企业的用工服务专门做了部署，并把相关招工任务分配到各乡镇、村，甚至医院、学校等相关事业部门。把"县园区电子产业工人招聘培育攻坚战"作为全县一项阶段性重点工

---

① 周飞舟：《财政资金专项化及其问题：兼论"项目治国"》，《社会》2012 年第 1 期。

② 折晓叶、艾云：《城乡关系演变的制度逻辑和实践过程》，中国社会科学出版社 2014 年版，第 361 页。

作来落实，并利用春节期间农民工返乡的时机加大宣传和招工力度。

案例4—1：今年春节期间都在帮企业招工，我们单位还专门制定了"抢、留、稳"的三大人才策略。一是走出去到外地抢人才，主要还是到周边县市招工，但是太远了别人不愿意来，效果不好。二是在本县动员家乡务工人员留下来，利用返乡时间做好宣传、询问留下来的意愿，这个工作也由县政府布置给各乡镇来做，像北镇就由人大牵头组织招工，但是他们也只给相关企业招了10人左右，效果也不好，没有年轻人愿意留下来。三是到企业了解企业用工和工人工作情况，并做好工人安抚工作，避免工人流失。政府也不好做这个工作，还得看工人的意愿，有些企业已经建成投产了，但是还没有招到足够的工人，有的因为没人还开不了工。（章县人社局干部访谈）

总体来看，在中西部农业型地区，地方政府主导的产业园区建设，面临主导产业分散、缺乏核心竞争力、经济聚合度低[①]等普遍性问题。东部劳动密集型产业转移，对章县经济发展的整体质量提升效果还难以显现，对于进城农民的就业吸纳能力有限，难以促进人口城镇化目标的快速实现。

劳动密集型产业转移的另一条路径是市场自发进行的。从东南沿海发达地区向中西部地区的产业转移，主要是劳动密集型的制造业工厂向中西部城镇的搬迁，并且往往和地方政府的招商引资或者本地青年的返乡创业相关联。这些劳动密集型产业的转移主要动力是，寻求中西部地区劳动力价格和土地厂房租金低的优势。转移来的工厂或者作坊大多分布在人口聚集的县城或者中心镇，以没有进入县城产业园区的小型工厂为主。比如章县南镇从2015年之后，先后有20余家小型工厂、作坊搬迁进来，以与县域工业企业发展相关的电子、服装等小型工厂或者作坊为主，每个工厂吸纳的劳动力从十人到几十人不等。

---

① 李国武：《中国省级开发区的区位分布、增长历程及产业定位研究》，《城市发展研究》2009年第5期。

自发进行的产业转移不同于政府主导型的招商引资，是市场力量主导下的产业转移，遵循内在的市场规律。自发秩序下的产业转移，主要实践路径有三个。第一种是由沿海企业主导的，在土地租金、劳动力成本等压力下，沿海城市的部分劳动密集型企业，为了降低生产成本而主动把生产环节向中西部地区的中小城镇转移。在这种转移模式下，企业的总部依然留在沿海城市，继续依托沿海城市优越的市场区位条件，掌握着企业经济的市场对接和订单销售。而迁移到中西部城镇的只是占地较大、劳动力需求较大的生产环节和生产车间。转移来的厂房车间通过承接总厂的订单和原材料，生产的产品直接送到总厂由总厂进行市场对接，通过这种方式来降低劳动密集型企业日益增长的成本压力。

案例4—2：南镇电子厂，主要做扬声器等产品，总厂在东莞长安镇。2018年上半年搬过来的，当时总厂就有意向把工厂向内地搬，恰好这里的一个电子厂业务不稳定不干了，就接手了现在的厂房，一些工人也是原来电子厂干过的。在这里的生产车间负责人是总厂派来的，负责这边的生产管理。生产物料主要来自浙江和东莞，订单比较稳定，是东莞总厂直接发过来的，产品也直接由总厂给客商供货，主要市场是珠三角，也有出口的，对外主要由总厂负责市场，这里的生产、出货都比较单一。来这里主要是厂房租金低，在东莞厂房租金1平方米一个月要30元，在这里1000平方米的厂房一个月才4000元租金。工人工资一天在65元到100元不等，有的计件有的计时，但是工人年龄偏大，年轻的都出去了，本厂的工人有30多人，主要是住在镇里的人和附近的村民。来内地办厂，主要就是增加了一些运输成本，市场信息也不是很便利。在业务内做了多年，往内地开加工厂接订单的代加工模式比较多。（章县南镇电子厂管理人员访谈）

另外两种转移路径都是当地经济精英或者外出打工者直接参与的，主要借助于长期在某一行业就业积累一定的经验、技术和市场渠道，在自己家乡办厂创业。一种是与长期就业的工厂直接进行合作，外面的企业负责提供设备、订单等，本地创业者负责在当地寻找厂房、招工和日常的生产管理。一般这类工厂规模稍大，业务订单也相对稳定。另外一种则是返乡务工人员直接创业，他们同样借助在沿海企业打工的经验和市场人脉资源，懂得一定的生产技术，同时也有一定的市场渠道和订单来源。这一种多属于家庭作坊形式，主要以家庭劳动力为主，同时适当雇请一些工人，经营的稳定性要比前两种差，但是灵活性强。

　　案例4—3：达盛电子厂，2016年开始在南镇办厂，总厂在东莞，订单也从东莞那边来，生产的线材、胶料从总厂运来，这里只是建了一个加工分厂。自己是本地人，办厂时自己占了股份，原来自己在总厂那边干了8年，负责采购和质检。2016年时市场有需求，自己也有单干的想法，于是就合作在这里办了个厂，把这一行引进家乡。办厂花了上百万元，自己占了60%的股份，总厂只提供订单、销售和技术指导，经营管理自己负责，总厂不怎么插手。厂里主要是女工，年龄在30岁到48岁之间，有两个专门的技术人员，也都是在这一行干了很多年的老工人。工人工资水平在每月2000元到3000多元不等，根据技术水平和年龄是有差异的。开始时工人不稳定，现在工人慢慢稳定了，厂里长期稳定的工人有70人左右，大多数都是以前有过外出打工经历的工人。（章县达盛电子厂经理访谈）

　　案例4—4：章县某箱包厂，老板是章县本地人，30多岁。原来在福建工作七八年，做这一行是老婆弟弟介绍的，他在那边做加工厂，是他介绍做的。自己也做过很多年，懂得怎么做，以前打工时也给厂里跑过订单，对这一行的市场也熟悉。本来在福建单干这一行的代加工，但是那边的成本太高利润下降，于是就回到家里来做，订单还是接的那边的。开始时在自己老家农村做，都是熟悉的工人做，给他们提供一些就业机会。后来想扩大一点，孩子也要进城读书，就在城里租了厂房来做，这样也方便照顾孩子读书也能兼顾家里。现在厂里工人有20来个，年龄最小的刚毕业有18岁，最大的40多岁，每天工作8小时不加班。工人管理也不严格，工人都是以家庭为主工作为辅的，根据工人的生活节奏来安排，也有工人在一些加工环节拿回自己家里去做，有些一边看店一边做加工。订单从福建的厂家拿来，做好的产品也发给他们，有几个厂是有业务合作关系的。代加工的时间期限要求也不严格，订单有时多有时少，订单多了要求工人能加一下班，多招几个工人，订单少了就给一些工人放假，正常情况下一个月能做20多天。（章县某箱包厂老板访谈）

在市场环境下自发进行的产业转移，主要是一些中小型劳动密集型制造业工厂，一般是为沿海企业做生产配套的代加工模式。这类企业或者工厂规模不大，但是分布十分广泛，主要集中在县域内人口集聚的县城或者乡镇。一些规模较大的工厂会租用正式厂房，而规模较小的加工厂或者作坊，一般不会花费较高的成本租用正式厂房，而是在一些小区或者街边租用民房进行改造，甚至是在自己家里进行加工作业，形式十分灵活。虽然这类工厂单个规模不大用工数量也不多，但是其形式多样且分布广泛，在县城或者乡镇存在的数量多，仅南镇就有20多家这类工厂，对于吸纳城镇和农村劳动力就业发挥着十分重要的作用。

从上述县域经济发展状况来看，以章县为代表的中西部县域工商业经济发展具有以下特点。其一是县域工业化起步晚，城镇工商业经济发展水平低，主要是劳动密集型产业和生活性服务业，县域经济依然以农业为基础。其二是县域工商业经济发展与农民向县域城镇的集聚具有同步性，城镇化和县域经济发展直接相关，但是人口向城镇集聚的速度明显快于县域工商业经济发展，及其对劳动力吸纳能力增长的速度。其三是县域工商业经济发展质量不高，多是由东部发达地区向中西部转移的劳动密集型制造业，且企业规模多属于中小型企业或者工厂，对劳动力的吸纳能力有限，尤其是与高素质劳动力的就业需求层次匹配度不高。县域经济发展尤其是工商业发展水平，对进城农民的就业和县域城镇化发展具有根本性影响。

二　进城农民的非正规就业

农民落脚县城并且把生产生活重心逐渐向城镇转移，农民进入以市场为组织原则的城市社会系统，城镇生产生活的维系必须要通过自身劳动力和城市劳动力市场的结合。这也就意味着进城农民在城镇的适应能力和生活状况，主要与其在城镇工商业中的非农就业状况直接相关。而进城农民非农就业机会，根本性地由县域经济发展状况和县城产业结构决定。中西部农业县，城镇经济发展主要依靠劳动密集型产业转移，以及人口集聚带来的城镇生活性服务业发展。因此进城农民的就业方式，主要是进入劳动密集型工厂务工和城镇生活性服务业就业，具有明显的"非正规就业"特征。

除少数体制内就业或者经商成功农户外，进厂打工是绝大部分落脚县城的普通农户家庭劳动力的主要就业方式。县城产业园的发展和招商引资企业的增加，成为吸纳进城农民就业的重要途径之一。章县近年来重点建设的电子产业园，形成了对东南沿海地区电子产业的集中吸纳，成为章县工业产业发展的新特色。招商引资企业主要是从东部沿海发达地区的企业转移而来，其经营管理模式与沿海企业相同，以劳动力效率和经营利润等市场原则为导向。因此这类企业对劳动力素质等要求较高，工厂的劳动管理也相对正规和严格。下面一则章县某照明电气有限公司的招工要求，在这类企业中具有一定的普遍性。该公司是广东一家照明集团的分公司，2017年招商引资进驻章县新规划开发的产业园，2019年在章县人社局组织的一场招聘会中，其招工岗位及要求如下：

文员1名，女，年龄18—35岁，高中以上学历，有工厂文员工作经验者优先，薪资2200—2500元/月；

品管3名，大专以上学历，电子专业，对产品质量有技术分析和解决能力，负责产品的日常检验和过程跟踪等，薪资面议；

普工若干，性别不限，年龄18—40岁，初中以上学历，手脚麻利、吃苦耐劳、有责任心，能接受固定上班时间，月收入2000—4000元。

工业园区的工厂、企业，一般采取正规化管理和用工制度，对劳动力的要求与沿海发达地区的工厂、企业有一致性。对工人年龄有较为严格的限制，这类工厂普遍要求工人年龄在40周岁以下，在县城的招工可以适当放宽至45周岁，超过年龄的中老年劳动力一般很难在这类企业中找到工作。降低劳动力用工成本是这类企业向中西部转移的一个重要原因，因此工人的工资水平要低于沿海城市的同类企业。普工的平均工资普遍在 2000 元到 3000 元之间，只有少数熟练的技术工人以及中层管理人员才能拿到每月 3000 元以上的工资，这样的工资水平对年轻人的吸引力不强。虽然工业园区的企业在政策要求和公司的制度中都有为员工购买社保的规定，但是在实践中给全部工人交社保的并不多，其中有企业和职工两方面的原因。一般情况下是用工企业和工人共同分担社保成本，公司提供一部分，也要从员工的工资中扣除一部分，这样会增加企业的用工成本，同时工人的工资也会因扣除部分而降低。很大一部分工人并不愿意让工厂缴纳社保，企业积极性也不强，在经济发展的主导思路下地方政府的制度限制也比较宽松。与农民工外出打工一样，在县城工业园区企业工作的进城农民，同样属于"半正规"或者非正规就业，社会保障等各类福利制度并不完善。

案例 4—5：ZSX，女，53 岁，在章县县城居住，带孙子孙女读书。2019 年上半年和小区的几个同龄人一起到产业园去找工作，进了几家工厂别人都不要，"一问我们 50 多岁，就让我们走了"。工厂里只要年轻人，县城里哪有那么多年轻人。邻居的侄女 30 来岁，也去工厂找活干，别人也愿意要，但是一听她每天早上要送小孩上学，下午 5 点就要去接小孩，周末还要带小孩不能上班，就不同意她来了。后面她在县城的一个超市找了一份售货员的工作，每个月工资 1000 多元，但是接送孩子方便，可以早下班也可以跟别人换班。（章县进城农民访谈）

相对于工业园区的招商引资企业，近年来在中西部县域城镇出现并快速发展的"代加工厂"，成为县域内农民非农就业的主要渠道之一。这类代加工厂是市场秩序下自发进行的产业转移结果，其主要形式是打工青年返乡创业所开办的"夫妻工厂"或者作坊，广泛分布于县城或者人口相对集中的乡镇。与工业园区企业相对严格的用工管理制度不同，这类代加工厂并没有采取正式的用工管理规范，用工和管理相对灵活。比如在工人年龄方面，这类工厂也倾向于招收45周岁以下的工人，但是为了降低用工成本缓解招工困难，即便部分年龄超过50岁的中老年劳动力，也可以在工厂里从事限制不那么严格的生产环节。另外在用工时间管理方面也相对宽松，一般情况下不会要求工人加班，家里有事也可以适当请假，因此这类工厂比较受"以家庭为主"的劳动力的欢迎。并且这类工厂的分布也大多以居民就近务工为主要原则，甚至部分小作坊开设在居民小区内。这类非正规的工厂或者作坊，契合用工企业和工人的双向需求。对于工厂来说，县域城镇大量存在的边缘劳动力，降低了他们的用工成本。一般这类工厂的工资水平每天在60元到100多元不等，也不用负担其他的保障成本。而对于工人来说，就近进厂务工比较方便，既可以合理安排在城镇生产生活的时间，还能够照顾家庭，同时也有了一份支持城镇生活的收入来源，可谓"一举多得"。仅南镇一个乡镇就有几百人在这类工厂就业。

案例4—6：工人都是自己过来的，还有熟人介绍，培训不是太长时间，十天半个月就行了，一般做的都是比较简单的。每天工作8小时，不加班，工人都是家庭主妇，以家庭为主，既要工作，家庭也要照顾。现在是以计件为单位，计件一天的收入几十元。请假的不多，现在是比较忙的时候，要赶订单。没有工人管理要求，都是以家庭为主工作为辅，没有要求那么严格，有事就可以做自己的事，根据工人的生活节奏来。农村比较简单，正常一个月做20多天，比较灵活，固定工人有十来个，简单活也可以拿到家里去做，手工做，比如穿线、穿管子的活。外面也有其他几个人在给本厂做，在家里拿活做，有2个是固定的在家里做。可以拿活到家里做，一般是熟人，三四十岁看店的、带小孩的走不开，拿到家里做，计件拿工钱。不好计算一个月多少，有些人有空，有些人没空，看自己，多的有千把元，少的有几百元的，很灵活，看自己时间。发出去做的，成本也要低一些。（章县某小型电子厂老板访谈）

案例4—7：HZ，女，48岁，在县城买房居住。老公在县城给人做门窗安装，也是打工的。女儿18岁，高中刚毕业在县城一家蛋糕店做学徒，以后准备学成了自己单独开店。儿子还在读初中，每天都要回家吃饭。自己年纪也大了，还要照顾家里，进不了工厂。也没事情可以做，就跟小区的邻居一起到县里的一些小厂拿活在家里做。什么都干过，做过鞋子、开关、数据线等，现在正在给老板做开关，现在活多还要赶货，就在家里有时加一下班。在家做比较自由，没人管着想干就干，最主要的还是可以照顾家里。干这些活收入不高，做开关的一个环节，就是把两块板子拼装到一起，做一个几分钱，一天可以赚30—50元，不干这些也没什么可以干的了。（章县进城农民访谈）

农民落脚县城之后，非农就业状况由县城的工商业发展水平及其对劳动力的吸纳能力决定。在以章县为代表的中部县城，县域经济以农业为主，工商业发展起步晚、发展基础薄弱，并且主要以劳动密集型转移产业作为进城农民就业吸纳的主要形式。落脚县城的农民就业与外出打工的就业方式并无本质区别，主要集中在"非正规经济"领域，采取"非正规就业"的形式。

进城农民的非正规就业，既是由县域产业结构和工商业经济发展水平决定的，同时也与县域城镇劳动力结构及其特征密切相关。与外出打工相比，在家乡县城的工资水平要低于在沿海发达地区的打工收入，因此年轻人很少长期在家乡的城镇就业，大部分去了沿海发达地区打工。笔者在对章县农村的驻村调研中做过农村青年群体的就业统计，所统计的村庄中35岁以下的男性青年在县城打工的普遍不到10%。在县域城镇就业的以女性和中老年人为主，这些"以家庭为主"的劳动力并不是家庭的主要劳动力，而是作为家庭的"辅助劳动力"参与市场就业。这些县域就业的家庭辅助劳动力对就业的灵活性要求较高，以便能够随时打理家庭事务，而县城的非正规就业恰恰符合他们的需求。这是县域非正规经济发展与非正规就业存在的社会基础，大量进城农民集中在非正规工厂、建筑工地等劳动力市场打工，或者在餐馆、商店等生活性服务行业等领域就业。但是在当前县域工商业经济发展刚起步和低水平的情况下，相对于近年来农民进城形成的人口快速集聚，县域城镇非农就业的吸纳能力也是有限的。这也决定了中西部县城的非正规就业与劳动力的不充分利用成为普遍现象。

案例4—8：SDL，50岁。2017年搬到县城，原来在农村种果树，同时也承包农民建房的小工程，村里几个人组织了一个小工程队专门接农民建房的活干，自己有点技术，是大工，一天工资差不多200元，有活儿就一起去干。这两年进城不好找活干，县城的房地产工地很多都是外地老板承包的工程，工人也大部分是他们从外地带来的工程队，这样方便管理，本地工人他们嫌不好管理。本来以为进城好找活，去工地找活别人不乐意接收本地人，有活也是小工的待遇，一天100元左右，自己不乐意干这样的活。进城了也不能总是跑到农村去建民房，原来的工程队也解散了，现在农村房子都建得差不多了，建房的也少了活也不好接。没有找到合适的工作大部分时间都是闲着，有零工就干点零工，比如园林绿化、建筑等。进城还要吃老本，好在孩子们都出去打工了，闲着的时候可以照看孙子。（章县进城农民访谈）

三　县域城镇创业空间及其限度

通过劳动力、资本和市场结合的创业，是农民城市就业的一种重要形式，青年农民工返乡创业也成为农村青年落脚县城的重要契机。农民创业的主要目标是希望通过"闯市场"的创业方式，实现由务农向城市职业的转型和流动，并以此获得支撑整个家庭在城镇体面安居的就业和收入，寄托着农民对未来美好城市生活的预期。潘华通过对中部某县返乡农民工在县城人力资本和社会资本的分析指出，年轻的返乡农民工在实现市民化过程中，人力和社会资本约束决定了他们的就业、创业大多集中在服务业、零售业和加工制造业等非正规领域[1]。虽然不乏农民工返乡创业的生动案例，但是农民工返乡并没有形成返乡创业潮，很多青年农民工群体有创业梦想，然而在返乡进城

---

[1]　潘华：《新生代农民工"回流式"市民化研究——基于G市X县的个案分析》，博士学位论文，上海大学，2012年，第74—75页。

农民群体中也只是少部分人的从业选择①。这一方面源于县城创业机会空间的限制，另一方面也与返乡农民群体的经济积累能力和风险承担能力有限密切相关。创业为进城农民提供了立足城市生活的未来可能性，但是伴随着创业失败的市场风险，可以说以返乡创业作为进城手段的选择，是青年农民工群体的市场冒险行为。

进城农民创业是嵌入在县域经济社会环境之中的，其创业内容主要围绕城镇生产生活而展开。在章县这样的农业县，进城农户最主要的创业领域是县城的生活性服务行业的开店创业，以及低端加工制造业领域的开厂创业。"夫妻店"和"夫妻厂"是主要的创业形式，这类"家庭企业"成为中西部县城经济结构的重要组成部分。

随着农民进城而推动的人口快速向城镇集聚，增加了县域城镇的人口规模。一方面增加了城镇日常生活服务的需求，推动了城镇的生活消费服务行业的发展。另一方面城镇消费服务需求的增加和商业的发展，为进城农民提供了就业和创业的空间。因此，城镇的生活服务行业的创业是进城农民最主要的创业方式，其中最常见的是餐饮、批发零售等生活服务领域的开店创业。县城开店与进厂打工相比，就业方式灵活且自由，"自己做老板，不受人管束"。再加之县城体面且高收入的就业岗位有限，因此开店创业成为众多进城农民十分欢迎的从业选择。

生活服务业领域的开店创业门槛比较低，比如早餐店、餐馆、日用品商店、建材店、理发店、服装店等。只要进行适当的投资租个门店，有点手艺或者进货之后就可以营业。对进城农民而言，与其在县城找个工资并不高且不自由的工厂打工，还不如进行适当的投资开店创业，他们期待着一旦创业成功就可以实现全家人在城镇体面定居下来。通过多年打工有一定资本积累，且不想再继续在外漂泊，有意愿返回家乡县城定居的农村中间阶层，是县城返乡创业的主要群体。他们希望通过市场投资创业在县城闯一闯，一旦成功便可以稳定立足家乡县城，实现职业流动和城镇化目标。

---

① 白南生等：《回乡，还是进城？——中国农村外出劳动力回流研究》，中国财政经济出版社 2001 年版，第 12 页。

案例4—9：ZJX，男，38岁。之前一直在广东打工，有货车跑运输，打工十多年也挣了一些钱。在县城买了房子，但是只有过年过节回来才会在县城住，平时长期在外面跑运输。2017年出了一次车祸就不想再继续跑运输了，人辛苦也很危险。回到县城没找到合适的工作，于是就想着去创业，选来选去觉得开个餐馆还不错，门槛不高，也可以解决家人的就业。于是就在汽车站附近租了一栋房子进行了装修，这些年攒的钱差不多够投资，又向亲戚借了一点。2018年上半年开始营业，但是比预期的生意差很多，平时只有过年和节假日县城的人会多一些，大部分时间人都很少，都出去打工了。干了一年多，跟打工挣得收入差不多，好处就是一家人在一起不用到处跑。（章县创业青年访谈）

县城的生活服务领域的创业，实质上是在县域有限的市场和需求环境中的创业。在低门槛和竞争性的市场环境中，县城创业存在一种利润的拉平效应。虽然县域城镇的人口集聚带动了商业尤其是生活服务业的需求和发展，但是县城和乡镇毕竟人口数量和市场需求是既定的。尤其是中西部县城大部分进城农民并不会长期在县城生活，而是继续外出务工，只有过年过节回来居住。因此县城消费也存在"假日经济"的特征，大部分生活服务型行业面临节假日尤其是春节期间生意红火，而平常因为人口流出而生意惨淡的局面。以服务本地县域内人口需求为目的开店创业，面对的是地方性有限的需求市场。因此开店数量越多，平均服务人群和利润空间就会越低。由于县城或者乡镇的开店创业准入门槛比较低，缺乏好的就业机会同时又有点投资能力的进城农民，都倾向于选择开店创业。这样随着人口的集聚，只要开店能够获得比打工更好或者与打工差不多的收入水平，开店创业的数量也会快速增加，直至这一行业开店经商的平均利润与打工差不多时，达到供给与需求的低水平均衡。中西部县城的"家庭企业"类型，由于面对激烈的价格竞争，以及劳动密集型的生产方式，其利润回报也只能在平均工资水平上下浮动，维持在家庭在城市的"生存需要"水平①。在市场风险规律和利润拉平机制下，县城的开店创业实际上也是充满竞争和不稳定性的。因此县城的门店生意倒闭的和新开的都很频繁，更换速度快，但总能实现低利润水平的供给需求均衡。

案例4—10：CC，男，49岁。2015年从农村搬到县城来没事做经济来源就断了，当时还在考虑做什么，因为之前做过建筑木工，就在县城租了一间门店卖门同时也做上门安装服务。2016年开始做门店，在精品豪庭小区租的门店45元一平方米，租了100平方米，租期一年半，1个月4500元，加上其他的每月5000元开支，一年要6万元才行。以前自己年轻时做过木工，农村进城的搬迁过来需要门窗装修，做了几十户，大多是亲戚、熟人的相互介绍。做这个生意时，只有3个月利润做到房租以上，利润5000多元，其他每个月都亏钱，倒贴房租，够房租的不用贴钱。做的价钱又低，为了拉客户，为了生存，竞争也大。做了2年左右亏了10多万元。2018年搬到自己家的房子里来做，不靠街边，没有专门的门店，房租省下了。县城近三年开门店的很多，一直增加，没什么事做，你可以做他也可以做，大家都不求发财，挣点生活费，利润低，自己做的那条街上近几年光门窗店就增加了十多家。本村进城的有3户做门窗生意，有一个人好一点，40岁左右年轻点，做的时间久了，范围广，做防盗窗、铝合金和门窗，但是他的利润与前几年相比也明显下降，另外一个人与自己也差不多，他之前在农村也是做这一行。街边的副食店、五金店、饭店、水电安装、墙纸装修等门店，生意都一般，开店的都在增加。（章县进城创业农民访谈）

县城的生活服务型行业的创业，主要服务城镇居民以及县域内的农村居民，这类创业的市场机会空间具有一定的限度。近年来，随着进城农民的快速增加，拉动了城镇居民的消费需求增长，但是相应快速增加的还有农民的开店创业，甚至县城新增生活服务类店面增长的

---

① ［美］布赖恩·贝利：《比较城市化》，顾朝林等译，商务印书馆2010年版，第106页。

速度超过了进城农民消费需求的增长。这样就拉低了创业者的平均利润空间，章县进城创业农民普遍感受到"县城生意也不好做"。生活服务型的开店创业，主要以一部分中青年群体为主，并且以夫妻经营为主要模式。这部分群体家庭负担不太重，为了留在家乡可以更好地照顾整个家庭，对他们来说在家乡的城镇开店能够维持城镇生活还是不错的选择，他们对较低利润水平的接纳程度也相对较高。

四　劳动力市场结构与农民就业梯度

进城农民的非正规就业受农民主体就业选择的影响，但是进城农民在县域城镇的就业遭遇，往往是由结构性状况决定的。要理解个体的遭遇和困境，也需要超越个体来看待他们[1]。进城农民就业实质上是自身劳动力和市场的结合，进城农民的就业嵌入在劳动力市场结构之中。改革开放之后中国流动社会的形成和农村打工经济的兴起，使农民得以走出农村在全国范围内流动和务工，形成了"全国统一的劳动力市场"。劳动力市场具有区域结构和层次结构的差异，并不是均衡分布的。从区域内城乡结构来看，劳动力市场以城市为中心，农民的非农就业机会主要集中分布在城镇，农村的非农就业机会十分有限。从全国范围来看，劳动力市场的核心集中在工商业经济发达的东南沿海地区，而广大的中西部地区则处于全国劳动力市场的边缘，这也决定了中西部地区的农民大量向东南沿海转移就业。现代城市的兴起是工业化与农村人口集聚的结果，城市是区域性的市场聚落中心，因此城市是劳动力市场的中心，而农村则处于劳动力市场的边缘。城市劳动力市场内部也有结构层次的差异，城市劳动力市场具有体制内等正规部门的就业和非正规经济领域的非正规就业差异。正规就业机会有限且对劳动力的素质要求高，因而非正规经济领域的非正规就业成为进城农民的主要就业方式。

上述劳动力市场的结构性特征，决定了进城农民就业梯度的层次分化。作为非农就业主体的进城农民，因其劳动力素质和就业方式的

---

[1] ［美］C. 赖特·米尔斯：《社会学的想像力》，陈强、张永强译，生活·读书·新知三联书店 2001 年版，第 9 页。

差异而存在明显的主体分化特征。中西部县城既是其区域性劳动力市场的核心，同时也处在全国劳动力市场的边缘区域。这就决定了县域城镇既是吸纳本地农民非农就业的主要场所，同时也面临着吸纳能力不足的困境，大量的农村劳动力依然需要向东南沿海转移务工。从年龄结构来看，县域内的青壮年劳动力以到沿海地区打工为主，留在家乡农村或者城镇的劳动力，是以中老年为主的家庭辅助劳动力。随着城镇化的发展，中西部县域工商业经济有了一定发展，但是工商业经济基础依然薄弱，难以充分吸纳进城农民的非农就业。虽然很大一部分农民买房进城了，但是其家庭主要劳动力依然继续到东南沿海去务工。而作为家庭辅助劳动力的中老年人，因为被全国统一的劳动力市场排斥，逐渐回归家乡和家庭，主要留在农村继续务农，或者因为家庭需要而进入城镇生活。因此县域劳动力的主体是这些逐渐回归的中老年劳动力。从非农就业的机会层次来看，县域的正规就业主要是公务员、教师、医生等体制内职业，县城正规的工商企业，吸纳就业能力有限。但是正规就业对劳动力素质要求高，只有受过大学教育或者掌握丰富社会关系资源者才有机会进入县城正规就业领域，一般进城农民则很难获得进入正规就业领域的职业流动机会。落脚县城的农民要么进入县城从事非正规就业，要么是靠闯市场的创业方式来获得职业非农化转型的成功，而大部分的农村进城青年依然需要到东南沿海务工来获得家庭生计来源。

当前在中西部县城普遍存在着工商企业招工难和进城农民就业难并存的矛盾，从上述劳动力市场结构和农民就业主体的分化可以解释这一悖论现象。处在全国劳动力市场边缘的中西部中小城镇，其工业化发展主要是靠承接沿海劳动密集型产业的转移。但是在就业机会和劳动力工资方面，县城的工商企业对年轻人的吸引力并不强，大量的农村青壮年劳动力依然继续向东南沿海转移务工。由于年轻人向外转移，县域城镇的劳动力主要是中老年劳动力，并且这些劳动力是"以家庭为主"的家庭辅助劳动力，他们进入城镇的主要目的是照顾小孩读书或者支持子女发展。从县域工厂企业的用工需求方面，40岁以下的青年劳动力是他们招工的主要群体，中老年劳动力并不符合他们的用工要求。而中老年人因为要以照顾家庭方便为主，并不会把劳动重心放在进厂打工方面，他们普遍不愿进入县城的工厂打工，而是以非正规的灵活就业为主。这种劳动力市场与劳动力主体的不匹配性，造成了县域工商业经济发展困境，以及进城农民城镇非充分就业状况，县域城镇化快速发展与县域产业基础薄弱的结构性矛盾依然存在。

第三节 公共服务吸纳与县城消费型生活

一 县城的公共服务吸纳与进城陪读生活的兴起

在寻求家庭发展的目标导向下，农民进城购房有多重动力来源，其中以教育、婚姻和就业为主要动力。但是农民真正由乡入城，把生产生活重心向县城或者中心镇转移，则是一个缓慢的过程。农民在城镇购买商品房与其进城生活的目标和步骤并不完全一致。从农民的进城实践来看，真正把生活重心向县城的转移，主要由两个因素推动。一个主要因素是少数农户真正实现了在县城的稳定就业，可以顺利实现全家进城的目标，这部分率先向城镇转移的农户成为村庄中最早的离农户。另一个主要因素则是由于县域内的教育等公共服务资源在县城的集聚，农民为了获得城镇优质的公共服务资源而进入城镇生活，这是绝大部分普通农户进城生活的原因。县城的公共服务吸纳推动的农民由乡入城，主要体现在因为教育资源向县城集聚，而带来的农民进城陪读。相对于县城稳定就业使少数离农户在县城体面安居，进城陪读则是绝大部分普通农户进城生活的根本动力。因此进城陪读群体是落脚县城农民的主要构成部分，可以说，大多数农民的城镇生活正是围绕陪读生活展开的。

表4-1　　　　章县得利小区住户居住状况和家庭统计

住户类型	住户数量（户）	备注
住房长期空置户	9	主要是因为家庭成员长期外出务工或者在农村，没有家庭成员在县城居住生活
进城陪读户	19	家庭主要劳动力外出务工，由老人或者妇女在县城带小孩读书

续表

住户类型	住户数量（户）	备注
县城就业住户	12	一种为家庭主要劳动力在县城进厂、打零工、开店创业等非正规就业生活，这类住户与陪读目标有一定关联；另一种情况为家庭主要劳动力在学校、医院、法院等有正式工作而全家在城里生活
合计	40	

注：根据笔者对章县得利商品房小区住户家计统计情况绘制。得利商住小区为2013年建成的商品房小区，小区主要吸纳的是农民进城购房，有少量城镇居民购房。笔者随机统计了该小区4个单元的40个住户家庭就业、城镇生活状况。

表4-2　　　　　　章县茅村农户购房居住状况

居住状况	农户数量（户）	备注
全家居住	6	在城市有稳定工作，全家进城居住生活
未入住	7	在购房城市无工作，主要劳动力或者全家外出打工，为了儿子结婚或者小孩读书做准备而买房
部分家庭成员入住	23	大部分农户是老人带小孩在城镇读书，年轻人外出务工；还有一部分属于老人在农村生活养老，年轻人在城镇打工、开店、带小孩读书
合计	36	

从表4-1和表4-2可以看出，绝大部分购房农户并没有实现全部家庭成员进城生活，而陪读是农民进城生活的主要因素。以陪读为直接原因而进城生活的农户占购房进城农户比例的50%左右，甚至更高比例。与此同时，还有一部分农户虽然在城镇就业以及大部分家庭成员进城生活了，但是在城镇主要从事并不稳定的非正规就业或者开店创业。这部分家庭进城具有就业、生活和孩子教育等多重目标，其中孩子教育是县域从事非正规就业家庭进城生活的重要动力。还有很大一部分农户虽然也在县城购买了商品房，但是并没有直接理由进城生活，因为在县城没法找到稳定的工作，没有持续的经济来源支持城镇生活。由地方政府和房地产开发商共同推动的快速城镇化，靠房地产和公共服务吸引农民大量进城，但是缺乏相应的产业基础和就业

条件，这也造成了县城一部分商品房虽然售出但是却长期空置，甚至有些中西部城镇因此而成为"鬼城"①。

在教育改革和农民流动的背景下，乡村人口流失造成了农村教育的衰败，乡村教育资源向城镇的集聚与农民进城具有相互促进作用。在以章县为代表的中西部地区，县域内的教育资源有明显的向县城集聚的发展趋势。这既有农民自发进城的因素，也有教育改革和地方政府发展城镇化政策的推动作用。上文关于农民城镇化动力的探讨中，揭示了农民进城的最主要动力来自对城镇优质教育资源的需求。可以说中西部县域城镇化的快速发展，很大程度上是依靠城镇以教育资源为主导的公共服务的吸纳机制达成的。而县城对县域内优质教育资源的集聚作用，加速了农村优质生源和师资向城镇的转移，一部分农村学校难以避免衰败甚至被撤并的命运，乡村社会的学校教育系统越来越难以满足农民子女的教育需求。与此同时，大部分城市公办中小学并不提供住宿，在城里购买商品房的农户，为孩子进城教育的方便，一般情况下只要子女进入县城的中小学读书，就会有家庭成员住进县城陪读。正如表4－1和表4－2所显示，大部分进城农民的生活是围绕陪读展开的。"文字上移"和农民"教育进城"在中西部地区快速推进，促进了县城陪读生活的兴起。

案例4—11：ZYZ，女，54岁，进城陪读农民，章县北镇人。2014年在县城买房，2015年搬进县城居住，主要是为了孙子读书，孙子现在读4年级，孙女读幼儿园。村里的学校倒闭了，村里孩子大部分都到县城来读书。老公在杭州跟着家乡的市政工程承包商打工，儿子在杭州做空调、水电维修，女儿也在杭州打工，只有自己一个人在县城生活带孙子孙女读书。家里的房子长期空了，土地也流转给了邻居耕种。在县城主要是照顾小孩，去县城工厂找过工作没人要，自己也走不开。大部分时间都是在家里闲着，在小区跟邻居打牌、跳广场舞，有时在小厂里拿点活到家里来做，挣点零花钱。孙子孙女的学费儿子出，每个月他们还要给两三千块的生活费，不然没法生活，自

---

① 贺雪峰：《警惕县城过度开发变"鬼城"》，《文史博览》（理论）2014年第3期。

己没有收入来源，在城里干什么都要花钱，生活压力大。自己也不想在城里待着，开始还很不习惯，以后孙子孙女大了不需要带了，自己还想着回农村生活，在农村自在一些。（章县进城农民访谈）

在城市陪读，有三种主要类型，第一种是由中老年人进城陪读，第二种是由年轻女性进城陪读，第三种是夫妻双方或者全部家庭成员在城镇生活兼顾子女教育。在上述三种城镇陪读或者生活类型中，中老年人进城陪读是最普遍的情况。中老年人的陪读主要是由于县城难以充分吸纳年轻人的就业，因此大多数年轻人还要继续外出务工，而作为家庭辅助劳动力的中老年人，他们已经逐渐退出劳动力市场而回归家乡和家庭，自然承担了进城陪读的家庭任务。由中老年人陪读可以最大程度上释放家庭劳动力，以此来应对城镇化的压力，这种劳动力配置对于农民家庭来说是最理想的。但是有些家庭由于老人没读过书、身体不好、年龄太大、老人去世等原因，家庭结构并不完整，这样的家庭要实现子女进城读书的目标就需要年轻女性回归家庭。因此近年来中西部县城的"妇女陪读"① 成为新的发展趋势。年轻女性陪读虽然可以弥补隔代教育的不足，但是对于整个家庭而言就会丧失一个进入劳动力市场的主要劳动力。即便年轻女性在县城还可以兼顾就业，但是也只能从事非正规的灵活就业，收入水平较低难以满足城镇陪读生活的开支需要。

案例4—12：KL，女，32 岁，儿子女儿都在读小学。结婚时在县城买了房子，但是一直没住，与老公一起在浙江打工，小孩由爷爷奶奶带。前几年婆婆中风带不了小孩，公婆年龄大了，也都70 多岁了，带不动了，自己也不放心给他们带。两个小孩在城里上小学，就搬到县城来住了，自己就不再出去打工了，老公一个人还在浙江打工。小孩每天上学、放学要接送，自己走不开，在县城也找不到合适的工作，就只能做点临时工，主要工作就是陪孩子。在县城没有收入，生

---

① 冯小：《陪读：农村年轻女性进城与闲暇生活的隐形表达——基于晋西北小寨乡"进城陪读"现象的分析》，《中国青年研究》2017 年第 12 期。

活全靠老公挣钱支持，他一个月也只能挣四五千，生活压力蛮大的。
（章县进城农民访谈）

　　还有一种是年轻夫妻或者全家进城就业和生活，这样既实现了家庭生活的完整性也满足了子女进城教育的需求。这种类型可以分为家庭主要劳动力从事正规就业和非正规就业两种情况。在体制内从事正规就业的进城家庭，有稳定的就业和收入来源，基本已经实现了全家体面安居的城镇化目标。而从事非正规就业的进城家庭，主要是一部分返乡进城的农民工群体，他们还要面对家乡城镇就业或者创业不稳定的风险，虽然全家进城了但是城镇生活的压力更大。他们选择在家乡城镇打拼，具有多元化的目标指向，子女的城镇教育是重要原因，其最终目的则是实现家庭整体的城镇化和发展型家庭目标。
　　县城以教育为主导的公共服务的吸纳机制，加速了农民购房和进城生活的步伐。在城市学校教育门槛的限制下，农民为了让子女获得城市优质的教育资源纷纷到城镇购买商品房。在中西部县城工商业经济发展薄弱的整体背景下，依靠公共服务吸纳推动了县域城镇化的快速发展，但是也因此造成了教育城镇化和人口集聚明显快于县域工商业经济发展。以农民进城稳定就业和生活为标志的"人的城镇化"，在中西部县域城镇化发展中，明显滞后于公共服务拉动的人口向城镇的集聚。

二　县城的消费型生活

　　从农民的城镇就业状况和农民进城动因来看，真正"落脚县城"在城镇展开生活的进城农民群体，其主体构成是以追求城镇公共服务为目标的陪读家庭。不论是老年人进城陪读还是青年人陪读，都意味着其生活重心要从农村进入城镇的市场社会环境中。进城农民逐渐脱离乡土社会，嵌入城市劳动力市场和消费品市场的程度日益加深。
　　农民走出乡土而落脚在县城市场化的环境中，造成了农民生产生活与土地的分离。在高度市场化的环境中，进城农民要想在城市立足，必须通过劳动力和市场的结合，寻找一份收入相对稳定的工作，以此来维持基本的生活①。从"落脚县城"农民的主体来看，中老年人或者妇女等陪读群体是城镇生活的主体。这些以家庭为主的辅助劳动力进入城镇生活的主要目的是照顾小孩读书，不论是中西部县城的劳动力市场特征还是他们自身的就业需求，都决定了这部分进城劳动力主要集中在非正规就业领域，并且他们的就业以不充分的灵活就业为主。在县城陪读生活的农民家庭辅助劳动力，其就业并不稳定，非正规就业领域的灵活就业工资水平也较低。从章县非正规就业的劳动力市场总体情况来看，那些灵活性较强的非正规就业，工资水平普遍在 2000 元/月左右。县城就业也必须要有相对充分的时间进厂或者进店工作，并且以年轻劳动力为主，而一般年龄稍大的中老年人则很少有这样的机会。他们只能从非正规工厂拿些活在家里做，或者在小区、街道打扫卫生等，收入水平每月也只有几百元到一千多元不等，要么就只能在城里闲着。

相对于县城的非充分就业和较低的收入水平，县城陪读生活的消费完全纳入了城镇生活消费系统中，日常生活消费要远远高于农村，陪读家庭的城镇生活很大一部分出现"收支倒挂"现象。中西部的中小城镇虽然处于以东部沿海发达地区为核心的工商业市场的边缘，但是在交通物流都极为发达便利的情况下，中西部的县城甚至乡镇都已经纳入全国性的消费品市场中。无论物价还是日常消费品种类，县城居民和大中城市居民享受着同样的便利性和多样化服务，甚至县城由于物流配送的成本原因，个别种类的消费品价格还要高于大中型城市。在全国性消费品市场已经形成的情况下，在蔬菜、肉类等日常生活消费品市场中，县域腹地的农村所产出的蔬菜等只能作为县城市场的简单补充，并且大多数农村的农产品也是要进入全国市场中去的。县城居民享受着全国性日常消费品市场服务的便利性和商品多样性，但是也要承担高于农村地方市场的成本价格。这也是进城农民普遍感叹县城日常消费品，尤其是蔬菜、水果等生活必需品价格高的重要原因。在章县调研发现，全国乃至世界知名品牌的消费品也开始在专卖

①　叶继红：《从生产、生活和交往看失地农民的城市适应》，《中州学刊》2008 年第 3 期。

店出现，最明显的是大型超市也大量在县城出现。城镇生活的便利性是与较高的日常生活开支相对应的，城镇居民的日常生活消费日益卷入市场化环境中。

对于普通农民家庭来说，农村生活的最大好处就是日常生活的市场化和货币化程度不高，在农村由于劳动力和土地的结合，很大程度上保持了日常生活的自给自足。在农村生活，一方面蔬菜、粮食都可以自己种植，基本不需要购买，平时只需要买些肉就可以。另一方面，农村的市场化程度要远远低于城市，很多消费需求没有被激发，而且农民大部分的日常需求都可以由农村社会系统本身来满足，不需要通过货币化支出的方式来满足。然而相对于农村社会系统的综合性，城市生活系统的市场化和精细化分工程度很高，进城农民的生活难以靠自己来满足，也缺乏农村社会系统的有效支持。一旦"由乡入城"，进城农民就高度卷入城市"消费社会"中。用农民的话来说就是"干什么都要钱，喝口水也要花钱买"，农民城镇日常生活的货币化开支就会极大地增加。下面案例中进城农民的日常生活开支状况代表了县城生活的普遍状况。

案例4—13：CYH，女，54岁，章县丰镇人，2014年到县城带孙子孙女读书，儿子儿媳都到广东打工，老公原来在农村打零工，这两年也到浙江去跟工程队干活。自己在县城没干什么活，一是找不到适合自己的活干，另外也因为带两个上小学的小孩走不开，只能每天接送。家里的田地都流转了，农村没有收入来源。下面是奶奶带两个小孩在县城一个月的日常生活开支状况：买菜每天要20—30元；三个人的早餐每天15元左右；米80元一袋/月；煤气40—50元/月；水电费100元/月；每周末带孙子出去玩要100元左右，有时还要买玩具；小孩感冒发烧一次就要100多元；小孩买零食一周几十元；小孩的衣服鞋子一到换季就几百块；小孩的学费、课外培训费不算自己的开支，他爸妈来交；人情往来开支没法计算，一年要几千元。算下来平均一个月的生活开支在2000元到3000元之间，这还不能遇到大事，否则不够用。自己没有收入，偶尔做点杂活没多少收入不够生活，老公和儿子每月给钱，现在年纪大了主要是儿子给生活费。（章

县进城农民访谈）

由老人或者妇女在县城陪读，每月的日常生活开支普遍要 2000 元以上，而县城非正规就业的平均工资水平在 2000 元左右，并且就业的稳定性较差。如果在县城生活的家庭，只有一个完全劳动力在县城从事非正规就业，那么其收入和日常生活开支很难保持平衡，甚至会出现"收支倒挂"的情况，对于进城农民来说在县城生活就要"吃老本"①。因此在城市生活的农民家庭中，要维持正常生活，必须有两个及以上的劳动力进入劳动力市场就业。从章县进城农民的生活状况来看，城镇日常生活开支，大部分需要外出务工的家庭成员来补贴，因此农民进城生活无疑增加了整个家庭的支出负担。

第四节　熟人社会关系延展与城市 社会交往关系重构

一　进城农民的结构性闲暇

中华民族向来以"吃苦耐劳著称于世"，"吃苦耐劳、起早贪黑""日出而作、日落而息"等都是对传统中国农民勤奋劳作的形象写照，"中国人的勤奋与劳动能力一直被认为是无与伦比的"②。在农业社会中，劳动时间是没有限制的，劳动贯穿于农民生活的始终，"休息是不符合道德要求的"③，不然会被社会舆论指责为"好吃懒做""游手好闲"。传统乡村社会中，农民的生产和生活是一体的，农业劳动既是农民的生产活动，也是日常生活的一部分，还是农民闲暇生活安排的依据。在农业社会中，农民闲暇具有季节性和周期性，农民的闲暇根据农业生产的规律展开。

---

① 访谈对象描述县城生活的用语，指在县城收不抵支，需要靠原有家庭积蓄来维持城镇生活。

② ［德］马克斯·韦伯：《儒教与道教》，王容芬译，商务印书馆 1995 年版，第 115 页。

③ ［法］H. 孟德拉斯：《农民的终结》，李培林译，社会科学文献出版社 2005 年版，第 186 页。

闲暇生活是进城农民日常生活的重要组成部分，同时也是其社会交往关系展开的主要形式。在现代城市社会，农民的生产生活进入工业化、市场化环境中，农民的劳动、生活和闲暇也不再像农业社会那样融为一体，进城农民的闲暇安排由其就业模式和生活模式来决定。具体来看，由县城劳动力市场结构决定了大部分进城农民非正规就业特征，其就业不充分性决定了进城农民闲暇的客观性。与此同时，进城农民以陪读生活为主的生活模式，农民的家庭结构特征决定了由谁来承担进城陪读的责任，谁来进城陪读具有家庭结构的客观性，也是农民家庭自主选择的结果。因此，中西部"县城闲人多"现象具有结构的客观性，进城农民闲暇的客观性以及哪个家庭成员闲暇，嵌入在特定的劳动力市场结构和农民家庭结构之中，也是进城农民城市生活能动性适应的一部分，可称之为"结构性闲暇"。对大部分进城农民来说，县城闲暇生活既不是在经济条件极度丰裕之后"有闲阶级"[①] 的生活和工作方式，也不是马克思所指的"人的全面发展"而需要的闲暇时间，而是城镇化进程中，农民生活方式和劳动方式转变的客观现象。

进城农民的结构性闲暇现象，首先是由县域工商业经济发展水平和县域劳动力市场结构决定的。中西部县城普遍面临着工商业经济发展水平低的困境，尤其是在县域城镇化快速发展，农村人口大量向县城聚集的背景下，县域城镇的非农就业吸纳能力不足的矛盾十分突出。东部沿海发达地区的产业转型升级，以及劳动力密集型加工制造业由东部地区向中西部转移的过程中，中西部县级政府通过产业园区建设和招商引资，积极承接劳动密集型企业的转移，一定程度上推动了县域工商业经济发展。这些转移到中西部中小城镇的劳动密集型产业，依靠当地土地厂房租金价格和劳动力价格相对较低的条件发展。但是当前全国统一的劳动力市场已经形成，中西部青壮年劳动力向东南沿海发达地区的全国劳动力市场转移就业十分便利，大部分农村青壮年劳动力可以流动到沿海地区务工并获得较高的务工收入。在劳动

---

① ［美］托斯丹·邦德·凡勃伦：《有闲阶级论》，蔡受百译，商务印书馆2002年版，第285页。

力自由流动和寻求高工资待遇的作用机制下，全国劳动力市场价格也就产生了趋同效应。这样一来，中西部县域的工商企业要吸引本地青壮年，就必须有和东部同类企业大致相当的工资水平，不然对生存和发展压力下的中西部农村青壮年劳动力的吸引力就不足。以谋求低成本发展的中西部县域工商企业，因为工资水平的竞争劣势，在中西部县域普遍面临"招工难"的困境，大量的中西部青壮年劳动力继续向沿海发达地区转移就业。在中西部县城，青壮年劳动力的闲暇并不十分普遍，因为在家庭城镇化的经济压力以及县城劳动力市场劣势的双重挤压下，青壮年劳动力普遍流动到沿海发达地区务工，而不会大量闲在中西部县城里。

中西部农村异地转移务工劳动力，人过中年就逐渐丧失在劳动力市场上的竞争优势，越来越难以在东南沿海的工厂、企业找到合适的工作，更加难以在打工地城市定居，于是就逐渐开始返乡。这些中老年返乡农民工，一方面可以继续在农村务农，另一方面可以在家乡附近的中小城镇继续打工，主动闲下来的并不多。在农民工的生命历程和家庭再生产周期中，中老年返乡和回归家庭具有同步性，返乡中老年人开始把生产生活的重心放在家庭内部，照料孙辈等，以此继续支持子代的外出就业和职业发展。这样也就决定了，中西部县域劳动力以返乡或者回归家庭的中老年劳动力为主。中西部县域劳动力市场处于以东部为核心的全国劳动力市场的边缘地带，县域转移来的劳动密集型企业缺乏对青年人的就业吸引力。县城工业园区企业普遍偏向于以40岁以下的青年劳动力为招工对象，而县域内被劳动力市场逐渐淘汰的中老年劳动力，同样被排斥在工业园区正规企业用工范围之外。作为进城农民主体和县域主要劳动力的中老年人，难以进入正规的招商引资企业，他们进入县城的就业主要集中在非正规就业领域。以县域非正规就业为主的中老年劳动力，就业的灵活性和不充分性，决定了他们在县城的闲暇具有客观性。

案例4—14：ZZH，39岁，章县太湖小区进城农民，搬到城里来有2年了。刚过来生活还有些不习惯，没有固定的工作，之前在外面打工，母亲在家里种地带小孩，搬到县城后母亲跟过来负责带小孩，接送上学。老婆在小区附近的小型服装加工厂干活，是私人开的，计件工资，一个月能收入一两千元，补贴点家用，老婆在附近打工主要是为了能够照顾家里，母亲年龄也大了。自己在县城找过很多工作，帮别人卖过瓷砖，每月保底1800元工资，再怎么干加起来一个月也就2000元多一点的收入，现在不干了。也到产业园的工厂找过工作，参加过培训，一起参加过培训的有的愿意去干，但是大部分不愿意干，一个月2000多元的工资，自己没有去做。家里有5口人，母亲、夫妻和两个小孩，一个月开支要3000元左右，水电费、手机费、煤气费、买菜等，一天要100元生活费才过得去。如果只有1个劳动力，一个月生活还要倒贴，还要吃老本。当地做什么都不好做，自己现在还没有事做闲在家里，还在考虑以后干什么，下半年再找不到合适的工作可能就会去广东打工了，老婆留下来照顾小孩和老人。（章县进城农民访谈）

对于普通农民来说，进城主要是为了小孩教育的陪读，县域劳动力市场结构决定了大部分进城农民的就业不充分性。为了支持城镇生活的展开和家庭发展，农民家庭中的青壮年劳动力继续以外出务工为主，而留在家乡城镇陪读的自然以老年人或者妇女等家庭辅助劳动力为主。这是农民家庭理性选择的结果，同样具有家庭结构的客观性。这部分回归家庭的中老年人或者妇女，进城陪读生活的重心自然以家庭为主，而就业则服务于家庭的城镇生活。一般工厂严格管理的制度下的就业方式，是不适合这部分劳动力的，他们需要每天早晚接送小孩，周末还要陪伴小孩，因此灵活就业等非正规就业形式，是比较适合这部分城市生活的劳动群体的。农民家庭辅助劳动力在县城的陪读生活模式，也决定了这部分生活在城镇的群体有大量的闲暇时间，县城陪读和闲暇生活的安排，决定了他们对城市生活的适应状况。

二　城市私人生活兴起与社会关系重构

农民由乡入城，进入城市陌生环境中生活，促进了进城农民"私人生活的兴起"。农民的日常闲暇生活是私人生活的主要展现形式，进城农民在城市的闲暇生活不仅仅是个体生活方式，也是其社会交往关系展开以及城乡公共生活再建构的过程。进城农民作为能动的主体行动者，通过日常生活行动重构公共生活空间和社会交往关系，是其实现城市生活适应和融入城市的重要路径。

由于进城农民普遍缺乏稳定的就业，其业缘关系的建构是缺乏的，但是由同一个居住小区形成的地缘关系，成为进城农民建构日常交往关系的重要基础。除了正规就业的少数住户，很大一部分小区住户都是陪读群体，平时的闲暇时间较多，尤其是早上把小孩送到学校去之后到下午接回来，这期间如果没有合适的事情做就是要想办法打发一天的闲暇时间。而县城商品房小区，大部分是由县域内的农村居民购房形成的，小区住户的同质性很高，平时的生活节奏具有一致性，很容易在同一个小区建构起熟悉关系。同一个小区的"邻居关系"是城镇陪读群体重要的日常交往关系，日常闲暇中经常会在一起打牌、跳广场舞、带小孩逛公园等。小区内的陪读群体还会相互之间介绍工作，一起组织做杂工，比如电子配件、做鞋等外包的零工，很容易就会带动小区的居民一起干。这种形式既是一种社会交往，一起安排闲暇时间，也可以挣些贴补家用的收入，小区里的闲暇住户很乐意参与其中。由进城农民共同组成的小区建构性的邻居关系，更多地停留在私人的日常交往层次，一般情况下并不会转化为具有公共性的人情关系往来。

随着进城购房农民的日益增多，原来农村中的邻里关系和亲属关系，成为进城农民在城镇日常生活尤其是闲暇生活的交往基础。农村地缘和血缘关系向城镇的复制主要通过两种形式，一是农民在进城购房的过程中刻意选择与熟悉的邻居或者亲戚，在相近的小区甚至同一个小区、同一栋楼来购房，以此来增加进城生活的心理确定性。笔者在章县北镇张村驻村调研过程中，对该村进城购房农户情况进行了统计，有近1/3的进城购房户，都有同一个村的邻居或者亲戚在一个小区购房。甚至有近10户相约一起购房，并且在同一个小区，有的甚至在同一栋楼的同一个楼层，"到城里继续做邻居"。在县城新区购置商品房的农户，彼此之间的生活距离并不会太远。另一种方式是进城之后，通过日常的交往互动继续维系原来的血缘和地缘关系，而同一个并不大的县城空间为农民进城之后血缘、地缘关系的维系提供了便利性。同一个有限的县城空间，不仅使进城农民保持了原来农村中地缘和血缘性的交往关系，即使是平时日常交往互动并不频繁的姻亲或者"娘家人"，也因为进入同一个城镇空间，而使得日常交往互动的频率增加。

　　案例4—15：HR，女，50岁，章县北镇人，2016年进城带孙子读书。平时在县城闲着没事做，只有找人一起玩来打发时间，一起玩的主要是小区的邻居、原来村里的邻居亲戚，还有一些一起长大的"娘家人"，相互串门一起打牌、逛街，还经常约着一起骑电瓶车回老家拔笋子。在一个小区里买房的亲戚、邻居有几户，其他在别的小区买房的也不远，大家一起交往比较方便，娘家的姐妹之前在农村时离得远，来往不多，进城了都在带小孩，平时闲得很，就经常一起约着玩，经常在一起打牌的就有好几个。平时把小孩送到学校或者周末回农村也很方便，可以一起骑车回去，有时候微信群里一喊还可以搭村里人的顺风车。当时买房时有人说去市里买好，自己不同意，去那么远回来不方便，连个熟人都没有。（章县进城农民访谈）

　　进城农民的社会关系交往更多地集中在私人闲暇生活领域，但是随着进城农民的比例快速增加，原来村庄内部的公共生活开始变得难以继续在村庄范围内维系。一部分公共活动开始消失，还有一部分公共活动的维系开始超越村庄边界向城镇扩展，有些村庄公共事务则继续在村庄内部维系。结婚、乔迁等传统喜事办酒席，在传统农村社会中是靠家族、村庄内部的邻里互助来完成的。在农民大量流动外出务工背景下乡村喜宴兴起了一条龙服务，以应对农民外出村庄内部人力不足的困难。随着越来越多的农民把生活重心向城镇转移，现在章县农村普遍流行的是到县城的酒店办喜宴，这样既方便亲邻的来往也不用为请人帮忙而欠下人情。人情喜宴转移到县城酒店来办，原来村里进城的邻里关系依然能够得到维系，农民进城了，但是人情往来在县域空间中依然得以维系。城镇交往主要是私人生活维系的场所，而村庄则继续承担着维持进城农民公共生活的任务。

　　虽然很大一部分农民进城了，平时的农村因为缺少人气而显得有些衰落，但是县域空间内城乡关联的便利性，使得村庄公共活动的维系成为可能。中国人讲究叶落归根，尤其是进城农民更为在意这一点，虽然他们的生活重心逐渐向城镇转移，但是农村依然是他们认为的"根"在的地方。老人去世一直以来都是村庄社会最为重大的公共事务，也是农村人互帮互助的主要领域，"生要人、死要人"是农民对于必须参与这类公共事务的功能性认知。老人去世讲究叶落归根，农村白事还是要在村庄里举办，虽然农民进城了，但是这类公共活动还是普遍在积极参加。比如在章县的村庄中，有谁家的老人去世，还流行着村里人回来守丧的习惯，很多人白天在城里，晚上也要回来参加。农民在县域内的城镇化实践，使得村庄继续作为进城农民公共生活的主要空间场所。

三　熟人社会关系延展与农民的城镇生活适应

农民选择县域城镇作为购房落脚之地，除了县城房价等经济因素的考虑，另一个主要影响因素就是"文化心理"因素[①]。不同于现代化对人的个体化和社会原子化的改造趋势，在农民城镇化实践中，传统社会关系网络的维系和建构，成为进城农民城市生活适应的重要资源。家乡县城由于时空距离较近以及熟人社会关系的扩展，给农村居民赋予了较强的熟悉感和安全感。因此在家乡中小城镇实现城镇化更有助于传统社会关系的维系，增强了进城农民适应城镇生活的能力和确定性。农民的城镇生活适应嵌入在原来的社会文化系统中，更容易获得既有社会关系资源及乡村社会系统的支持。而在打工地异地进城实现城镇化目标，城市生活和社会文化融入的困境要远远大于家乡中小城镇，异地城镇化无疑增加了农民进城的不确定性和城市生活适应成本。因此，从农民城镇生活适应的角度来看，选择家乡的城镇是农民及其家庭既出于经济理性的考虑，也满足社会文化需求，降低了进城农民城镇生活适应的难度，增加了进城的心理确定性和安全感。

---

① 叶鹏飞：《农民工的城市定居意愿研究：基于七省（区）调查数据的实证分析》，《社会》2011 年第 2 期。

案例4—16：ZJ，女，56岁，章县茅村人。在外地买不起房子，2013年打算到城里买房子时，去县里和市里都看了。在市里买房价格和县里差别也不大，但是市里太远了，也不太熟悉，自己又不识字，干什么都不方便，就没有在市里买。还是在县里买好，离村里不那么远，以前也经常去县城买东西，骑电动车就能去，想在城里就在城里，想回农村就回农村，很多亲戚邻居都在县城买房，来往也方便。（章县茅村农民访谈）

作为农民落脚之地的县城，距离农民原生地的村庄最多不过几十公里，可以说处于同一个社会文化圈之内，甚至处于同一个熟人社会生活环境之中。随着进城农民数量和比例的增加，村庄近半数的农户都已经在同一个县城买房甚至居住生活下来，原来外出务工流动环境下日渐生疏的邻里、亲戚关系，反而因为同在一个县城空间生活而使日常交往关系变得紧密起来。县域城镇与农村具有天然的社会文化关联，农民进城之后使乡村中的熟人社会关系快速向城镇扩展和再建构，农民在县城的生活实质上还是嵌入在熟人社会关系网络中，并不会产生异地城市的陌生感。熟人社会关系向城镇的扩展，为进城农民尤其是县城陪读生活群体的私人闲暇生活提供了社会交往基础，增强了他们城镇生活的适应能力和心理安全感。同时便利的县域城乡关联，使农村继续作为进城农民公共生活及其价值再生产的空间场所，进城农民有了村庄公共社会文化的心理根基，就不会成为城市市场环境中漂泊的浮萍。

第五节　寄居县城：消费型县城与维持型城市生活

本章主要描述了农民"由乡入城"之后，在县城的就业、生活以及社会交往方式转变和适应状况。以江西章县为代表的中西部县城，工商业经济发展的基础普遍较为薄弱，以承接东部劳动密集型产业转移的工业化发展模式，与县域城镇化发展和人口向县城的快速集聚状况，短时间内难以契合。县域工商业经济的发展难以满足进城农民的多样化、多层次就业需求，进城农民大部分集中在劳动密集型"代加工厂"、县城生活性服务业等传统非正规经济领域就业。其就业具有非正规性、不充分不稳定性以及低工资水平等特点。农民进城生活的主要的原因在于县域内教育等公共服务资源的集聚，而拉动农民进城获得公共服务资源满足的需求。因此进城农民的主体是陪读群体，而城镇生活模式也是围绕陪读生活展开的。处于全国劳动力市场边缘的中西部县城，在生活消费领域则纳入了全国消费品市场环境中，县城生活已经卷入以市场为主导的"消费社会"。县城生活的高物价水平增加了农民城镇日常生活的成本负担，日常生活的消费性压力成为进城农民的主要压力来源。

马克斯·韦伯从经济的角度对城市进行了定义，认为城市是一个市场中心，城市居民能够通过作为市场聚落经济中心的当地市场，满足大部分的日常经济之需。韦伯进一步把城市划分为"消费城市""生产性城市"以及"商业城市"三种理想类型①。"消费城市"是由作为食利者的主体消费者，依靠其购买力而形成和维系的城市，这些食利者主要是一些传统官员、地租消费者、商业收入的食利者等。生产性城市则主要是建立在向外供应产品的工厂、制造业等生产性部门基础上形成和维系的城市，其主体消费者是这些生产性企业的经营者，商业城市的主体消费者则是以商业贸易利润为生的。依据韦伯对消费性城市的界定，主体消费者并不是直接的生产者，只不过韦伯把消费性城市作为非现代的传统城市类型，其主体消费者主要是作为食利者的特权者阶级。比如中国古代由封建官员、地主阶级等特权阶级构成的，作为政治中心存在的"衙门围墙式的城"②。城市及主体消费者，作为消费者犹如"寄生物"需要靠其宿主养活，非生产性的

---

① ［德］马克斯·韦伯：《城市：非正当性支配》，阎克文译，江苏凤凰教育出版社2014年版，第1—6页。

② 费孝通：《中国士绅——城乡关系论集》，赵旭东等译，外语教学与研究出版社2011年版，第113页。

"寄生性城市"由社会的其余部分来供养①，而其乡村腹地支撑着城市寄生生活。根据劳动价值论，劳动和生产的权利居于进城农民权利的核心地位，生产的结构具有对分配和消费结构的决定性定位。缺乏充分劳动就业机会和生产权保障的城市，人们只能作为消费主体寄居城市，作为城镇化实践主体的农民就难以作为生产者和实践者融入城市社会。

从农民主体实践的角度来看，落脚县城之后农民进入一个以市场为主导的社会生活系统。而中西部地区以县城为主的大部分中小城镇，缺乏工商业发展的区位优势，其工商业经济基础薄弱，难以充分吸纳进城农民就业。以城镇公共服务吸纳下的进城陪读为主要生活模式的进城，决定了进城农民群体大部分难以靠"县城聚落"内的工商业发展获得稳定的就业和收入，来维持城市陪读生活消费和家庭再生产。这就需要家庭其他成员通过外出务工或者农村务农，来支持作为主体消费者的进城陪读群体的城镇消费生活。以房地产开发和公共服务吸纳，拉动农民进城购房向城镇集聚，而缺乏相应吸纳进城农民充分就业的产业基础，进城农民家庭需要依靠其他收入来源维持城镇消费生活，这样的城镇可以称之为"消费型城市"。

中西部县城较低的工商业经济发展水平和有限的就业吸纳能力，使得县城社会系统内的生产性不足。对于进城农民来说，县城并不是一个独立完整的生产空间和进城农民家庭再生产空间，因此中西部农业型地区的县城并不是作为生产中心而存在。而是依靠公共服务吸纳，满足农民对县城便利生活和公共服务资源需求的消费性空间，是作为消费中心和公共服务中心在农民的生活中发挥作用。县城就业、收入和消费的非均衡性，决定了大部分中西部农业型地区的县城是"消费型城市"，而不是独立完整的生产性城市。

作为农民落脚之地的中西部农业型地区的消费型县城，单一的封闭县城空间聚落，难以完全承担进城农民家庭再生产的需求，必须依赖社会其余部分的支持，比如农村小农经济体系或者更大范围的全国

---

① ［美］简·德·弗里斯：《欧洲的城市化：1500—1800》，朱明译，商务印书馆2015年版，第268—269页。

劳动力市场。从农民的县域城镇化实践来看，由于在落脚城市缺乏稳定就业和城市长期生活的保障，很大一部分进城农民家庭为了功能性需要而"寄居"县城，一代人或者短时期内很难实现在城市体面定居的目标。其城市生活勉强维持平衡，大部分寄居家庭需要继续依赖农村务农或外出打工来支持城市的消费型生活。县城生活的维持性是进城农民的普遍生活状态，维持型县城生活与农民城镇化和家庭发展型目标存在较大张力。对于普通农民家庭来说，由于县城缺乏稳定的就业和收入，进城家庭成员的增多并不意味着家庭积累能力和城镇化能力的增强，反而因为城市生活的家庭消费主体的增多而进一步加重了城镇化负担。要完成农民家庭城镇化发展目标，作为城镇化能动主体和理性行动者，农民及其家庭就必须越出县城甚至县域空间，依托农村社会系统和外部劳动力市场资源，做出新的策略调整以应对城市生存压力和家庭再生产的风险。

第五章　半城半乡：农民县域城镇化参与模式及其实践机制

　　农民作为城镇化的参与主体，农民进城实践以实现在城市体面生活和完成家庭再生产为最终目标。第四章从进城农民在县域城镇的就业、生活和社会交往等方面，描述了他们的城镇生活状况。在中西部农业型地区县域工商业经济发展普遍较弱的背景下，大部分"落脚县城"的农民以县域内非正规就业为主，县城陪读生活是农民进城生活的主要模式。虽然家乡县城为农民城镇生活的适应提供了社会文化基础，但是工商业经济基础薄弱和城市生活成本的提升，造成了落脚县城的农民就业不稳定和生活消费压力增加的后果。从进城农民的角度来看，中西部县城具有生产性不足、消费性压力大的"消费型城市"特征，县城主要承担着为县域内农民提供教育等公共服务和生活服务的功能。生产性不足的中西部农业县，使落脚县城的农民普遍面临家庭再生产压力和风险，单一的县城空间难以完成农民家庭再生产的功能性需求。迫于城市生活和家庭再生产的压力，农民家庭必须充分调动和整合家庭资源、城乡资源，以此来支持城市体面生活和家庭再生产的需要，最终实现体面安居的完全城镇化目标。由于农村部分上层精英阶层已经实现了完全城镇化目标，本章将重点揭示中西部地区县域城镇化进程中，处于进城过程中的普通农民家庭的适应策略和实践机制。

第一节 从"半城市化"到"半城半乡"：县域城镇化的农民主体实践

城市中心主义视角和"市民权"话语下，农民向城市迁移并获得城市市民身份，是城市化发展的必然规律和结果。在中国的城市化进程中，由于农民工在制度上没有获得完全的市民权，这是农民工长期边缘化处于"半城市化"状态的根源①。农民工由于制度身份等方面的障碍，难以完全融入城市社会系统，因此农民工的半城市化是一种不稳定的城市化②，造成了我国城市化发展质量并不高。城市户籍制度和农村土地制度被认为是阻碍农民工市民化的主要制度障碍，要进行制度变革打破城乡二元结构的制度壁垒，以此促进城市化发展和农民工市民化的实现。一方面在"身份—政治"叙事模式下，要实现城市农民工群体的市民身份认同和城市社会承认，最根本的是进行户籍制度改革，赋予农民工同等的市民权③。另一方面要放开城乡土地市场，给予农民土地变现的财产权利，让农民"带着财产进城"，认为土地私有化是解决"化地不化人"加快推进农村人口进城定居的重要途径④。

"半城市化"基于农民工融入城市的阻碍因素，揭示了城乡二元制度结构是造成农民工难以完全融入城市异化状态的根源。但是对外部制约因素尤其是支配性制度的关注，也造成了行动者的缺位，作为城镇化主体的农民及其家庭能动性被忽视。半城市化是对农民工城市融入状态的描述，是总体性制度安排支配逻辑下的结果，然而农民作

① 王春光：《对中国农村流动人口"半城市化"的实证分析》，《学习与探索》2009年第5期。

② 檀学文：《稳定城市化——一个人口迁移角度的城市化质量概念》，《中国农村观察》2012年第1期。

③ 陈映芳：《"农民工"：制度安排与身份认同》，《社会学研究》2005年第3期；王小章：《从"生存"到"承认"：公民权视野下的农民工问题》，《社会学研究》2009年第1期。

④ 柳建平：《中国农村土地制度及改革研究——制度博弈的核心问题解读》，《农村经济》2011年第8期；文贯中：《吾民无地：城市化、土地制度与户籍制度的内在逻辑》，东方出版社2014年版，第129页。

为能动主体的自主性、创造性的行动者逻辑，并没有在分析的意义上进行展现①。对实践的"本体论"关怀是现代社会学的一个重要趋势，对"在时空向度上得到有序安排的各种社会实践"②给予特别的关注。因此，从半城市化的社会结构、政策影响的相对面来看，农民自主选择等主体能动性因素在农民城镇化过程中发挥作用的机制值得进一步探究。城镇化不仅是农民对市民权的获得，更是以农民为行动主体的社会实践过程，从微观分析角度对农民作为城镇化参与主体的行动者逻辑及其实践机制的揭示尤为重要。

中西部农业型地区的农民外出打工呈现周期性的城乡往返，这是农民工"半城市化"状态的重要表征。农民工的半城市化和城乡往返，是以农民家庭劳动力向城市转移就业为主要内容，农民家庭整体与城市的关联并不强。农民外出务工主要是为了释放家庭剩余劳动力，并获得相对较高的城市务工收入。农民家庭的生产生活重心依然在农村社会，农民家庭对城镇化的整体性参与程度并不高。但是当前以农民在家乡中小城镇购房为表征的"进城时代"的到来，不仅农民家庭劳动力就业融入城市劳动力市场，而且整个家庭的生产生活重心不断向城市转移。"落脚县城"的县域城镇化实践，从深层次改变了农民家庭生产生活方式和家庭再生产模式，农民家庭整体性参与城镇化的程度极大地加深了。

农民家庭是集生产和消费于一体的生活单元，同时也是城镇化的基本行动单位。不同于现代性视角下理性化和原子化个体的预设，农民的城镇化参与实践是在家庭整体观基础上展开的。农民的城镇化实践形态是由农民行动逻辑决定的。在农民行动逻辑的分析传统中，"形式主义"分析传统建构了"理性小农"的理论分析范式，追求利益的最大化是作为理性行动者的小农最主要的行动逻辑③。而"实体

---

① 张兆曙：《农民日常生活视野中的城乡关系及其出路》，《福建论坛》（人文社会科学版）2009 年第 12 期。

② ［英］安东尼·吉登斯：《社会的构成》，李康等译，生活·读书·新知三联书店1998 年版，第 39—40 页。

③ ［美］西奥多·W. 舒尔茨：《改造传统农业》，梁小民译，商务印书馆 2013 年版，第 35 页。

主义"分析传统并不认为小农是追求经济利益最大化的纯粹理性人逻辑，提出了"生存小农"的理论假说，认为农民是在生存第一的原则下进行生产和社会行为的[①]。但是形式主义和实体主义共同进入了各自建构的理想型环境中。形式主义者把小农置于完全的市场环境中，其行动逻辑的生成是市场机制支配的结果。而实体主义者则停留在相对封闭的传统农业社会，在农民缺乏外部市场机会的情况下受到生存危机的困扰，遵循生存第一的行为准则。在流动的现代性影响下，农民置身于流动的社会环境中，开始走出乡土社会，日益紧密地与城市市场社会关联起来。城市化和市场化转型期，农民的行动逻辑也在不断建构中，这种建构过程既是社会实践的结果，也是指导农民社会实践的准则。

中国的现代化进程中，传统农业社会的小农已经走出生存危机的束缚。农民外出打工获得外部流动和就业机会的行动，不仅仅是为了"寻求生存"，同时也是生存理性向经济理性和社会理性的过渡[②]。虽然农民走出传统乡土社会，日益走进现代城市社会，但是并不意味着城镇化进程中的农民彻底摆脱生存风险。农民进入城市市场化环境中，意味着农民日益降低对农村土地的依赖程度，而劳动力与市场结合下的工资劳动成为生产生活的轴线。但是对于进城农民来说，带有风险的不充分就业，给他们的城市生活带来了新的不安全感，仿佛置身于一个更大的"风险社会"中[③]。在农民的绝对生存已经解决的情况下，适应城市生活带来了新的生存不稳定因素，保证城市生计稳定和家庭再生产，相对生存安全依然缺乏制度化的保障，处于不稳定和缺乏安全感的状态。在农民城镇化实践中，既有为了实现家庭体面安居城市目标而"寻求发展"的强大动力，同时也有规避城镇化风险，保障家庭再生产安全稳定的"安全

① ［美］詹姆斯·C. 斯科特：《农民的道义经济学》，程立显等译，译林出版社2001年版，第16—20页。

② 文军：《从生存理性到社会理性选择：当代中国农民外出就业动因的社会学分析》，《社会学研究》2001年第6期。

③ ［德］乌尔里希·贝克：《风险社会》，何博闻译，译林出版社2004年版，第169—175页。

经济学"理性考虑①，这也是农民作为城镇化主体行动者对"本体性安全"的追求。

"寻求发展—规避风险"是农民城镇化实践中的行动逻辑和行为准则。在城镇化背景下，农民购房进城是家庭再生产的必要条件，也是"寻求发展"实现社会流动的内在需要。尤其是城镇化与农民的就业转变、婚姻达成和教育需求满足等农民家庭再生产的主要内容，关联日益紧密的情况下，进城就意味着家庭再生产和代际社会流动的初步实现。但是作为能动主体的农民，其进城"寻求发展"并不是个体主义的自我解放和发展，而是家庭的整体发展。这也决定了农民家庭城镇化实践并不是盲目冒进的。尤其是在城市难以获得稳定就业和收入的情况下，进城并不意味着农民家庭完全城镇化目标的实现，反而增加了进城失败甚至家庭再生产秩序被打乱的风险。虽然城市为农民家庭提供了更多的发展机会和更大的空间，但是城市增加的就业机会和工资水平，对于进城农民来说却被城市生活的高消费抵消。而城市生产生活的市场化组织模式，增加了进城农民的就业和生活风险。由于缺乏技能和稳定的就业，农民进城就业生活的安全感普遍不高。进城农民在缺乏城镇稳定就业和生活保障的情况下，其安全感主要是来自家乡的土地、房子等可以复归农村的物质基础。作为城镇化的能动主体，同时获得城市的发展机会以及保留乡村的保障功能，是社会变迁中农民家庭理性选择的结果。

家庭作为农民城镇化实践的行动单位，在农民进城打工的时代，农民并不会一次性从农村彻底转移。而是通过家庭劳动力分工的形式，既实现了家庭中青壮年劳动力进城务工，同时中老年家庭成员留守农村务农，形成了中国农民家庭和农村社会普遍的"半工半耕"结构②。而在农民购房的进城时代，由于农民购房所在地的中小城镇难以充分吸纳农民非农就业，大部分进城农民处于非正规就业状态。对于大部分进城农民来说，其家庭经济的来源和积累，难以保障全部

---

① 毛丹、王燕锋：《J市农民为什么不愿做市民——城郊农民的安全经济学》，《社会学研究》2006年第6期。

② 杨华：《中国农村的"半工半耕"结构》，《农业经济问题》2015年第9期。

家庭成员一次性进城和在城市体面生活，城市生活的不确定性较大。出于规避城镇化风险和应对城镇生活压力的理性选择，农民进城并不会彻底脱离农村。而是根据家庭资源禀赋状况和城镇化能力，来决定其家庭成员的进城与留村，以及何时进城与返乡，直至实现整个家庭的城镇化目标。

在中西部地区农民县域城镇化实践中，大部分农民虽然购房进城了，但是迫于家庭发展能力的限制，并没有完全脱离农村，依然保持着与农村密切的关联。与此同时，大部分进城农民家庭的主要劳动力，还要继续到沿海发达地区或者大中城市务工。中西部农业型地区的农民家庭在参与县域城镇化进程中，呈现出"半城半乡"的实践模式或者状态。"半城半乡"是农民城镇化参与的时空特征，体现出农民家庭整体的城镇化参与程度的加深，同时也是农民家庭应对城镇化压力和风险的行动策略和实践机制，是农民主体行动与城乡二元结构相互作用的结果。"半城半乡"和县域城镇化的时空实践，作为农民城镇化的"过渡状态"或者"过渡地带"，具有深层的社会文化内涵和城镇化发展的现实意义。

农民作为城镇化的参与主体，以家庭为基本行动单位。由乡入城的县域城镇化实践，加深了农民家庭对城镇化的参与程度，带来了农民家庭的整体性转型。农民家庭再生产作为整体性家庭转型的微观实践过程，家庭再生产过程与城镇化实践具有同构性，成为观察城镇化进程的重要视角。在中西部农业型地区农民县域城镇化实践中，"半城半乡"不仅是农民城镇化状态的城乡结构特征，更是城镇化过程中农民家庭能动性发挥的行动者逻辑的展示，是城乡二元结构约束下农民城镇化微观实践行动的内在秩序。

基于此，农民城镇化实践中，基于家庭发展与家庭再生产安全的综合性原则，呈现出"半城半乡"的城镇化参与状态和实践模式。在"寻求发展—规避风险"的行动逻辑下，"半城半乡"是农民家庭参与城镇化的理性选择。"半城半乡"既说明了农民已经迈出了城镇化步伐，进入城镇社会系统中，同时也意味着进城农民的家庭再生产并没有完全脱离农村社会系统。城市和农村是不同的生活系统，城市社会系统和农村社会系统对整体性社会变迁中农民家庭的功能和意义是不同的。现代性的城市承担着农民家庭的发展空间，而农村则继续发挥农民城镇化的支持系统和"稳定器"功能。农村社会系统对农民城镇化目标的顺利实现发挥着重要的支持作用。

农民的城镇化实践嵌入在城乡制度结构、劳动力市场结构和乡村社会结构中。从农民家庭转型和家庭再生产实践的视角，"半城半乡"的城镇化参与秩序，是对农民行动者逻辑的展现。"半城半乡"实践机制的生成，是作为行动主体的农民家庭与国家制度、劳动力市场和农村社会"互构"的结果。"半城半乡"的实践机制将城市市场经济与农村小农经济有机关联起来，以家庭为纽带的城与乡、工与农的关联机制弥合了城乡二元结构的分立。农民城镇化和家庭再生产实践，实现了对农村社会系统和城市社会系统的双重嵌入。

第二节　拆分型家庭：城镇化过程中的农民家庭策略及其城镇化适应

一　农民家庭的城镇化适应策略与拆分型家庭兴起

农民由乡入城的城镇化实践，使农民生产生活和家庭再生产被置于与乡土社会环境有本质差异的城市市场环境中。家庭作为生产生活和家庭再生产的基本组织单位，家庭有机体具有自身的结构形态、规则体系和交流模式，从而具有因应外部环境变化的自适应和自稳定的能力[1]。农民家庭在参与城镇化的过程中，面临生产生活和家庭再生产环境转变带来的压力与风险。作为能动主体的农民家庭，通过家庭结构和家庭关系实践形态的调整，来整合家庭资源向实现家庭城镇化目标的重心转移，以此应对城镇化对家庭再生产带来的压力与挑战。农民家庭在城镇化环境中的适应性问题，是一个主动调整的过程，是农民家庭应对城镇化带来的社会变迁的主动应对策略[2]，因此农民家庭策略也将宏观层次的社会变迁、家庭转型与微观的农民城镇化实践

---

[1]　刘婷婷：《从"一孩"到"二孩"：家庭系统的转变与调适》，《中国青年研究》2017年第10期。

[2]　麻国庆：《家庭策略研究与社会转型》，《思想战线》2016年第3期。

联系起来。

农民由乡入城寻求家庭发展目标，不仅仅是家庭再生产空间的乡城转换，同时也是农民生产生活方式和家庭再生产模式的实质性转变。农民的城镇化实践和家庭再生产模式的转型，一方面既为农民家庭的流动和发展提供了无限可能，同时也增加了家庭再生产的成本和可能遭遇的城镇化风险。走出乡土、落脚县城的农民，其城镇化实践和家庭发展目标并不是一次性完成的，而是处于长期的城乡之间的过渡状态，这种城镇化实践的过渡状态嵌入在城市社会系统和农村社会系统之中。"半城半乡"的实践模式正是农民家庭逐渐走出乡村社会系统，面向城市社会系统的过程中，所进行的适应性调整。由于农民既有进城寻求家庭发展的内在动力，同时又难以在单一的中小城镇空间中顺利实现家庭再生产目标，农民必须通过家庭策略的调整，来适应城镇生活和家庭再生产的压力与风险。而"半城半乡"实践模式的达成，正是通过"拆分型家庭"的实践策略实现的。通过家庭的分合与继替，城镇化进程中的农民既能够充分调用和灵活配置家庭内部和城乡之间的资源，增强家庭资源的积累能力和城镇化适应能力。农民家庭正是通过一种策略性的分工与合作方式，实现家庭整体的城镇化和再生产目标。

在农民外出务工的"半工半耕"劳动力分工与家庭生计模式下，农民家庭分裂为农村留守与进城务工两部分，这种"跨地域家庭模式"[1] 是中西部地区农村普遍的"社会事实"。农村劳动力转移和农民工劳动力的维持和更替，由农村和农民家庭来承担，呈现出城乡分割的拆分型劳动力再生产模式[2]。这种家庭割裂的状态是由于大城市对农民工的制度性、社会性和经济性排斥造成的，农民工的城乡流动和家庭分割具有客观性和必然性，而农民家庭再生产的主要场所依然在农村。随着城乡二元体制的改革和市场经济的深入发展，中小城市和小城镇对农民自由进城和定居基本已经消除了制度障碍。迫于大城

---

① 李向振：《跨地域家庭模式：进城务工农民的生计选择》，《武汉大学学报》（人文科学版）2017 年第 5 期。

② 折晓叶、艾云：《城乡关系演变的制度逻辑和实践过程》，中国社会科学出版社 2014 年版，第 95 页。

市的落户限制和过高的房价等城市生活成本，家乡中小城市尤其是县城自然成为农民城镇化的理想场所。

城镇化给传统农民简单家庭再生产模式注入了发展性内容，农民家庭再生产和发展目标与城镇化捆绑在一起。农民购房进入县城生活，促进家庭再生产的空间转换和模式转型，对家庭整体发展的追求体现为家庭体面安居城市目标的实现。"落脚县城"实现体面安居的城市生活和家庭再生产目标，由于城市生活成本和生计风险的提高，需要进城农民具备较强的城市生活能力。对于中西部农业型地区的农民来说，在家乡县域内实现城市化目标，一方面会面临城镇生活成本过高的压力，另一方面家乡中小城镇的非正规就业，使他们进城之后陷入不稳定就业和工资收入不稳定的瓶颈①。在这种成本与收益的双重压力之下，降低了落脚县城农民长期在城市生活的能力，增加了在城镇实现家庭再生产的风险。

在城镇生活和家庭发展的经济压力，以及城镇化带来的家庭再生产风险下，单一的县城空间并不能有效实现进城农民体面生活和家庭再生产目标。农民既需要依托城市"寻求发展"，同时农村社会系统成为支持城市化和规避风险的有效支撑。要实现城市和农村社会系统之间的有效互补与合力，需要家庭内部通过家庭成员之间的分工与合作来实现，以此充分调动城市社会资源和农村社会资源支持家庭整体城镇化发展目标的实现。这样也就形成了农民家庭的"拆分"模式，大部分农民虽然进城了，但是并没有彻底脱离农村的原生家庭，进城农民城市生活的开展需要农村原生家庭和农村社会系统的支持。"拆分型家庭模式"不是一种二元结构的分割，而是农民自主实践理性选择的结果。家庭内部的"分"是为了更好地实现城乡之间的"整合"，是为了实现家庭利益的最大化和城镇化能力的释放，同时最大限度地降低城镇化的压力和风险。在当前农民对县域城镇化参与程度不断加深的背景下，拆分型家庭的适应策略主要体现为，"半城半乡"的家庭经济积累方式、居住生活的城乡空间分离以及农村自主养老等，几个既分割又彼此整合的功能单元。农民家庭的经济积累单

---

① 唐茂华：《成本收益双重约束下的劳动力转移》，《中国农村经济》2007年第10期。

元、消费生活单元和养老单元，在城乡时空结构中面临着分化与重新整合。

（一）农民家庭生计多元化

城镇化使农民家庭生产生活空间跃出封闭性的传统农村，劳动力和土地相结合的劳动力就业和家庭生计模式发生转型。进城农民嵌入在市场化的生活环境中，劳动力在竞争性的城市劳动力市场获得就业机会，因此进城农民家庭生活的经济压力增加，同时劳动力市场化就业的风险也在增加。由乡入城带来的农民家庭生计压力和风险，对农民家庭劳动力就业和经济积累能力提出了更高的要求，迫使农民家庭做出策略性调整。

在市场化的生活和就业环境中，农民家庭多元化就业和生计策略，是农民应对城镇化带来的经济压力和生计风险的主要家庭策略。家庭作为基本的生产单位，传统农业生产中家庭劳动力的简单和模糊化分工模式，难以适应市场化的就业环境，家庭劳动力分工模式的调整是生计多元化的基础。夫妻分工和代际分工是农民家庭劳动力分工的主要方式，通过家庭劳动力分工和就业分化，为农民家庭提供了多元化就业和生计来源。

农民家庭劳动力就业和生计多元化，主要表现为就业空间的分化以及就业形式的分化两个方面。劳动力流动使农民就业不再局限于封闭的乡村社会和农业生产领域，农民家庭劳动力进入城市劳动力市场就业成为必然趋势。上文中指出农村劳动力就业具有梯度性特征，在空间上表现为农村、中西部中小城市以及大中城市或者沿海发达地区的分化特征，在就业方式上表现为农村的农业生产和城市务工的差异。从农民家庭劳动力分工和生计的具体实践来看，由于农村小农经济以及家乡县城有限的就业机会难以充分吸纳青壮年劳动力就业。因此作为农民家庭主要生产和经济积累单元的青壮年劳动力，主要进入大中城市或者沿海发达地区的劳动力市场务工。而中老年劳动力因为在劳动力市场中的竞争力减弱而返乡，主要集中在农业生产领域或者在家乡从事不充分的灵活就业。农民家庭通过家庭劳动力的分工，既获得了城市非农就业和务工收入来源，同时也可以继续保持农村的小农经济收入。"半城半乡"的家庭劳动力分工和家庭经济积累方式，实现了家庭劳动力就业和生计来源的多元化，从而增强了应对城市化和市场化带来的生计风险的能力。

（二）居住生活的城乡空间分离

农民进城购房也伴随着家庭生活重心向购房所在地的家乡中小城镇转移，一部分购房农户也实现了部分甚至全部家庭成员进城居住和生活。当前章县的商品房价格达到每平方米 5000—7000 元，随着中西部地区县域城镇化的快速发展，这样的房价水平在中西部地区的县城具有普遍性。而以家庭劳动力务工为主要收入来源的农民家庭，大部分农民家庭经济积累也只能支持在县城购买一套商品房，城镇有限的居住空间并不能满足全家进城居住的需要。在农村调研中农村老年人普遍表示"不愿意进城和子女们挤在一起"，在城镇有限的居住空间中与子女一起生活，对缺乏经济独立能力的老年人是一种挤压。这种源于家庭政治的心理负担，远比生活习惯上的摩擦更加难以承受。在章县的一些住宅小区调研发现，进城农民原本购置的车库被改造成了住房，即便买了车也是停在小区的道路旁。比如章县的得利小区就有近 1/3 的车库被改造成了住房。对于进城农民来说，车库改造成住房主要是为了满足家庭成员的居住需要，尤其是老年家庭成员的居住需要。这样既能满足进城农民家庭代际的沟通和生活照料，也不至于挤在同一个居住空间中造成家庭成员间的摩擦。而购买车库只要几万元，远比再购置一套商品房便宜得多，大部分农民家庭的经济能力承担不起购置二套房的负担，但是购置一间车库还在经济能力范围内。

案例 5—1：QXM，女，76 岁，章县茅村人。老伴去世几年了，两个儿子都进城了，孙子也都成家了。大儿子、二儿子都在城里买了房，家里也有楼，都让自己去城里住，他们还把车库装修了来住人。不想去，去哪一家都是住车库，车库装修得再漂亮那也是车库不是房子，不乐意跟他们住。在农村好，两个儿子的大房子想住哪就住哪，还能串门聊天，只要还能干活就愿意住在村里。（章县茅村农民访谈）

经过农民家庭长期务工和务农的经济积累，在家乡城镇购买一套商品房尚在大部分农民经济承受能力范围内。但是由于家乡城镇不稳定和不充分的就业，使得大部分进城农民缺乏支撑更多家庭成员进城生活可持续的经济收入能力。相对于城镇稳定就业而实现的就业和生活一体的城镇化，大部分农民家庭由于缺乏在家乡城镇的稳定就业，而需要家庭主要劳动力继续外出务工来支持其他家庭成员的城镇生活。对于较大一部分进城农民来说，其进城居住生活主要不是就业拉动的，而是为了实现家庭再生产和发展的整体性目标。通过进城获得城镇优质的教育等公共服务资源，来满足整个家庭对未来发展的预期。

在中西部消费性为主的县城，农民进城居住生活主要是为了分享优质的城市公共服务资源。正如上文所述，农民城镇生活的主要模式是陪读，对于大部分进城农民来说，县城主要是一种生活消费和公共服务的空间。由于陪读是城镇生活的主要内容，县城陪读生活的消费性特征增加了农民家庭城镇生活的经济负担，家庭主要劳动力需要继续外出务工来支持城镇陪读生活，而县城居住生活的主体则是中老年的家庭辅助劳动力。因此，在中西部县域城镇化的实践秩序中，大部分进城农民家庭依然具有就业和居住生活空间分离的特征。

（三）农村的自主养老

中国快速的城镇化发展进程中伴随着人口老龄化的加剧，并且具有"未富先老，未备先老"的突出特征①。尤其是在农民加速向城镇转移的背景下，处在城镇化进程中的一定时期内，农村人口老龄化的严重程度要高于城市人口老龄化程度②。人口结构老化和社会结构老化，使农村社会面临着双重老年化的问题③。转型社会中的农村双重老化问题，不仅带来了乡村社会的养老矛盾，也给农民城镇化进程带来了挑战，甚至因此带来了严重的"老年人危机"。在中国未富先老和未备先老的情况下，国家和各级政府短期内还难以构建全覆盖、高水平的制度化养老保障。实际上农村老年人的养老，依然主

①　邬沧萍：《积极应对人口老龄化理论诠释》，《老龄科学研究》2013年第1期。

②　杜鹏、王武林：《论人口老龄化程度城乡差异的转变》，《人口研究》2010年第2期。

③　陆益龙：《后乡土中国》，商务印书馆2017年版，第184页。

要由农民家庭来承担，家庭养老是农村主导的养老模式，这与中国家本位的文化传统以及"付出反馈"型代际关系模式①的延续是相符合的。

城镇化给农民的家庭养老带来的冲击主要体现在以下几个方面。其一，城镇化带来的农民家庭资源的压力，挤压了老年人养老的经济空间。在城镇化作为实现农民家庭再生产和发展的必要条件的情况下，随之而来的进城购房和生活无疑增加了农民家庭经济的负担，需要集中家庭资源来支持城镇化进程。然而，随着家庭结构中老年人的老化，他们不再继续承担家庭经济生产的责任，而成为家庭中的主要消费者，在家庭资源配置中与城镇化的消费压力产生矛盾。在农民家庭经济能力有限的情况下，城镇化对家庭资源集聚的要求，无疑挤压了老年人养老的经济空间。其二，城镇化带来了农民家庭就业、居住生活和养老空间的分离，农村老年人养老的日常照料等家庭支持缺位。在农民家庭无力承担全部家庭成员同时进城居住生活的现实约束下，不再作为家庭主要劳动者的老年人进城生活会进一步加剧城市生活的经济压力。在一般农民家庭的城镇化实践中，失去经济收入能力的老年人除非能够承担陪读照料的任务，否则一般情况下都会留在农村进行养老。由于家庭中的中青年劳动力或者低龄老人，要么继续外出务工承担家庭经济来源和积累的主要任务，要么进城承担城镇陪读照料家庭的责任。因此在农民进城的背景下，农村"留守老人"群体有进一步高龄化的趋势。最后，老年人养老还有重要的精神养老面向，而家庭成员的离散化给老年人的精神养老造成了冲击。在家庭成员流动性增强和城乡分割的情况下，老年人享受"天伦之乐"和家庭团圆的机会也在减少，农村老年人精神养老的家庭支持减弱。因此，在家庭养老依然占据农村养老主导地位的情况下，城镇化对农村老年人带来的养老冲击，主要体现在乡村家庭能够为老年人提供的支持，如经济支持、社会支持、精神支持等，实际上有进一步减少或者

---

① 费孝通：《家庭结构变动中的老年赡养问题——再论中国家庭结构的变动》，《北京大学学报》（哲学社会科学版）1983 年第 3 期。

削弱的趋势①。

农村老年人的养老在制度和家庭双重约束下，面对城镇化带来的冲击，实际上农村老年人自主承担的自我养老十分普遍。农村老年人依托乡村社会空间进行的自主养老，一方面避免了在家庭资源有限的情况下，老年人进城带来的居住空间、经济和心理的多重挤压。另一方面，嵌入在乡村社会中的老年人养老，一定程度上也弥补了家庭养老的弱化。

当前农村老年人自主养老的经济支持主要有家庭、国家以及农村的"老人农业"②经营模式。随着国家经济实力的增强，对农村养老保障的制度化建设不断完善，经济保障水平也不断提高，对于国家每月给发的100多元的"养老金"，农村老年人都十分满意，给农村老年人的日常养老生活提供了必要的支持。在章县农村调研中，老年人认为国家给予的养老支持发挥了重要作用，"国家顶半个儿子，儿子还不能保证每月按时给钱"。进城购房和居住生活，普遍增加了农民家庭的经济负担，对于大部分农民家庭而言，家庭经济的积累能力勉强维持城镇生活，给予老年人高水平的养老支持则会力不从心。调查发现，农民家庭中的低龄老人普遍并不依赖子女的经济支持生活，他们还有一定的劳动能力，甚至还能给子女提供直接或者间接的支持，这也是农村老年人"老有所为"的重要价值来源。在农村劳动力流出的背景下，老年人成为农业生产的重要主体，"老人农业"是当前农业经营的主要模式之一。农村社会普遍存在的老人农业，不但承担着农业生产任务，更是支持农村老年人自主养老的物质保障。虽然当前大部分农民家庭形成了以务工为主的劳动力就业和经济收入结构，农业生产和收入在家庭经济结构中的地位极大地降低了。但是对于自主养老的农村老年人来说，农业生产构成他们日常生活的主要经济来源，赋予老年生活以劳动价值的意义。

① 张友琴：《城市化与农村老年人的家庭支持——厦门市个案的再研究》，《社会学研究》2002 年第 5 期。

② 贺雪峰：《老人农业：留守村中的"半耕"模式》，《国家治理》2015 年第 30 期。

案例5—2：CDG，68岁，章县冠村人。儿子女儿都进城了，买了房子在城里住，都要把我们老两口接过去跟他们住，自己不乐意去。去城里啥也干不了就是个闲人，只能在家里坐着连串门玩的地方都没有，还遭人嫌。没有农村自在，想去哪里就去哪里。儿子在城里生活也不容易，一家四口住100平方米的房子，两个老人再过去就得挤着住，时间长了容易闹矛盾。农村的大房子住着很宽敞，还有几亩田，种了果树和蔬菜，吃不完卖点够自己养老了，不用儿子负担。经常还能给他们送点蔬菜、米和油过去，有时候不愿意去就花5块钱让公交车带过去，自己种的东西比城里买的好吃。老人能动都不愿意去城里住，还是在农村好，有吃有喝还有新鲜空气，啥时候不能动了再考虑去孩子那。（章县冠村农民访谈）

农村老年人的自主养老嵌入在乡村熟人社会之中。虽然农村人口的流动性极大地增强了，但是乡土熟人社会的底色并没有消失，尤其是由老年人作为主体的农村社会，邻里互助，相互守望扶持的社会关联网络依然延续，乡土熟人社会给予农村老年人养老提供了自主生活的空间。相对于城市陌生人的环境，以及狭窄的生活空间，农村生活是自由和宽松的。不论从老年人个体的生活习惯还是社会交往关系上来看，老年人更喜欢农村的养老环境，而不是在还能够自理的情况下进城和子女一起生活，在老人看来，住在城市商品房里"像坐牢一样"。正是通过和土地和村庄熟人社会的结合，给老年人的自主养老提供了"低消费高福利"的场所。尤其是在国家乡村振兴加强农村基础设施建设和公共文化建设的背景下，村庄熟人社会更是老年人应对城镇化变迁的理想养老场所。农村熟人社会中的自主养老，应对了养老保障制度的不健全和家庭养老的弱化困境，有效支持了农民家庭的城镇化进程。

二 农民家庭的"三栖"模式：拆分型家庭的结构特征

"落脚县城"的农民城镇化实践，不仅带来了农民生活空间向城市转移，而且重构了农民家庭结构特征。生产生活与家庭再生产的空间分离，既是由乡入城带来的农民家庭结构转型的空间特征，同时也是城镇化对农民家庭结构重塑的内在机制。由于大部分农户选择家乡县城作为城镇化的落脚之地，但是消费型的中西部农业县，在满足进城农民对公共服务和消费需求的同时，却因为缺乏产业基础难以满足进城农民稳定就业的需要。这样一来，消费型县城只能满足农民家庭的部分功能性需求，却难以完全承担起进城农民家庭再生产的全部功能。农民家庭结构和家庭功能因应城镇化需求而做出调整，作为家庭主要功能的生产、生活和养老等，面临着在城乡空间结构中的重新安排。

首先，作为农民家庭生计和经济积累主要来源的青壮年劳动力非农就业，进城农民家庭的就业空间主要集中在全国劳动力市场核心区域的东南沿海发达地区。在全国统一的劳动力市场已经形成的背景下，农村的小农经济不再作为农民家庭的主要生计来源，而中西部县城的非正规就业和较低的工资收入，也难以满足青壮年劳动力的就业需求。在城镇化的经济压力和寻求家庭发展的经济理性下，农民家庭劳动力分工模式和就业结构发生调整。家庭中的青年夫妻，作为家庭中的主要劳动力和生产单元，承担起获得家庭经济收入和家庭资源积累的功能。以此充分释放家庭中的青壮年劳动力进入劳动力市场就业，通过外出打工获得家庭主要收入来源。

其次，家庭生活和消费单元在空间上向城镇转移，在实践中以城市陪读生活的形式呈现出来。在家乡县城购房的农户，为了满足教育和生活等功能性需求，需要将家庭生活重心向县城转移，家庭的照料等功能主要由作为家庭辅助劳动力的中老年人来承担。教育作为当前普通农民进城的主要原因，县城生活的主要内容之一就是照顾小孩读书。由中老年辅助劳动力承担的城市陪读生活，成为城镇化进程中农民家庭的主要生活单元和消费单元。随着农民生活由乡入城的普遍化，农民家庭生活空间也向家乡中小城镇转移。家庭生活重心向城镇的转移，使农民家庭生活空间脱离农村小农经济的生产体系，同时也远离东南沿海的务工地，而中小城镇又无法完全承担进城劳动力就业需求。因此，农民家庭生产空间和生活空间的分离，既是农民家庭理性的策略性选择，也是落脚县城的农民城镇化实践的客观结果。

最后，作为家庭再生产过程和主要功能的老年人养老，面临着城镇化带来的家庭经济挤压和空间排斥，农村熟人社会和小农经济继续承担着老年人养老保障的作用。在养老制度尚不完善的情况下，农村老年人养老功能主要由家庭来承担。但是由于家庭城镇化的发展性需求，使家庭资源向进城目标的实现倾斜，因此挤压了老年人养老的经济空间，农村老年人养老模式发生转型。当前，大部分农民家庭并不具备一次性实现城镇化目标的经济能力，难以满足老年人进城养老的功能需求，因此农民家庭的主要养老空间依然在农村，以此减轻城镇化的经济压力。县域城镇化的快速发展，使一部分农村低龄老人进城陪读而暂时离开农村，但是并没有完全改变农村高龄老人的留守现象。

以上分别从农民城镇化过程中，农民家庭的就业、居住生活和养老等功能性单元及其结构调试，分析了农民家庭在县域城镇化实践过程中形成的"拆分型家庭"结构及其特征。大部分农民家庭在城镇化过程中，形成了家庭年轻劳动力外出务工获得家庭主要经济收入，承担家庭经济积累的任务。而中年人或者低龄老人作为家庭的辅助劳动力在村务农或者进城陪读，承担家庭照料并通过县域非正规就业获得家庭经济的补充性收入。老年人已经退出劳动力市场不再承担家庭经济生产的任务，进入养老阶段作为家庭的消费主体，在农村居住生活不但减轻了家庭城镇化的负担，也为老年人提供了自主养老的广阔空间。从农民城镇化实践和家庭功能的角度讲，这种家庭拆分模式是实现家庭利益最大化的理性选择。但是一旦家庭结构的完整性被打破，就会改变家庭的分工模式，甚至影响家庭经济积累和城镇化能力的提高。比如，一部分家庭中由于缺少尚有劳动能力的低龄老人承担家庭照料的功能，造成了家庭结构的缺失，这样就必须要年轻夫妻的一方或者双方回归家庭照料小孩，影响了他们的外出务工和家庭劳动力的释放，这样的家庭在城镇生活的压力就会加大。城镇化进程中，农民家庭的"两栖"或者"三栖"模式，是拆分型家庭的主要表征，已经成为当前农民家庭应对城镇化的普遍家庭结构特征和家庭再生产策略。

表 5 – 1　　　　**章县张村农民进城购房农户及家庭结构特征**

农户类型	进城购房户数	劳动力就业模式	居住生活模式	养老模式	所处城镇化阶段
离农户	10	主要劳动力在体制内就业或者经商创业成功家庭，完全脱离农村和土地	全家在购房地城镇或者外地城市居住生活	城市养老	完全城镇化
半离农户	16	在购房地城镇长期务工或者经商创业农户，脱离土地和农业生产	家庭主要劳动力在城镇就业和生活，部分家庭成员在农村生活，城乡"两栖"以城镇居住生活为主	农村养老	城镇化过程中的深度参与阶段
半工半耕农户	34	家庭主要劳动力以外出务工为主，或者在购房地城镇非正规就业，同时家庭辅助劳动力从事农业生产，对农村和土地有依赖	就业和生活空间的分离，呈现出城乡"两栖"或者外地城市、本地城镇和农村的"三栖"模式，购房地城镇生活主要是为了陪读	农村养老	城镇化过程中的深度参与阶段
纯农户	4	土地流转中形成的适度规模经营农户和以土地为生的贫弱农户	农村居住生活和务农，购房主要是为了将来小孩读书或者子女结婚需要	农村养老	城镇化起步阶段
合计	64				

　　注：本表根据章县北镇张村驻村调研中农户统计情况绘制，村庄中未购房农户不在统计中，纯农户中的购房户主要是具有一定经济能力的适度规模经营农户，而纯农户中的贫弱阶层因缺乏购房能力未购房在表中没有显示。

　　笔者在章县丰镇的茅村、南镇的冠村等村庄调研统计农户的家庭结构，与表 5 – 1 中张村的农户状况具有一致性，进城农户以半工半耕农户为主体。在中西部农业型地区，绝大部分进城农民家庭对农村和土地依然具有依赖性。农民虽然进城购房了，但是绝大部分进城农户并没有完全脱离农村和土地，同时依靠城市的务工经商收入为家庭主要经济来源，在就业、居住和养老等方面呈现出"拆分型家庭"的结构特征。打工地城市、家乡中小城镇和农村的"三栖"模式十分普遍，这既是农民家庭应对城镇化压力和风险调试的结果，也体现出农民家庭的弹性和韧性。

<h2 style="text-align:center">第三节　半城半乡：农民家庭对城乡
社会系统的双重嵌入</h2>

　　处于快速城镇化转型中的农民家庭，既有进城寻求家庭发展的强烈需求，同时也面临着由乡入城所带来的家庭生计和家庭再生产的风险与压力，这是当前转型期农民家庭所面临的主要问题。农民家庭应对城镇化和家庭转型需要，而能动地做出的主动适应调整，呈现出拆分型家庭的实践策略。面对落脚县城带来的就业压力和生计风险，农民家庭通过家庭内部的分化与整合机制，在家庭劳动力分工、家庭资源配置中做出适应性调整，以保障家庭再生产和城镇化实践的有序性。在农民家庭转型和城镇化实践中，呈现了"半城半乡"的参与模式和实践机制，具体表现为农民家庭分化与整合的运作模式，使农民家庭转型实践和城镇化实践有机关联起来。家庭的分与合，是城镇化进程中农民家庭自主性和能动性的表达。在应对城镇化压力和风险的实践中，分是为了更好地形成家庭合力，增强家庭发展能力，并最终指向实现城镇化的家庭发展目标。

一　"半城半乡"的实践内涵

　　农民家庭对城镇化的参与，既难以一次性实现全部家庭成员的完全城市化，也不是单向度的乡城迁移，而是呈现出城乡之间双向互动的"半城半乡"特征。不同于城市中心主义和市民化视角下的农民工"半城市化"研究，"半城半乡"是基于农民主体实践的城镇化参与模式和实践机制，既是对农民主体性的回归，也纳入农民家庭和农村社会变迁的整体性视角。农民走出乡土社会参与城镇化的过程中，所呈现的"半城半乡"状态，也是体现农民家庭能动性的城镇化实践机制，是在中国城乡二元结构的约束下，农民家庭理性决策的结果。城市社会系统遵循市场化组织体系，是现代社会的重要标志，而农村社会系统是以自给自足的小农经济为基础的传统生活体系。乡土社会向现代城市社会的变迁，既是现代化的主要内容，也是重要转型过程。在"农民中国"的现代化进程中，中国农民家庭走出乡土社会，同时又难以短时期内实现完全城市化。对城市社会系统和农村社会系统的双重嵌入性，既是中国城市化的过渡阶段，也是农民家庭能动性的实践策略。

首先，小农经济作为农民城镇化的经济起点，进城农民在城市实现稳定就业之前，农村小农经济继续发挥着城镇化进程中农民生计保障和经济支持的功能，这是"半城半乡"的重要经济内涵。在打工经济背景下形成的农民家庭"半工半耕"的劳动力分工结构和生计模式，是农民家庭应对市场化冲击所形成的一种稳定的经济结构。随着农民家庭对城镇化参与程度的加深，小农经济的"半耕"部分在农民家庭经济结构中的比重逐步降低。但是县域城镇化的实践中，受到中小城镇产业结构和农民家庭劳动力素质的制约，进城农民普遍面临着就业不稳定和不充分的困境。面对不稳定就业带来的城市生活和家庭生计可持续性风险，对于城镇化进程中的农民家庭而言，农村小农经济虽然已经在家庭经济结构中退居次要地位，但是绝非可有可无。小农经济作为农民家庭经济中最稳定的部分，可以有效应对城镇化过程中面临的市场化就业风险。在农民家庭实现完全城镇化之前，小农经济仍然发挥着生计保障和经济支持的作用。

其次，"半城半乡"作为一种农民城镇化参与的时空秩序，这种空间特征具有重要的社会属性。城乡空间的社会性通常与行动者空间流动与社会分化具有相关性[1]。在农民流动和分化的背景下，农民家庭资源禀赋及其城镇化能力存在明显差异，这也决定了农民城镇化实践的时空特征并不是均质的。在流动的社会环境中，农民流动和分化已成为不可逆的时代趋势。在农民的进城实践中，农村各阶层对城镇化参与的时空秩序呈现出不同的特征和类型，这种时空秩序依据农民立足城镇生活的能力和脱离农村的程度进行划分，与当前农村阶层分化秩序具有一致性。概言之，在农民分化和城镇化参与秩序中，形成了离农户、半离农户、半工半耕户、纯农户等类型，这是韦伯意义上

---

① ［德］盖奥尔格·西美尔：《社会学：关于社会化形式的研究》，林荣远译，华夏出版社 2002 年版，第 461—511 页。

的"理想型"建构，更是分化背景下农民群体的城镇化实践类型。作为城镇化参与的主导群体，半工半耕农户在实现城镇化的社会流动过程中，其城市生活一方面需要农村经济的支持，与此同时，城市社会的融入也需要农村熟人社会关系的社会性支持，其城镇化秩序离不开农村社会系统的支持。从农村社会阶层分化的横向比较来看，由于各阶层农民家庭资源禀赋和城镇化能力的差异，使得他们对城镇社会系统的融入以及对农村社会系统的依赖程度存在差异，在城镇化的实践中所体现的城乡关系结构特征也不同。

最后，"半城半乡"的时空特征与农民家庭再生产和城镇化实践的周期性相契合。作为行动者的农民，通过对时空结构的控制，城乡关系的实践结构恰恰成了其可资利用的资源①，从而确保了农民城镇化参与的主体能动性，是农民家庭自主性的体现。农民选择落脚在以县城为主的家乡中小城镇实现城镇化目标，但是以生活消费和公共服务为主要特征的中西部城镇，难以在单一的城镇空间内部保障进城农民的稳定充分就业，更无法承担大部分农民在城镇中完成家庭再生产的任务。中西部城镇生产性不足的特征，难以作为完全的农民家庭再生产的空间场所。因此对大部分农民来说无法实现全部家庭成员的一次性进城，无法保障城镇就业和生活的稳定，以及家庭再生产的安全。出于城镇生活压力和家庭再生产风险的考虑，从农民进城过程和家庭再生产的历时态来看，大部分农民的城镇化实践和家庭再生产，是一个逐渐从农村空间向城镇空间转移的过程。一部分家庭资源禀赋较好，在城镇实现稳定就业具有较高收入的农村上层农户，已经具备在城镇体面安居的条件，他们率先从农村社会系统"脱钩"出来，进入并融入城市社会系统，成为实质意义上的城镇居民。但是对于大部分普通农户来说，在家乡城镇缺乏稳定的就业和收入，虽然一部分人在城镇买房，但是并不能满足全部家庭成员在城镇体面安居的经济条件，必须一部分家庭成员继续留在村庄，呈现出"半城半乡"的过渡状态。农民家庭根据自身的资源禀赋和家庭再生产周期性特征，

---

① ［法］皮埃尔·布尔迪厄：《实践理论大纲》，高振华、李思宇译，中国人民大学出版社 2007 年版，第 32 页。

来灵活决定什么时候进城和留村，以及家庭成员向城镇转移进度，并通过家庭资源的逐步积累，直至最终实现全部家庭成员进城的目标。

"半城半乡"作为农民家庭参与城镇化进程的实践机制。农民家庭通过家庭劳动力的分工与合作的分合机制，对家庭资源和城乡结构资源进行调控，发挥农村社会系统对农民城镇化的支持作用，以此来保障农民城镇化实践的有序性。农民的城镇化实践，就是要实现劳动力的市场化就业转型以及对农村和土地的脱离。但是中国农民的城镇化转型，并不是像西方资本主义社会自由经济背景下的"无产化"过程。中国农民城镇化实践的主体性，主要体现在其对自身劳动力和土地资源的自主性支配方面，农民进入市场和城市并不是完全的无产化，而是有产化或者"半无产化"①的参与主体。在城镇化进程中，农民对劳动力和土地资源的自主调控能力，通过家庭的劳动力的城乡、工农分工与合作来实现。这是由农民家庭作为城镇化的基本行动单位决定的，与西方现代化进程中的个体主义行动者的预设有本质性差异。以家庭为单位的农民城镇化实践，通过家庭劳动力的工农分工和城乡分工，实现家庭劳动力和资源的动员，并最大限度地调用城乡可资利用的各种资源，来支持整个家庭城镇化的顺利实现。从农民家庭代际和城乡之间分工与合力的角度，通过"半城半乡"的实践机制，既实现了农民家庭最大限度地积累资源应对城镇化的经济压力，同时也保障了农村社会系统对城镇生活的支持，以此增强农民应对城镇化风险的能力。

二 家庭劳动力城乡分工与农民家庭生计可持续性

农村劳动力流动和县域城镇化实践，促进了农村劳动力就业的多元化，家庭生产单位内部劳动力结构发生分化。这种分化主要是就业方式上的农业劳动与非农就业的分化，也即小农经济生产方式和市场化劳动的分化，体现为农民家庭内部劳动力在就业方式和就业空间上的代际分化。面对县城不充分就业的压力，农民家庭通过家庭劳动力

---

① 张慧鹏：《现代农业分工体系与小农户的半无产化——马克思主义小农经济理论再认识》，《中国农业大学学报》（社会科学版）2019 年第 1 期。

分工结构的重新调整，来应对落脚县城带来的生计可持续性风险。城镇化过程中，农民家庭劳动力的分化与分工主要体现在代际之间。作为家庭主要劳动力的青壮年，通过进城务工实现在城市劳动力市场中的非农就业转型，而被劳动力市场排斥的老年劳动力留守农村，作为家庭辅助劳动力继续从事农业生产并承担家庭照料的任务。在农民就业分化背景下，农民家庭通过"主辅结合"与"工农互补"的家庭劳动力分工模式，维系着落脚县城之后家庭生计的可持续性。

农民家庭转型和家庭再生产的基础，在于家庭生计的转型以及家庭资源的积累和再生产。传统农业社会中劳动力和土地相结合的家庭生计和经济再生产模式，转变为城镇化进程中劳动力和市场相结合的家庭生计和经济再生产模式。家庭生计的转型，带来了农民家庭劳动力分工和家庭结构的适应性调整，以此来应对城镇化带来的生计和家庭再生产的经济压力和风险。

劳动力和土地的结合，是传统农业社会中农民生计的主要方式，农业生产收入是农民家庭生活和再生产的经济基础。但是在城镇化进程中，农民进入城市市场环境的程度不断加深，一方面农民与土地的结合程度降低；另一方面劳动力与市场相结合的工资性就业，成为农民就业和家庭经济收入的主要方式。落脚县城之后，农民城镇生活成本和家庭再生产压力增加，对农民家庭经济收入和积累能力提出了更高的要求。然而单一的农业生产，或者单一的中小城镇非正规且不充分就业，并不能满足城镇生活和家庭再生产对家庭资源积累的高要求。这就必然要求农民家庭从劳动力就业和经济来源上，增强家庭经济收入和积累的能力。农民通过家庭劳动力的分工，并且最大程度地进入劳动力市场的多元化就业方式，实现家庭生计的多样化和家庭经济收入的最大化，通过家庭生计来源的多元化降低城镇化的经济压力和生计风险。

劳动力市场化给劳动力的分工创造了基础性条件，农村劳动力参与市场分工的程度日益加深。但是对于中国农民来说，农村劳动力参与劳动力市场的分工体系中，不仅作为劳动力市场的个体劳动者参与精细化分工，同时更是家庭中的一员，承担着家庭劳动力的分工责任，服从于家庭劳动力结构和整体性家庭目标的调配。农民家庭作为基本的经济单位，其内部劳动力的分工，服务于家庭生计可持续的整体性经济目标。

　　农民家庭劳动力存在性别分化和代际分化，在农民家庭劳动力分工结构和生计转型秩序中，呈现出"主要劳动力＋辅助劳动力"的分工模式。传统农业生产中"男耕女织"农业和家庭副业相结合的分工模式，随着农村劳动力市场化和非农就业程度的提高，农民家庭中的青年女性劳动力也进入劳动力市场实现非农就业，成为农民家庭中的主要劳动力之一。传统以性别分工为主的劳动方式，在劳动力市场化程度提高之后，逐渐转向以代际分工为主的家庭劳动力就业和分工模式，形成了以代际分工为基础的半工半耕农民家庭劳动力分工结构和生计模式。农民就业非农化和市场化程度提高的情况下，农民家庭中的青壮年劳动力作为主要劳动力，通过外出务工承担家庭经济主要来源的任务。而老年劳动力由于被全国统一的劳动力市场排斥，回归家庭和农村，作为家庭的辅助劳动力，继续通过务农或者在家乡从事灵活就业，作为家庭经济来源的重要补充。正是由于存在家庭内部劳动力的代际分工，农民就业虽然已经实现了以非农就业为主的结构，但是就整个家庭而言，并没有完全脱离土地和农业生产。这种家庭劳动力"主辅结合"与"工农互补"的分工和就业模式，实现了农民家庭劳动力就业和经济来源的多元化，增强了家庭经济的积累能力和应对非农就业风险的能力，维持了家庭生计的可持续性。

　　当前大量的农村居民在家乡县城购房，并且实现了部分家庭成员进入县城居住、生活和就业，农民家庭对城镇化的参与程度不断加深。但是像章县这样，工商业经济基础薄弱以消费性为主要特征的中西部县城，对进城农民的非农就业吸纳能力有限，大量农民只能在县域内从事非正规就业，工资收入难以保障全部家庭成员在城镇体面生活。对于大部分进城农民家庭来说，家乡县城的非农就业机会和工资水平难以满足青年劳动力的就业需求。作为家庭主要劳动力的青年人依然要继续外出务工，以此来提供家庭主要经济收入来源，承担着家庭经济积累的主要任务。作为家庭辅助劳动力的老年人，要么在城镇生活从事非正规的灵活就业，要么继续在家务农，更多地承担起日常性的家庭照料责任，并提供相应的经济补充。在农村阶层分化和农民城镇化实践秩序中，只有少量体制内就业或者经商创业成功的农民家庭，才能实现全部家庭成员体面安居城市，逐渐摆脱对农村和土地的依赖。大部分农民虽然进城购房或者一部分家庭成员进城居住生活了，但是其家庭成员就业和家庭经济收入，依然离不开外出务工或者在村务农。从章县进城农民的城市就业和生活状况来看，县城非正规就业只能作为一部分家庭成员的就业或者家庭经济收入的补充，县城生活需要外出打工和农村小农经济的支持。

案例5—3：LY，56岁，儿子34岁，孙子读小学，孙女读幼儿园。LY家里2013年在县城买了一套商品房，装修之后就住进了县城，主要是为了孙子读书方便。进县城之后LY继续在农村种植管理果树，老伴进城照顾孙子孙女读书，自己也偶尔在县城找些零工干，但是不经常。儿子和儿媳两个人还是跟原来一样到广东打工，在县城找不到合适的工作，儿媳妇今年上半年本来打算回家来工作，在县城美容店找了份工作，但是一个月只有2000多元，干了2个月又到广东去打工了。年轻人在外面打工，工资要比家里高很多，县城的工作少工资也不高，还经常没活干，只能闲着，年轻人待不下来。老人照顾家庭为主还可以，就是老伴进城照顾孙子孙女，"儿子结婚、孙子读书进城了，我们老人也分居了"。（章县张村农民访谈）

案例5—4：HX，女，43岁。2015年在县城买房，主要是为了小孩上学。买房之后夫妻俩继续外出打工，婆婆照顾小孩在县城读书，公公在家种田。2018年公公得病去世，两个小孩一个上高中，一个上初中，婆婆年纪大也带不了了，于是老公继续外出打工，自己回到县城一边做点零工一边带两个小孩读书。在县城找不到工作只能做些杂工，农忙时回家帮婆婆种田，农村到了收果季节也会去做分果和包装工，这些工作都不经常，只能补贴家用。（章县进城农民访谈）

在农民家庭的劳动力分工结构调整中，作为家庭主要劳动力的青年人外出务工获得家庭主要收入来源，作为辅助劳动力的老年人留在家乡县城或者农村，从事非正规就业或者务农获得家庭的补充性收入，维持了进城农民家庭经济的可持续性。这种"半城半乡"的家庭劳动力分工和生计策略，在当前的中西部农民家庭分工和就业结构中具有一定的典型性和普遍性。正是通过农民家庭劳动力的主辅结合，以及城乡和工农分工，大部分进城农民家庭实现了多元化就业，增强了家庭经济积累能力，有效支持了农民家庭的城镇化进程。

三　代际间城乡合力的家庭劳动力再生产

在城市完成家庭劳动力的再生产，是农民城镇化的主要目标，而这一目标的完成需要家庭合力，有效发挥城乡社会系统的互补和支持作用。家庭资源的积累和流动是家庭再生产的基本方式，并通过伦理性的代际关系实践得以达成。在农业社会中传统家庭再生产模式，家庭财产的代际传递主要通过分家析产和家产继承的方式进行，家庭财产的流动和继承具有浓厚的伦理性，家产的继承伴随着家长权威的转移和家庭继替的完成。但是随着城镇化带来的家庭经济压力的增加，农民家庭资源流动和转移与家庭继替的周期不再吻合，家庭资源的代际流动根据家庭城镇化的需求，变得更加具有实践性和功能性。

农民在以县城为主的家乡中小城镇购房，并逐渐把生产生活重心向城镇转移，形成了中西部农业型地区的县域城镇化发展模式。在中西部县城缺乏有效的非农就业吸纳，并且进城农民普遍缺乏制度化保障的情况下，农民进城购房和居住生活所带来的购房成本、生活成本等，只能由农民家庭内部消化。城镇化成本的农民家庭内部化，尤其是一次性购房成本和城市日常生活成本上升，增加了农民城镇化的成本负担，对农民家庭的资源整合能力提出了更高的要求。在当前中西部农民县域城镇化实践中，形成了以县城为中心的家庭资源汇聚机制，以此整合有限的家庭资源，支持城镇化这一主要家庭目标的达成。家庭资源向县城的汇聚，主要通过伦理性的代际关系实践和代际合力的方式达成，这是城镇化成本农民家庭内部化的有效应对机制。

首先是购房压力的代际合力与成本共担。传统的外出务工模式下，农民进城主要是通过劳动力进入劳动力市场获得城市务工的收入，务工收入主要用于支持农村的体面生活和家庭再生产。农民对城镇化的参与程度加深的一个主要表现就是，越来越多的农民家庭进城购房，对于依靠打工和务农为主要收入来源的农民来说，家乡县城的购房成本无疑是一笔不小的投资。章县县城目前的商品房价格普遍在每平方米 5000 元到 7000 元之间，这样一套 100 平方米的普通商品房就要 50 万元到 70 万元。根据笔者在章县农村的调查，普通农民家庭通过务工和务农，户均收入普遍在 5 万元到 10 万元之间，这样的收入水平还是在家庭劳动力结构完整，并且不能遇到大的家庭意外和大笔开支的情况下实现的。如果在县城购买一套商品房，需要农民家庭 10 年甚至更长时间的积累。即便是现在可以按揭购房的情况下，对于缺乏稳定就业和收入来源的农民家庭来说，每月的按揭还款也是不小的负担，并且需要较长的还款周期。

案例 5—5：WK，30 岁。当时为了结婚在县城买了一套房子，父母帮忙付了十几万元首付，按揭父母也没有能力还，只能自己慢慢还，父母帮点忙。结婚之后自己还是到浙江打工，在县城找不到好工作，房子也没有人住，但是每月还房贷要 2000 多元。买的房子没有用，什么也不干每月还要开销 2000 多元，还有 2 岁多的小孩要养，经济压力蛮大的。父母年纪也大了种地也挣不了多少钱，有能力就帮点没能力也没办法，只能自己一步一步来。（章县茅村农民访谈）

进城购房的主体是年轻人，由于缺乏农村长期生活和务农的经历，他们对城市生活充满了美好想象，但是打工地的大城市购房不现实，因而农村青年人有较强的回到家乡县城购房的动力。但是刚刚步入社会不久并且主要靠务工谋生的年轻人，其经济积累能力无疑也是难以承担县城购房成本的。虽然有进城购房动力的主要是年轻人群体，但是在城镇化大潮的席卷下，进城更是整个家庭的目标。因此在城镇化实践中，进城购房的一次性开支主要是通过代际合力的方式实现的，甚至主要是作为父母的中年人一代承担的。一代人的经济收入能力负担城镇购房有不小的压力，通过代际合力以及较长时期的经济积累，很大一部分农民家庭已经具备了在城镇购房的经济能力。农村调研发现，农民家庭对城镇化普遍是有较长时期的准备阶段的，一般家庭会在孩子 10 岁以后就开始着手进行准备，努力积攒将来购房的资本，以备将来子女结婚、小孩教育等对进城购房的要求。

案例5—6：ZDQ，43 岁，儿子 17 岁，章县张村人。儿子读完初中就出去打工了，进厂打工没什么技术。三年前给儿子在县城买了一套房子，为结婚做准备，很快也到了结婚年龄，趁现在有钱早做准备。这两年挣的钱还准备在县城小区旁边买一栋商铺，问过价格了，大概要 18 万元。儿子没有技术将来进城没什么工作不行，买商铺以后可以做生意，不做生意也可以出租，还能有点收入。（章县张村农民访谈）

其次是城镇生活成本压力的家庭资源整合与代际支持机制。进城购房只是农民城镇化的起步阶段，很大一部分农民家庭通过长时期的家庭资源积累和代际合力，已经实现了在家乡县城购买商品房的目标。但是城市生活的市场化和货币化程度较高，农民进城生活与农村生活的低消费相比，生活成本压力有了很大的提高。根据笔者县城调研的统计，一个普通农民家庭的城市日常生活成本一个月要 2000 元以上。在中西部县城工商业经济发展水平普遍薄弱的情况下，在县城就业的一个完全劳动力的月工资水平在 2000—3000 元之间。在低工资水平和高消费水平的双重挤压下，县城生活的成本负担需要农民家庭有两个以上的主要劳动力进入劳动力市场获得工资收入，才能维持稳定的城镇生活。家庭劳动力结构和劳动力非农就业质量，决定了农民城镇化能力的差异，农民家庭整合资源的力度和模式有一定的阶层差异和群体差异。

农民城镇化能力与农民所处阶层结构中的位置相匹配，一般而言，在农村阶层分化结构中的层次越高，其城镇化的能力也越高，这主要是因为越是上层农户，其家庭经济积累能力越强。除了阶层结构以外，农民城镇化能力还与农民家庭结构特别是劳动力结构特征有关，这决定了农民家庭代际合力和代际支持的程度。同一阶层的农户其家庭劳动力数量越多、劳动力就业质量越好，意味着家庭经济收入能力和积累能力越强，相应的城镇化能力也越强。对于大部分普通农民家庭来说，由于家庭劳动力缺乏一定的技术水平和体制内就业机会，只能依靠务工收入维持生计。因此家庭劳动力的数量对于家庭经济积累能力就显得更为重要，这一特征尤其体现在占大多数的半工半耕农户中。在城镇化和农民非农就业背景下，理想的家庭劳动力结构是两个年轻的主要劳动力加上两个中老年的辅助劳动力，是农民家庭劳动力分工结构的理想类型。在农民城镇化实践中，年轻夫妻作为家庭的主要劳动力通过务工获得家庭主要收入来源，而中老年夫妻从事农业生产或者非正规就业作为家庭经济的补充，同时承担起陪读等家庭日常照料责任。正是通过这样的家庭劳动力的代际分工与合力，增强了农民应对城镇化高成本的能力。一旦家庭结构出现残缺，比如中老年的家庭辅助劳动力缺失，就必须要年轻的夫妻一方回归家庭，就会丧失一个主要家庭劳动力在劳动力市场的收入。面对较高的城市生活成本，一个完全劳动力的收入能力只能勉强维持基本生活，限制了家庭对发展目标的追求。

案例5—7：ZWL，57岁。儿子一家结婚后去城里住，孙子孙女在县城读小学，老伴在城里帮他们带小孩，儿子媳妇在县城打工。自己不愿意去城里跟他们一起住，在家还能种田有收入。儿子媳妇在县城工资很低，能顾得了一家的生活就不错了，有时候自己种田、打零工的收入还会支持他们一些。父母年轻儿孙在城里的日子就好过些，能帮他们照顾小孩，他们就可以去打工，不用操心家里。没有老人帮忙年轻人在城里就很难，要照顾小孩就有一个人没法出去挣钱，日子就不好过。农村就是这样，家有一老如有一宝。（章县张村农民访谈）

案例5—8：HX，女，40岁，章县冠村人。两个小孩在县里读书，一个高中，一个初中。两年前在县城买了房子，自己在县里要照顾小孩没法外出，老公外出打工，小孩爷爷前几年得癌症去世了，奶奶年纪也大了带不了小孩，只能自己留在家里了。之前小孩爷爷奶奶能帮忙带小孩，夫妻俩打工还可以，现在自己出不去，在家里带小孩也没有收入了，只能找些零工挣个生活费都不够，没有老人帮忙在城里住经济压力挺大的。（章县冠村农民访谈）

半工半耕农户是当前中西部农业型地区县域城镇化的主要参与群

体，也是本书农民城镇化所指的主导群体。半工半耕农户在城镇化进程中呈现出就业、居住生活和养老的家庭分离状态。这种拆分型家庭模式既是外部城乡结构、市场结构制约的结果，更是农民家庭适应城镇化转型自主理性的策略选择。半工半耕农户的家庭资源禀赋和城镇化能力一般，以外出务工和农业生产为主要生计模式，家庭主要劳动力的务工也以非正规或者半正规就业形式为主，非农就业的稳定性较差。虽然经过长时期的家庭经济积累，也具备了进城购房的经济能力，但是这部分农户在购房之后往往家庭积蓄也已经差不多耗尽，有的甚至还要靠借贷才能买得起城市的商品房。大部分半工半耕农户进城购房主要是为了子女结婚、小孩教育等目的，由于中西部家乡县城很难找到适合他们的就业，或者县城就业的收入水平难以维持家庭的城镇生活开支。即便买了商品房这部分农户也有很大一部分不会进城居住，或者为了小孩的教育而让家庭辅助劳动力进城居住陪读。半工半耕农户进城购房和生产生活向城镇的转移并不是同步的，对于大部分农户来说，进城购房并没有实现家庭生产生活和劳动力再生产向城市的同步转移。

县域城镇化进程中，半工半耕农户的拆分型家庭劳动力再生产机制，最直接的体现是年轻人继续外出务工，中老年人进城陪读或者在村务农，老年人在农村养老的"两栖"或者"三栖"型家庭结构特征，这是中国农民家庭创造性地应对城镇化压力和风险的一种实践模式。外出务工的年轻人承担家庭主要经济来源和家庭经济积累的重任，他们进城务工的最主要目的是"进城挣钱"而不是融入打工城市，是依靠外出务工较高的收入来积累家庭在家乡城镇体面生活的资本。而中老年人的县城陪读生活是家庭的主要消费部分，承担着家庭将来通过教育等手段实现城市体面安居或者阶层向上流动的责任。作为家庭辅助劳动力的中老年人，在城镇陪读从事一些非正规的灵活就业或者农村务农，收入水平不高，勉强维持城镇生活开支甚至维持不了还需要外出打工的子女进行经济补贴。而老年人在农村养老，通过与小农经济相结合的自养方式减少家庭养老开支，直接或者间接支持子代的城镇化进程。

对于大部分进城农户，尤其是半工半耕农户来说，拆分型家庭模式是实现家庭内部资源和城乡资源整合的有效家庭策略，也是城乡结构约束下农民家庭自主性的主要表达方式。在拆分型家庭实践策略下，通过家庭内部劳动力的工农分工和城乡分工，同时实现了城市务工收入和农村务农收入。在农民家庭转型和城镇化进程中，传统农民家庭中代际关系的"付出—反馈"均衡模式，在城镇化压力下，家庭资源的配置和代际关系模式发生转变。对城镇化目标的追求，使得农民家庭内部代际关系的整合性更强，年轻人寻求家庭发展的压力传导到老年人，老年人通过小农经济和自我养老的方式，最大限度地向子代输送资源，支持子代实现城镇化目标。在家庭本位的伦理文化中，农民家庭通过"恩往下流"的代际伦理关系实践，实现了家庭内部和城乡间的资源整合。通过家庭劳动力分工，在大城市打工和农村务农获得家庭主要经济来源，支持家乡县城的消费生活，提高了农民家庭经济的积累能力和城镇生活适应能力。外出务工和农村务农，都是为了更好地支持城镇生活的展开以及将来体面安居的城镇化目标。家庭资源的获得、积累和配置，都是围绕整个家庭城镇化实践的有序性和城镇化目标的最终实现而存在的。

第四节　农民家庭的弹性与城乡关联

本章论述了城镇化进程中，中国农民家庭的适应策略和微观实践机制。农民城镇化以家庭为基本行动单位，对于大部分进城农民来说，拆分型家庭和"半城半乡"实践机制，保持了城乡之间的双向互动，保障了农民城镇化实践的有序性。农民对县域城镇化的参与实践中，一方面面临着高成本城镇生活的压力；另一方面也可能随时遭遇城市劳动力市场就业不稳定的风险。农民城镇化参与程度的加深，意味着其生产和生活卷入城市市场环境的程度极大地提高，而土地和劳动力是农民家庭得以就业和获得收入的基础，以及应对城镇化发展压力和风险的资本。在中西部县城就业不充分、不稳定的情况下，进城农民很难通过单一的城镇非正规就业和工资性收入，维持体面的城镇生活和家庭再生产秩序。

作为以家庭为单位的城镇化参与者，农民城镇化进程中普遍采取

"拆分型家庭"实践策略，以及"半城半乡"的参与模式和实践机制。这是农民应对城镇化生存压力和风险的自我调适，是农民自主决策的理性选择。正是在"半城半乡"和"拆分型家庭"的微观实践机制下，农民家庭通过内部劳动力的工农分工和城乡分工，既兼顾了务工和务农的就业和收入，同时也为进城和返乡提供了农村的后方保障。这也充分体现出农民家庭是一个有"高度弹性"的生产和再生产单位[1]，弹性家庭中主要劳动力和辅助劳动力的分工合作保持了紧密的城乡关联和互动，促进了家庭生计的多元化。基于弹性的家庭劳动力配置和家庭本位的文化价值观，建构了中国农民城镇化的"弹性家庭"和城乡关联机制，为农民的城镇化实践提供了弹性空间，在社会分化和城乡分化背景下实现了农民家庭有序转型。

　　不同于西方现代化理论及其发展主义进化观对个体理性化和家庭核心化的理论预设，中国农民家庭面对城镇化和家庭转型，依然保持着家庭整体观。在中国的现代化和城镇化进程中，并没有带来必然的劳动者个体化和家庭的核心化，而是"三代家庭"的延续[2]。在新时期农民城镇化进程中，有别于家庭核心化的新三代家庭结构也为研究者所关注[3]。这种家庭结构模式既是中国家本位文化传统的塑造，也是农民家庭作为城镇化主体行动者应对社会变迁的能动选择。在传统的家庭再生产模式中，家庭财产的积累和家庭继替，通过分家的方式来完成。分家析产是年青一代独立于父代的标志，并实现了家产的流动和传递[4]，分家体现的是一种"分中有继也有合"的过程和状态[5]。农民家庭作为整体的城镇化参与主体，虽然在实践中呈现出时空分离的"拆分型家庭"特征。但是在家庭整体性应对城镇化压

　　① ［美］黄宗智：《华北的小农经济与社会变迁》，中华书局 2000 年版，第 199—200 页。

　　② 黄宗智：《中国的现代家庭：来自经济史和法律史的视角》，《开放时代》2011 年第 5 期。

　　③ 张雪霖：《城市化背景下的农村新三代家庭结构分析》，《西北农林科技大学学报》（社会科学版）2015 年第 5 期。

　　④ 费孝通：《江村经济》，上海世纪出版集团 2007 年版，第 59 页。

　　⑤ 麻国庆：《分家：分中有继也有合——中国分家制度研究》，《中国社会科学》1999 年第 1 期。

力和风险的转型过程中，分而不分、不分而分的家庭结构性适应，反而更加紧密地使家庭内部代际间关联起来，家庭的时空边界虽然隔离了，但是家庭的财产边界反而模糊化。正如农村调研中农民所说的那样，"儿子有儿子的负担，不给儿子添麻烦，能帮还得帮一把""给儿子买房结婚进城，还要支持他们十年，他们立足了自己再考虑攒养老钱"。农民进城的过程也是家庭继替的再生产过程，一代家庭成员或者单一的城市空间难以满足家庭再生产有序进行的要求，而是要通过家庭的分工合作与代际接力来实现有序进城和家庭再生产。家庭的分合继替更加凸显以弹性家庭为单位的"拆分型家庭"的城镇化实践和城乡关联机制，符合农民对寻求家庭发展和规避城镇化风险的理性行动逻辑，对农民城镇化和家庭再生产的有序进行意义重大。

第六章　发展型家庭再生产与农民家庭的有序城镇化

由乡入城的城镇化实践，不仅在农民家庭生产生活层次，更在农民自我实现的伦理价值层次，实现了对传统乡土社会系统的突破，而与现代性的城市社会系统紧密关联。农民家庭转型作为社会现代化变迁的重要内容，以城镇化为载体的社会现代化变迁，使农民家庭的经济、劳动力和价值再生产，都已经超越于传统乡土社会而融入新的"城乡社会"系统中，重构了农民家庭再生产模式。在乡土社会向城乡社会转型的社会变迁背景下，走出乡土社会的农民对发展型家庭再生产目标的追求和秩序维系，是其基本的行为逻辑和价值指向，形塑了农民家庭的城镇化实践路径。作为家庭转型微观实践的农民家庭再生产路径及其实践秩序，是观察中国社会变迁和农民城镇化的窗口。

第一节　农民家庭转型秩序与渐进式城镇化实践路径

一　农民家庭转型路径与发展型家庭再生产模式转换

流动性和市场化促进了农民家庭转型，重构了农民家庭再生产秩序。在社会转型背景下，农民家庭再生产不仅是静态的家庭要素的再生产，更是农民家庭为适应家庭要素现代化变迁和追求新的整体性家庭目标的动态实践过程，并通过家庭转型路径和家庭再生产模式展现出来。家庭是社会的细胞，现代化进程中，农民家庭转型作为整体性社会变迁的重要内容，农民家庭转型动力和路径，是社会内在变迁的动力，遵循社会转型的路径。流动性和市场化作为社会转型的基本路径和内在驱动力，构建了农民家庭转型的基本路径，重构了农民家庭再生产模式。

首先，农村市场化转型和流动社会的到来，改变了农民家庭基本的生计模式和资源积累方式，重构了农民家庭经济再生产模式。在缺乏流动性的乡土社会中，农业生产是农民家庭生计的主要来源和家庭资源的积累方式。中国传统小农经济一直呈现出"过密化"的特征，依靠增加劳动力投入带来家庭收入增长的过密化经营方式，在劳动力边际收益递减的规律下，农民家庭经济始终面临"没有发展的增长"这一低水平循环的模式①。在过密化的小农经营模式下，农民家庭长期面临生存危机的威胁，家庭生计维持在糊口水平，家庭经济积累能力弱。在这种缺乏外部市场机会的传统农业社会中，农民经济行为及其家庭生计遵循生存性小农的行为逻辑和基本特征，缺乏发展机会以及冲破低水平循环寻求发展的内在动力。

市场化转型和流动社会的到来，打破了传统农村社会的封闭性和农业经营的过密化，农村和农业剩余劳动力获得向城市劳动力市场流动就业的机会。城市劳动力市场对农村剩余劳动力的吸纳，一方面促进了传统小农经济"去过密化"的发展趋势，另一方面释放了农村劳动力的活力，农民家庭生计来源的多元化增强了农民家庭经济积累能力。市场化进程的推进，加速了农村剩余劳动力向城市转移就业，由此也促进了农村土地流转市场的形成和发展。农村劳动力转移就业和土地流转市场的形成，缓解了农村人地关系紧张的状况。在农村土地流转过程中，形成了适度规模农业经营主体和经营模式，农村小农经济得以摆脱过密化和糊口农业的状态，赋予了小农经济发展的活力和空间。与此同时，农民家庭劳动力的市场化就业，促使农民家庭劳动力分工模式发生根本性转变。在市场化环境中，传统农业经营中的家庭劳动力模糊化分工变得日益精细起来。农民家庭通过青壮年劳动力进入城市劳动力务工市场非农就业，老年劳动力在农村从事农业生产的家庭劳动力代际分工的模式，形成了"半工半耕"的劳动力分工和家庭生计模式，以此充分释放家庭劳动力价值，实现家庭劳动力

---

① 黄宗智：《长江三角洲小农家庭与乡村发展》，法律出版社 2014 年版，第 107—112 页。

配置效率和家庭经济收益的最大化。在现代社会转型和发展进程中，传统以过密化小农经济为主要生计来源和家庭资源积累方式的农民家庭，获得了向城市劳动力市场流动和就业的机会。农村劳动力市场化流动，改变了农民家庭基本的生计结构模式，获得务工和务农两种生计来源，增加了农民家庭经济收入和积累能力，使农民家庭经济获得实质意义上的发展。

其次，城乡分化和农村社会阶层的分化重构了农民家庭劳动力和价值再生产模式，赋予农民家庭实现城市生活方式和向上层社会流动的劳动力和价值再生产目标。在市场化带来农村开放性和农民流动性增强的背景下，农民家庭生计多元化和家庭经济积累能力增强的同时，也加速了农民家庭的经济分化，促进了农村社会阶层分化结构的生成。在农民经济分化和农村社会分层秩序中，形成了离农户、半工半耕农户和纯农户等农村社会阶层主体和阶层结构特征，农村的阶层分化和社会结构重构，成为农村社会转型的基本路径。农民家庭转型嵌入农村社会分化结构中，分化和流动的乡村社会成为农民家庭转型实践和价值再生产的基本社会环境。

在伦理本位和家庭本位的传统乡土社会中，农民家庭的价值目标及其实现路径，主要通过村庄日常生活中过日子获得社会积极评价实现社会性价值，以及通过家庭绵延继替实现超越性和伦理性的本体性价值目标。传统社会中，农民自我价值的实现和家庭伦理价值再生产，融入自循环的乡村社会系统中。农民立足于村庄日常生活和生命绵延的价值实践，实现伦理性家庭的循环继替，维持着简单的家庭再生产模式。农村社会阶层分化和农民流动的社会转型背景下，农民家庭价值再生产的社会实践环境发生转变，赋予农民家庭价值追求以实现社会向上流动的内在动力和新的价值目标。农民社会性价值的实现难以通过村庄社会中过日子逻辑获得，在阶层分化结构中的竞争和阶层向上流动成为乡村社会舆论新的评价标准。在社会分化和竞争环境中，农民家庭绵延难以在封闭的乡村社会系统中完成，嵌入开放性的城乡社会系统中，农民走出乡土社会的流动性目标服务于农民家庭继替的本体性价值追求。农民家庭代际间的转换与劳动力再生产，不仅是伦理层次的传宗接代和家庭继替，同时也赋予农民家庭代际间社会流动和发展的价值目标。农村社会分化与阶层结构的形成，重构了农民家庭转型的价值目标，实现阶层结构位置的向上流动和家庭发展成为农民家庭劳动力再生产的新目标。

农民家庭转型建立在整体性社会变迁基础上，并体现为微观层次的农民家庭再生产模式的转换，以及家庭再生产路径的变化。在中国社会的现代化进程中，流动性和市场化一方面改变了农民家庭生计模式和家庭经济积累方式，另一方面带来了农民群体的分化，重构了农村阶层分化的社会结构。在流动性的社会变迁背景下，农民家庭生计的市场化转型增强了家庭经济积累能力，同时赋予农民家庭劳动力再生产中努力实现向上社会流动的伦理价值目标。寻求家庭发展成为农民家庭转型的整体性价值目标，并主导着农民家庭再生产实践。乡土社会的现代化变迁塑造了农民家庭的转型路径，促进了传统乡土社会"简单家庭再生产"模式，向转型社会中"发展型家庭再生产"模式的转换。"发展型家庭再生产"模式作为农民家庭适应社会现代化变迁的家庭转型实践形态，是城镇化进程中农民家庭的发展形态。

发展型家庭再生产模式和路径的形成，建立在流动性带来的农民家庭转型和对突破农村生活系统的社会变迁基础上。农民家庭经济发展和向上社会流动的再生产目标，共同指向了农民家庭走出乡土社会参与城镇化的具体实践中，寻求家庭发展的整体性价值目标融入实现城镇化的目标和行动之中。因此在整体性社会变迁过程中，农民家庭再生产路径和家庭再生产秩序，形塑了农民家庭的城镇化实践路径。

二 农民家庭再生产秩序与代际接力的渐进式城镇化路径

在分化和流动的社会变迁背景下，农民家庭再生产不仅体现为传宗接代意义上的家庭继替的伦理性目标，而且还要实现代际社会流动的家庭发展目标。农民家庭对实现城市生活方式和阶层向上流动的家庭再生产目标的追求，成为农民走出乡土社会参与城镇化进程的内在动力，是转型期农民家庭再生产的重要路径。这具体表现为农民家庭在城市体面生活，以及在城市完成家庭再生产目标的发展需求。农民城镇化实践嵌入在家庭转型实践和家庭再生产过程中。转型社会中农民家庭发展型再生产模式转换及其实践秩序，主要体现在城市生计的可持续性以及家庭代际间社会阶层的有序流动，与"农民家庭发展能力"之间的张力，形塑了农民城镇化的实践路径。

农民家庭对在城市体面生活和完成家庭再生产的目标追求及其实践过程，建立在家庭发展能力的基础上。走出乡土社会实现在城市体面生活和完成家庭再生产目标，对农民家庭经济积累能力提出了更高的要求。但是在我国当前经济社会发展阶段下，除了极少数城市稳定就业的农村精英阶层，普通进城农民家庭劳动力非正规就业方式，决定了转型社会中农民家庭经济积累的限度。在农民家庭资源普遍有限的情况下，城镇化过程中伴随着家庭再生产的经济压力和风险。维系城镇化进程中城市生活和家庭再生产秩序的稳定，必须在客观经济社会环境的约束下，充分发挥农民家庭的自主调节能力。作为整体性的家庭，在城镇化和家庭再生产的实践过程中，通过"半城半乡"的家庭劳动力的代际和城乡间的分工与合作模式，实现了家庭合力与代际支持。最大限度地提高家庭资源的积累与发展能力，循序渐进地实现城市体面生活和代际社会流动的再生产目标。这是农民家庭再生产秩序和城镇化过程稳定有序的家庭策略和实践路径。

农民的县域城镇化实践，造成了农民家庭再生产的空间分离，即农民城镇化行动同时嵌入农村社会系统和城市社会系统中。面对城镇化和家庭转型带来的冲击，农民家庭通过"半城半乡"的家庭策略和实践机制，来维系家庭再生产秩序。"半城半乡"作为农民家庭城镇化实践模式，通过家庭劳动力和资源的城乡分化与整合，维持了农民家庭城市生活和劳动力再生产的基本秩序。在城市空间难以完全满足进城农民家庭再生产需要的情况下，农村继续承担着农民城镇化的经济支持和退路保障功能，直至农民家庭积累能够满足在城市体面安居和阶层流动的家庭再生产目标的条件。

对处于城镇化过程中的普通农民家庭而言，在家庭积累能力有限的情况下，实现城市体面生活和代际社会流动的家庭再生产目标，需要通过父代支持子代和农村支持城市的"代际接力"方式逐步实现，甚至需要几代人的努力来完成。农民家庭"半城半乡"的实践策略，决定了家庭成员的进城过程不是一次性完成的，需要通过"代际接力"的方式，循序渐进地实现城市体面生活和社会流动的家庭再生产目标。这也决定了以人为本的中国特色的城镇化道路，与发展主义和结构主义视角下的"单向度城市化"具有本质性差别。中国农民家庭的渐进式城镇化路径，保持了城乡之间的双向互动。从农民家庭再生产周期和城镇化实践过程来看，农民家庭践行稳中求进的渐进式城镇化路径。这体现为农民家庭内部的代际分工与合力，集中家庭资源支持年轻子代率先进城，以代际接力的方式逐步实现城镇化目标。代际接力的渐进式城镇化路径，是农民家庭有效应对家庭发展能力和城镇化风险张力的实践机制。农民根据家庭的发展能力来灵活决定城镇化的实践进度，通过代际接力和家庭合力的方式保障城镇化进程的有序性，最终实现家庭整体性发展的城镇化目标。

就农民分化和农村社会结构变迁的角度来看，"渐进城镇化"还具有社会阶层分化和社会流动的内涵。农民群体分化和农村社会阶层分化背景下，不同阶层农户的家庭资源积累能力存在差异，因此农民的城镇化进程存在阶层之间的分化。离农户作为农村阶层结构的上层，只是农户中的极少部分，他们具备较强的家庭发展能力，在较短的时期内实现了全部家庭成员定居城市的目标，逐渐与农村脱钩。而对于农村中占主体地位的半工半耕农户而言，依靠小农经济和城市务工的家庭资源积累方式，城镇化实践过程中面临着家庭发展能力不足的困境，实现城市体面生活和阶层流动的城镇化目标，需要经历一个较长时期的循序渐进的实践过程。因此，农民进城和农村社会结构变迁是一个渐进过程。

当前大多数普通农户并不具备在城市体面安居的经济基础，农民进城购房更多的是出于家庭再生产的功能性需要，其中最明显的是教育和婚姻等因素促成的农民进城购房。中国农民的城镇化实践，并不是古典经济学意义上个人追求经济利益最大化的经济理性行为，而是以家庭为基本行动单位，追求家庭整体性发展和社会流动的发展理性行为。中国农民的乡城迁移，不仅是个人利益最大化的追求，更是家庭经济来源多元化的途径，其迁移的原则是减轻家庭在制度不完善的社会背景下，应对迁移所带来的风险[1]，实现家庭整体利益的最优化。

---

[1]　张晓青：《国际人口迁移理论述评》，《人口学刊》2001 年第 3 期。

在农民的城镇化实践中，基于农民家庭城镇化能力和风险规避原则，农民的城镇化过程呈现出长时态、反复性和梯度性的路径特征①。代际接力式进城的实践路径，增大了农村劳动力应对市场波动和城镇化风险时，在家庭发展和生计选择上的回旋余地和弹性空间，从而具有重要的社会保障和生计安全意义②。这与个体经济理性和"人口永久迁移"的理论预设是不同的，体现出中国农民城镇化的家庭整体主义的主体实践逻辑。

由于农民城镇化主要服务于农民家庭发展型再生产目标，城镇化进程也是根据家庭能力和家庭再生产的周期性节点进行安排的，城镇化进程与家庭再生产过程具有同步性。首先，大部分农民家庭进城购房是城镇化的第一步，主要是出于子女结婚和教育的目的，城镇化起步与家庭再生产模式转型是一致的。其次，大部分农民进城居住生活更主要的是服务于家庭再生产的阶段性任务，比如小孩的进城教育和陪读，并且也只是部分家庭成员参与城市生活，由此逐渐迈入进城定居城镇化阶段。再次，是家庭经济积累能力能够满足全部家庭成员进城体面生活，意味着农民家庭再生产和城镇化目标的实现，不仅实现了全部家庭成员体面安居的城镇化目标，也实现了家庭的整体向上流动，比如少数离农精英阶层。这也是实现"人的城市化"的三个有序推进的阶段③，一旦其中的一环遇到困难或者遭遇风险，就会影响到家庭整体的再生产和城镇化进程，只能进入下一个家庭周期的循环中。虽然农户购房是城镇化的起步阶段，但是大部分购房户并没有实现全部家庭成员进城生活的目标，而是处于向城市生活转型的第二个阶段。并且在向城市生活转型的过程维持着"拆分型家庭"模式，伴随着城镇化压力和风险，最终实现体面安居的完全城镇化目标则需要一个循序渐进的缓慢过程。

① 王德福：《弹性城市化与接力式进城——理解中国特色城市化模式及其社会机制的一个视角》，《社会科学》2017 年第 3 期。

② 廖桂蓉：《弹性城市化：中国转型期农民工反贫困的现实路径》，《人口与经济》2009 年第 2 期。

③ 王海娟：《人的城市化：内涵界定、路径选择与制度基础——基于农民城市化过程的分析框架》，《人口与经济》2015 年第 4 期。

中国农民城镇化实践并不是激进的一次性"永久迁移"的单向度城镇化，而是保持紧密的城乡双向互动，是一种稳中求进的渐进式城镇化路径。农民家庭的进城节奏感由家庭再生产的具体实践过程进行调控，直至实现代际间的阶层流动和体面安居的城镇化目标。有强烈进城愿望的是家庭中的年轻成员，在结婚、子女教育等家庭再生产周期的关键节点，通过代际合力的方式实现在家乡县城的购房目标，婚姻和教育成为中西部地区农民进城购房最直接和主要的促进因素。农民进城购房并不意味着进城定居和体面生活的城镇化目标的完全实现。由于中西部县城缺乏稳定的就业机会，大部分进城农民家庭中的主要劳动力依然外出务工经商，而城镇的房子要么空着，要么由中老人进城陪读。在家庭缺乏城镇稳定就业和体面安居能力的情况下，农民家庭并不会盲目地把所有家庭成员向城镇转移，更不会脱离与农村和土地的关联，而是继续保持部分家庭辅助劳动力在农村生活和从事农业生产。这种进城不离村的实践状态实际上是农民家庭的理性选择。一方面，在城市失去就业机会的老年人退守农村生活和养老，从而节省城市生活成本，降低农民家庭在城市生活的经济压力；另一方面，部分家庭辅助劳动力继续在农村从事农业生产，可以满足家庭经济来源多元化的需要，增强家庭经济的积累能力。还有更为重要的是保持与村庄的不脱离状态，为应对城镇化失败风险留下返乡退路，避免成为城市底层贫困群体。农民城镇化的"半城半乡"的实践形态，给进城农民家庭留下了可进可退的弹性空间，而进城与返乡的时机与节奏由农民根据家庭再生产的周期状况进行灵活调控，稳定有序地实现城市生活方式和代际间社会阶层流动的家庭再生产目标。

　　在当前的现实国情下，由于中国农民家庭应对城镇化风险的能力普遍有限，处于城镇化参与的深水期，农民的城镇化进程更需要保持稳中求进的有序性。正是通过代际合力的接力式进城路径，使得普通农民阶层的城镇化实践，既可以主动追求城镇化发展的目标，同时也可以依托农村有效应对城镇化的压力和风险。城市承载着农民的城市梦和对家庭发展的未来美好预期，而农村继续扮演着城镇化的支持机制，为农民进城提供了后方保障并增强其心理安全预期。在农民家庭缺乏在城市体面安居能力的情况下，出于发展理性和安全理性的考虑，不会轻易选择全家进城的冒险行为。而是由一部分年轻家庭成员先进城，中老年家庭成员根据家庭城镇化能力状况进行后续跟进，哪怕不能如愿进城也还有农村作为退路和保障。正如处在城镇化过程中的农民所言，万一进城失败"农村有田有房，大不了回农村去"，把整个家庭的"城市梦"继续传递到下一代去完成，通过新的家庭再生产周期来循序渐进地实现家庭城镇化目标。

第二节　农民家庭渐进城镇化的实践基础

农民的城镇化实践嵌入特定的城乡关系结构之中，"半城半乡"的时空结构状态和实践机制，是客观市场结构、制度结构和社会结构下农民家庭自主选择的结果。不同于市民化视角下农民工"半城市化"的异化状态，从农民自主性实践的微观视角来审视"半城半乡"的农民城镇化实践机制，是在劳动力市场结构不均衡以及国家制度性保障不完善的客观环境中，保障农民城镇化过程有序性的重要实践机制。"半城半乡"和农民渐进城镇化实践路径，是中国农民城镇化实践的一般性和中国城镇化道路的特殊性所在。"半城半乡"的农民渐进城镇化路径，建立在中国特色的社会文化和制度基础上：其一是伦理本位的文化传统和家庭制度，保障了城镇化转型中农民家庭的整体性，在家庭整体观之下，以家庭为单位的劳动力市场化参与，农民家庭"半工半耕"的劳动力分工和生计策略，实现了家庭经济积累和资源整合能力的最大化，降低了城镇化带来的生计风险；其二是社会主义市场经济和集体土地制度，为农民提供自由进城的机会空间的同时，也给转型期农民提供了"居者有其屋、耕者有其田"的基本权利保障，确立了小农有产者的地位，赋予农民进退有序的基本制度保障；其三是村庄熟人社会基本秩序的维系，为农民有序进城提供了农村社会支持，同时为农民遭遇城镇化风险时顺利返乡奠定了坚实的社会基础。

一"伦理本位"的家庭整体观

"伦理本位"是组织和黏结中国基层社会的文化基础，家庭作为社会的细胞，家庭本位的伦理观念成为中国农民参与社会的组织载体，赋予中国农民家庭转型的整体观。现代化和城镇化进程也是农民家庭整体性转型的过程，整体性的家庭是农民参与城镇化进程的基本单位。面对城镇化和市场化带来的冲击，农民家庭的整体性主要体现为以家庭为单位的劳动力市场化参与，以及家庭资源积累和配置中的家庭整体观。

农民家庭作为城镇化的行动单位，既是基本的消费单元，同时也是基本的生产单位和劳动力配置单位。农民进入劳动力市场并不仅是成为个体化的劳动者参与精细化的市场分工，更为主要的是农民外出务工是作为家庭的一员，遵循家庭劳动力资源配置和劳动分工的基本准则。在西方现代化和城市化进程中，农村劳动力从农村走入城市劳动力市场，并作为市场化的劳动力资源参与劳动力市场化就业，其本质也是农民无产化和劳动力商品化的"异化"过程。劳动力充分市场化之后，在制度化保障不完善的情况下，一旦遭遇市场经济危机和劳动力就业危机，个体化的劳动者很容易陷入生活无保障的生存危机中。我国作为农村人口众多的发展中大国，在我国当前的经济发展水平尚且不高，以及处在世界产业分工结构体系和价值链中低端的客观现实背景下，还不足以给庞大的农村进城人口提供全覆盖、高水平的制度化保障。农民城镇化和农村劳动力市场化转型，正是在我国制度化保障不健全和劳动力市场发育尚不完善的背景下进行的，因此农民进入外部劳动力市场就业面临着诸多不确定的市场风险。

中国农村劳动力的市场化是以家庭为单位的不充分市场化和"半无产化"。农村剩余劳动力进入城市劳动力市场的同时，并没有完全脱离农村和农业生产，而是呈现出"半工半耕"的家庭劳动力分工和工农结合的生计模式。农民家庭集生产、消费、家庭再生产的伦理价值性于一体，是劳动力和资源配置的完整单元。农民家庭劳动力的分工配置不仅要服务于家庭经济利益的最大化，同时要服务于家庭再生产的总体性目标。以打工经济为基础的全国统一劳动力市场的形成，吸纳了农村剩余劳动力进入外部劳动力市场实现非农就业转型。但是全国统一劳动力市场一方面存在激烈的竞争，对农村中老年劳动力具有排斥性。另一方面由于我国整体性经济发展水平存在东部和中西部明显的区域差异，东部沿海发达地区处于全国劳动力市场的核心地带，而中西部中小城镇处在劳动力市场的边缘地带。这就决定了农村劳动力的市场化，首先是农民家庭中青壮年劳动力的市场化和非农就业，而中老年劳动力则返乡继续从事农业或者在乡村进行非正规就业。这正是当前中国农村所普遍存在的"半工半耕"结构的实践基础。

在劳动力市场制度和国家保障制度尚不完善的情况下，农民通过家庭内部劳动力的分工机制，既实现了劳动力的市场化就业，同时也保留了农村小农经济的根基。尤其是农民家庭在以县城为中心的城镇化实践中，面临县城就业不稳定不充分的客观限制。通过以家庭为基础的劳动力分工，农民家庭继续维持了外部务工获得家庭经济积累的非农就业收入，农村的家庭经营既是家庭经济的重要补充，也充当了应对劳动力市场化就业风险的物质保障。在农民的县域城镇化参与过程中，城市作为农民家庭的发展空间，承载着农民对非农就业、城市优质教育资源等发展性家庭目标的追求。在农民家庭城镇化能力尚且不足的情况下，保留家庭在农村社会系统中的经济社会存在，不仅可以获得家庭经济的补充，降低城镇化过程中劳动力再生产成本，还可以发挥农民城镇化的兜底保障功能。正是农民以家庭为单位的劳动力市场化参与，以及家庭资源的整合与再配置，避免了中国小农沦为底层无产者，既赋予农民家庭城镇化的强大动力，也增强了农民应对城镇化和市场风险的能力。中国农民家庭通过渐进式城镇化实践路径，保障了城镇化的稳定有序进行。

二　"耕者有其田"的农村土地制度基础

"居者有其屋"和"耕者有其田"是千百年来中国农民的理想和幸福生活目标，"三十亩地一头牛，老婆孩子热炕头"，代表了传统时期中国农民朴素的安居乐业愿景，但是这一目标在新中国成立以前始终没有稳定的制度保障。中国经历新民主主义革命和社会主义革命逐渐确立起社会主义的土地集体所有制，农村土地集体所有制为广大农民"居者有其屋""耕者有其田"提供了制度保障。即便在改革开放之后的剧烈社会转型期，普通农民安居生活最稳定的居住和生计保障，依然建立在农村宅基地制度和土地承包经营制度这两项主要制度基础之上。现行法律和制度基础上，农村土地承包 30 年不变或者"长久不变"，既是农业农村现代化发展的要求，也是社会转型期农民生产生活秩序的基本制度保障。

在城镇化的快速发展阶段，我国的市场经济制度和劳动力保障制度还在不断完善。就我国目前的经济发展水平和农村人口众多的现实国情来看，短时期内还难以为所有进城农民提供高水平的福利制度和稳定就业保障。在农民快速进城的大潮中，在劳动力市场和城市社会尚难以为广大进城农民提供稳定就业和生活的制度保障前提下，以宅基地和耕地制度为基础的农村土地集体所有制，依然发挥着农民安居乐业的制度化保障功能。首先，农村宅基地无偿使用和福利化分配，保障了所有集体成员基本的居住权。在剧烈的城镇化浪潮中，基本上每一个中国农民在农村都有稳定的居所，哪怕在城市短时间内难以立足，也不至于成为漂泊无依的底层边缘群体。其次，建立在土地集体所有制基础上的农村土地家庭承包制度，保障了农民基本的土地承包经营权，赋予农民生计稳定性的农村耕地保障。虽然农民家庭生计的主要来源已经转向外出务工收入，但是农村土地经营和农业生产收入依然是大部分农户不可或缺的经济补充，尤其是应对外部劳动力市场就业风险时的生计保障。比如在 2008 年国际金融危机的背景下，大量的外出农民工失业返乡，然而没有引起社会的不稳定。面对市场危机和城市化风险，广大外出农民工返回家乡维持了基本的社会秩序稳定，而农村的住房和耕地是他们得以返乡的物质保障，对于失业返乡农民工而言，只不过是在农村老家的"假期时间长了一点"[1]。

在农民城镇化快速发展进程中，虽然广大农村居民有强烈的进城意愿，但是出于城市生存和安全的考虑，他们并不会轻易放弃农村的宅基地和承包地。张翼根据 2010 年全国性调查数据的统计分析指出，绝大多数进城农民工依然想保留农村的土地，不愿意转变为城市非农户口，尤其是在要放弃承包地的情况下，只有 10% 左右的进城农民

① 李梅、高明国：《金融危机背景下的农民工回流特征分析》，《农村经济》2009 年第 12 期。

愿意转为非农户口①。尤其是在进城农民非农就业不稳定且缺乏制度化保障的情况下，保留农村的住房和耕地是他们普遍的选择，也是为应对城镇化风险留下回旋的余地，这也是广大进城农民对城市生活缺乏稳定预期时所说的"大不了回农村去"的底气所在。正是农村的土地集体所有制和家庭承包经营制度，为进城农民提供了以土地为基础的社会保障，为他们可进可退的城镇化实践提供了制度保障。

笔者曾长期跟踪调研过某省某宅基地制度改革试验点，在该宅基地有偿退出改革试验中，虽然给予进城农民宅基地退出较高的经济补偿，但是真正愿意退出宅基地的农户十分有限。即便已经在城镇购买商品房的农户也普遍不愿意退出农村宅基地以及拆除房屋，只有少数在城镇有稳定就业的离农户才愿意有偿退出。农民不愿意退出宅基地和土地，并不是因为他们对农村的土地财产有多么强烈的预期，因为当地属于普通的农业型地区，农村宅基地和土地并不值钱，在一些脱离农村的农户自发的"卖房搭地"的实践中，一栋房屋和几亩土地也才几万元。调研中农民表示不愿退出宅基地和土地的主要原因并不是出于未来土地升值的考虑，因为在他们的观念中"土地是国家的"并不是自己的私有财产，将来不需要了退出或者国家有需要征收也是应该的。虽然在城里买了商品房，有些人甚至也住进了城市，但是他们普遍担心在城镇缺乏稳定的就业和收入，万一在城镇没有工作和收入来源将来生活不下去，农村有住房和土地还可以选择回到农村，最起码保障基本的生活是不成问题的。在江西章县等中西部地区的农村，农民普遍有这样的观念。在无法保障城镇体面安居之前，农民普遍给自己留有后路，并不会轻易地退出宅基地和承包地，即便不再依赖农业收入生活，采取土地流转的方式给邻居或者亲戚来耕种，也不会彻底退出。

在当前中西部地区县域城镇化发展进程中，县域城镇对进城农民稳定的非农就业和城镇生活普遍缺乏制度化保障。大部分进城农民要么继续外出务工，要么在县域内非正规经济领域从事非正规就业，或

---

① 张翼：《农民工"进城落户"意愿与中国近期城镇化道路的选择》，《中国人口科学》2011 年第 2 期。

者继续在农村务农，进城农户在城镇生活的展开依然离不开村庄和土地等乡村社会系统的支持。暂时保留农村的住房和承包地，是广大中西部农民有序进城参与县域城镇化实践的重要心理安全保障，这也是农民城镇化实践中"进退有据"的基本制度基础。因此，在中西部推进县域城镇化发展进程中，农民更不应该失去土地，因为农村的基本土地秩序是农民有序城镇化的制度基础和实践保障。

三 乡村熟人社会的社会基础

农民的城镇化实践同样是嵌入在乡村熟人社会中的，正是农村社会的分化和竞争秩序，推动农民的进城购房竞争。与此同时，农村熟人社会的维系和延续，为农民城镇化实践提供了乡村社会系统的支持，也为进城农民及其家庭保留了乡村熟人社会的意义再生产空间。在农民城镇化进程中，乡村熟人社会的功能和意义主要体现在，为农村老年人的家庭养老提供了"低消费、高福利"的乡村生活空间，同时为城镇化不稳定的农户提供可以顺利返乡的社会基础。

费孝通曾指出，乡村社会是生于斯、死于斯的社会，是一个熟悉的没有陌生人的社会，乡土熟人社会因熟悉而得到信任[1]，这也是农民"本体安全感"的重要来源。当前中西部农民普遍选择家乡县城作为城镇化实践的时空场域，一个很重要的原因就是家乡城镇所带来的社会文化的"熟悉感"，及其不脱离乡村社会的心理安全感。在农民流动和快速城镇化进程中，农村熟人社会因为受到市场化和城市化的冲击，而日益变得"无主体熟人社会"化[2]。但是农村熟人社会的本色并没有根本改变，尤其是农民进城并不是彻底脱离农村，同时也并不是全部家庭成员一次性进城，乡村社会依然是大量农村人口居住和生活的场所。正是农民城乡间的自由往返，以及部分家庭成员继续保持在农村的生产生活，赋予熟人社会维系和延续的可能性。虽然经受着城市化与现代化的冲击，乡村社会依然是由熟悉关

---

① 费孝通：《乡土中国　生育制度》，北京大学出版社1998年版，第6—11页。

② 吴重庆：《无主体熟人社会及社会重建》，社会科学文献出版社2014年版，第189页。

系构成的地方性社会及其整体性结构特征，乡村社会的特质仍然是熟人社会[①]。

县域城镇化以农民返回家乡的中小城镇就近进城为具体实践形式，与外出打工相比，县域城镇化的实践模式也进一步拉近了城乡之间的距离。虽然农村熟人社会的日常互动关系紧密程度有所降低，但是县域有限的时空场所，为农村熟人社会关系向县域城镇的延展提供了可能性。熟人社会关系资源既有效地支持了农民在城镇的生活适应，同时也抑制了乡村熟人社会的解体，尤其是县域城镇化给予村庄公共社会文化活动得以维持的便利性。笔者在章县农村调研中发现，虽然越来越多的农民住进了县城，但是村庄人情往来和各类公共活动依然得以维系，甚至农村人情酒席等公共交往还被复制到城市空间。尤其是在大部分进城农民都购置了小汽车等便利的交通工具的情况下，县域空间内城乡之间的联系极为便利，这也为村庄社会关系的维系提供了便利条件，县域城镇化发展并没有带来乡村社会必然瓦解的后果。

乡村熟人社会系统不仅有效支持了中西部农民的县域城镇化实践，同时给他们进城及应对城镇生活压力和风险，提供了农村社会文化和物质保障。在一般农民家庭的城镇化实践中，年轻人进城就业或者居住生活，而中老年人继续留在农村从事农业生产或者养老。在缺乏全家进城体面安居的城镇化能力的情况下，选择让部分家庭成员继续留守农村。不但可以通过从事农业生产继续支持整个家庭的城镇化，而且农村承担了家庭中老年人的基本养老功能，从而降低了家庭养老和城镇生活的成本。老年人依托土地和村庄熟人社会空间的养老，维持了自主养老的模式，大大降低了老年人的生活和养老成本。因为农村生活的货币化程度很低，老人和小农经济相结合的农村养老保持着较高的自给自足性，吃的粮食和蔬菜是自家田里种出来的，不需要花钱买，而且品质好，"吃着放心"。一些农村地区至今还维持着传统的乡村集镇为中心的市场网络，"基层市场社区"[②] 在组织农

① 陆益龙：《后乡土中国》，商务印书馆 2017 年版，第 182—186 页。
② ［美］施坚雅：《中国农村的市场和社会结构》，史建云译，中国社会科学出版社 1998 年版，第 38 页。

民生产生活秩序中依然发挥着作用，比如农村的小卖店、传统农村集市等，既能够满足老年人生活的基本需求，同时降低了货币化交换的成本。笔者在农村调研发现，村庄中老年人在稻谷、油菜收获之后直接寄存在乡村商店中，换来"米条子""油条子"①等信用凭证，等到需要买米、买油或者其他日用品的时候直接到商店兑换。正如农村老年人所说"平时生活用钱的地方很少，只要买点肉"，国家给的养老金基本够用，不用给城里的子女添负担。

乡村社会的养老给农民家庭养老提供了低消费空间，同时农村的熟人社会对于老年人的精神养老也是重要的补充。子女进城老年人一是迫于家庭生活的经济压力不能进城养老，更主要的是老年人不愿意进入城市的陌生人空间养老，在农村有熟悉的邻居和亲戚可以相互串门互帮互助，哪怕子女不在身边也可以生活得很开心。尤其是对于进县城的农民家庭来说，老年人普遍倾向于在农村养老，进城的子女也可以很方便地回来看望老人，而且现在有电话、互联网等极为便利的交流方式，每天都可以聊天，"隔几天回来一次还觉得更亲些"。

老年人居住在村庄还有一个很重要的功能，就是给打工或者进城的孩子们看家，维持农村社会的基本交往关系，这也是当前农村熟人社会维系的一个主要方式。章县等地的农村老人表示"老人看家比把锁强"，老年人不仅可以打理农村的家，还可以维持农村的社会关系不断，为将来进城失败或者返乡生活的孩子们维持好农村社会的关系网络，给他们留下可以回得去的地方。农村之所以成为进城农民尤其是进城失败农民"去而复归"的地方，除了农村的住宅和承包地等制度化保障，农村熟人社会关系的维系也是重要的社会文化条件。因此农村人普遍表示，"家有一老，如有一宝"，只要老年人身体好还有基本的劳动能力，就不会成为家庭的负担，为整个家庭的城镇化提供直接或者间接的帮助支持。

---

① 笔者在江西、湖北等地农村调研中发现，乡村社会中还存在着以老年人群体为主体的实物兑换的形式，老年人将田里产出的稻谷、油菜等预存在粮油商店，需要的时候可以兑换米、油等日常生活必需的商品，这种形式降低了老年人在村庄生活中的现金支出。

第三节　城乡关系转型的实践逻辑
及其性质变化

一　城镇化主体实践视角下的城乡关系转型

　　城乡二元结构视角一直是中国城镇化和城乡关系研究的主要理论范式，二元结构视角注重整体性制度安排和支配性资源配置逻辑对中国城镇化造成的影响。中国的城乡二元结构的形成及演变，不仅仅是现代化进程中农村自然经济向现代市场经济自然演变的必然结果，更主要的是中国的城乡二元关系建立在一系列制度安排的基础之上，体现出明显的"体制性城乡二元结构"的特征。新中国成立后，为了集中力量支持国家工业化和现代化建设，在农村建立了"政社合一"的人民公社制度，同时确立了严格的城乡二元户籍制度①。并且这种体制性城乡二元结构，在改革开放之后快速的城镇化进程中依然发挥着重要的影响作用，成为一系列"三农问题"的病根②。长期的城乡二元制度结构和政府逻辑下，城市一直占据着中国经济社会发展的主导地位，而农村则处于长期被剥夺的边缘地位，这样就在城乡之间形成了"中心—边缘"的二元经济结构③。体制性的城乡二元结构不仅体现在城乡经济关系中，而且贯穿在深层次的社会文化层面，形成总体性的二元支配结构。城乡之间二元分离的制度结构，使得农村和城市社会之间无法形成一个整体性的社会，反而呈现出城乡社会差距不断拉大的格局，在市场化和城镇化进程中，中国开始面对一个"断裂"的社会，城乡二元的社会结构，导致农民社会地位低下以及各方面权益无法保障等问题④。

　　在城乡二元结构视角和支配性制度逻辑下，对我国城乡关系演变

---

　　① 武力：《1949—2006 年城乡关系演变的历史分析》，《中国经济史研究》2007 年第 1 期。

　　② 陆学艺、杨桂宏：《破除城乡二元结构体制是解决"三农"问题的根本途径》，《中国农业大学学报》（社会科学版）2013 年第 3 期。

　　③ 向玉琼、马季：《论城乡之间的"中心—边缘"结构及其消解》，《探索》2015 年第 4 期。

　　④ 孙立平：《我们在开始面对一个断裂的社会?》，《战略与管理》2002 年第 2 期。

和城乡关系性质的审视，秉持一种"城市中心主义"的立场①。并且二元化的城乡关系演变模式，也带来了城镇化进程中半城市化、不完全城市化等农民工城市融入和权益保障等各方面问题。但是二元结构和城市中心主义视角也造成了对城乡关系动态运作过程的忽视，很少将行动者及其动态的实践过程引入分析②。随着我国城镇化和市场经济的持续深入发展，主导城镇化进程的制度逻辑和政府逻辑已经逐渐让位于市场的主导逻辑。城乡二元制度结构尤其是其中的户籍制度，在制度改革过程中已经极大的弱化了，尤其是一些中小城市已经放松了对农民进城甚至落户的制度限制。与此同时，以城乡一体化为目标的制度改革也已经逐渐弱化了城乡二元制度差异，农业税费的取消、各项惠农政策向农村的倾斜，以及农村社会保障制度的不断建设完善，逐渐改变了农村的边缘/弱势地位。在城乡制度差异弥合背景下，农村户籍不但不再是农民进城的限制，反而成为农民应对城镇化风险的保障，很多进城农民并不愿为了获得城市户籍而放弃农村户籍。城乡关系问题不能简单地归结为结构和制度问题，而应当理解为主体实践问题。在体制性城乡二元结构转型和弱化的背景下，城乡关系已经不再是纯粹的制度结构安排的产物，更是行动主体动态实践的运作过程。因此，关注行动者逻辑中的城乡关系转型和性质特征，体现了社会科学和城乡关系研究的"本体论"关怀转向③。

农民是城镇化的主体，农民的城镇化实践是在城乡空间及关系结构中进行的。作为能动的主体，农民城镇化参与机制既是城乡关系结构塑造的结果，同时行动者依据其行为能力对城乡关系具有一定的能动作用④，农民的城镇化实践过程也是城乡关系转型的过程。对中西部地区的农民来说，"落脚县城"的城镇化实践路径，既受城乡关系

---

① 文军、沈东：《当代中国城乡关系的演变逻辑与城市中心主义的兴起——基于国家、社会与个体的三维透视》，《探索与争鸣》2015 年第 7 期。

② 折晓叶、艾云：《城乡关系演变的研究路径——一种社会学研究思路和分析框架》，《社会发展研究》2014 年第 2 期。

③ 张兆曙：《农民日常生活视野中的城乡关系及其出路》，《福建论坛》（人文社会科学版）2009 年第 12 期。

④ 沈红：《结构与主体——激荡的文化社区石门坎》，社会科学文献出版社 2006 年版，第 55 页。

约束的影响，也是农民理性和自主选择的结果。近年来，中西部地区县域城镇化快速推进，不仅仅是地方政府主导的结果，更主要的是以农民为主体的主动参与的实践过程。广大中西部农业型地区，以县域为空间特征的县域城镇化已经成为普遍趋势，并且城乡之间相遇在县，城乡关系在县域体现的最直接、最紧密①。城乡二元结构率先在县以下开通城乡体制关系，县域城乡之间的制度壁垒已经基本破除。不论是农民进城就业、购房，还是在县城落户，以户籍为核心的城乡二元制度不再成为农民落脚县城的制度障碍，城乡之间的关系更多地体现在农民的进城实践之中。因此，农民的县域城镇化实践，为观察和理解城乡关系转型机制和性质特征提供了经验基础，同时扩展了城乡关系转型研究的农民主体性和乡村的视角。

　　农民落脚县城的县域城镇化实践，既嵌入在城乡关系结构中，也成为城乡关系转型的载体。在县域城镇化进程中，城乡关系转型的实践路径，一方面体现在因为农民进城购房、生活和就业，从而使得城市和农村之间的空间关联日益紧密，改变了城乡二元区隔的空间关系特征。另一方面体现为农民城镇化实践中所面对的城乡空间的梯度层次特征，即农民以家庭为单位的就业、居住和生活，并没有因为农民在县城购房而统一在同一个县城空间中，而是同时在村庄、家乡县城以及沿海务工城市等不同的空间展开，并形成紧密的城乡双向互动关系。与农民进城务工所体现的城乡之间单一的经济关系不同。以农民为主体的县域城镇化实践中，因为农民以家庭为单位的城镇化参与程度的加深，从而使城乡关系的关联互动具有经济、社会和文化的多重内涵。城乡关系互动的内容也更具有丰富性，不仅体现为城乡之间的经济关系，同时也扩展到城乡之间更为紧密的社会关联。农民的城镇化实践对城市社会系统和农村社会系统的双重嵌入性，实现了城乡社会系统的有机关联，进一步丰富了中国特色的城镇化和城乡关系的内涵。

---

　　①　折晓叶、艾云：《城乡关系演变的制度逻辑和实践过程》，中国社会科学出版社2014年版，第148页。

二　从城乡二元结构到保护型城乡关系的形成

二元结构范式是认识城乡关系的理论基础，同时城乡二元结构也是城乡关系的核心问题。城乡二元结构是绝大多数发达国家都经历过，并且是大部分发展中国家正在经历着的发展阶段。在工业化发展进程中，农村人口加速向城镇转移，大部分农村居民脱离"农村生活的愚昧状态"，同时也造成了"城乡分离"，使"农村屈服于城市的统治"①。以刘易斯等学者为代表的"二元经济理论"认为，在发展中国家由传统社会走向现代社会的转变过程中，所产生的传统农业部门与现代经济部门的二元结构，并且工业比例逐渐上升而传统农业比例逐渐下降，这种经济结构转变过程具有进步性和历史的必然性②。对于广大发展中国家而言，以经济结构为核心的城乡二元结构的存在具有普遍性和历史阶段性。与工业化和城镇化发展自然演化的经济逻辑不同，我国的城乡二元结构的形成是建立在一系列制度结构基础上的，如户籍制度、土地制度、社会保障制度等，因此我国的城乡二元结构具有明显的体制性特征。我国体制性城乡二元结构是在特殊的历史时期和发展阶段建立起来的，以城市为中心的城乡二元结构，农村支持国家的工业化和现代化建设，同时也造成了城乡社会的区隔。改革开放之后，随着持续的制度变革和市场经济的深入发展，我国体制性的城乡二元结构有所弱化，促进了城乡关系的加速转型。城乡关系转型不仅是制度变革的结果，更是人们的城镇化实践促进的城乡关系转型及其性质转变，以农民为主体的城镇化实践是观察和理解城乡关系转型及其性质定位的基础。

当前我国体制性城乡二元结构已经不再成为农民自由进城的制度性障碍，农民可以自由进入绝大部分城市就业和生活，中小城市也逐渐形成对农民落户的全面开放趋势，加速了农民向城市的迁移。同时在一系列支农、惠农政策不断实施的背景下，针对农民的医疗、养老等保障制度不断完善，城乡制度体系有不断并轨的趋势。建立在制度基础上的城

---

① ［德］马克思、恩格斯：《共产党宣言》，人民出版社1997年版，第32页。

② 周剑麟：《二元经济论：过去与现在》，人民出版社2013年版，第25—28页。

乡居民的身份差异已经弱化，城乡二元结构特征不再明显。由于城乡户籍身份的差异性减弱，很大一部分进城农民并不愿意放弃农村户籍身份。城乡二元的制度结构对农民城镇化的障碍不断减弱，而产业发展和就业机会的供给等地方经济发展水平，成为农民城镇化质量的主要影响因素。

在中西部农民的城镇化实践中，普遍选择家乡县城为主的中小城镇作为落脚之地，这是农民自主选择的低成本城镇化路径。但是从中西部地区农民城镇化的实践来看，由于中西部地区大部分县域经济发展水平较低，难以为进城农民提供高水平的制度化保障，更为主要的是，进城农民普遍面临着就业机会不足和就业不稳定的困境。由于大部分落脚县城的农民，都集中在非正规经济领域从事非正规就业。这就决定了进城农民，一方面难以获得制度化的劳动就业保障和社会保障，另一方面就业机会不足和就业不稳定，严重影响了农民县城生活的生计稳定性，面临着城镇生活的生计可持续性和家庭再生产的风险。在农民家庭城镇化实践策略中，农民进入家乡的县城等中小城镇购房居住，在获得城市医疗、教育等公共服务资源的同时，依然要依靠沿海发达地区的劳动力市场实现非农就业和获得家庭主要经济收入来源，以此来支持家乡县城的城市生活。同时部分老年家庭成员还需要在农村务农和养老，以此减轻县城生活压力。形成了沿海城市或大中型城市、家乡中小城镇和农村的"三元结构"和拆分型家庭的"三栖模式"，这也决定了农民城镇化的不完全和不稳定性。

由于农民家庭面临城镇化的生计压力和家庭再生产风险，在中西部地区农民的城镇化实践秩序中，农民进城并不是一次性实现全家进城的"拔根"式的单向度城市化，而是遵循着渐进式的城镇化实践路径。除了小部分离农户在城镇实现了稳定的就业和较高的收入水平，具备了在城镇体面安居的城镇化能力，也逐步实现了全部家庭成员体面安居的城镇化目标。大部分处于城镇化进程中的农民阶层，因为在家乡城镇缺乏稳定就业机会和体面安居的经济能力，他们的城镇化尚处于不稳定城镇化阶段。半工半耕农户作为处于城镇化过程中的主要群体，"半城半乡"和拆分型家庭的实践模式，是他们为了应对城镇化压力和风险的理性选择。大部分进城农户虽然进城了，但是并没有完全脱离农村社会系统，城镇化实践依然需要农村社会系统的支持，一方面依托城市"寻求发展"，同时也继续依托农村社会系统获得生存安全和应对城镇化风险的保障。

城镇化进程中，农村社会系统对农民进城实践的支持和保障功能，是建立在农村土地制度等制度基础上的，并通过农民家庭的拆分机制实现城乡之间紧密的关联和农村对城市的支持。农村集体土地制度保障了农民"居者有其屋"和"耕者有其田"，处于城镇化过程中的农民并没有完全从农村拔根，而成为游走于城乡之间的漂泊无依者。农村继续充当农民进城的根据地，是遭遇城镇化风险可以"去而复归"的地方。对于以中小城镇作为城镇化实践空间的中西部地区的农民而言，城乡户籍等制度的差异已经不再明显，并且不构成他们自由进城和在城镇落户的制度障碍，农村户籍制度和土地制度反而成为他们遭遇城镇化风险可以顺利返乡的基本保障。

在农民的城镇化实践过程中，由于中西部农业型地区，县域经济发展水平低的限制，尚无法为所有进城农民提供稳定的城镇就业。并且在我国现有经济发展水平和地方政府财政能力有限的情况下，也短期内无法为广大进城农民提供高水平的社会保障。因此大部分进城农民依然面临着城市不稳定就业的风险，以及制度化保障不足的限制。在这种情况下，保留农村社会系统对农民城镇化的支持和保障功能，赋予进城农民基本的返乡权利，成为转型期城乡二元结构的最主要作用。从这一点来看，当前我国限制农民流动的城乡二元结构已经弱化①，转变成为保护农民自由进城和顺利返乡的城乡关系结构。从农民城镇化秩序和社会稳定的角度来看，正是在城乡关系的保护机制下，进城农民在遭遇劳动力市场就业风险和进城失败时可以顺利返乡，而不至于沦落为城市的边缘群体。在快速的工业化和城镇化发展进程中，正是"保护型城乡关系"的存在，广大农村地区成为抵御市场经济危机和城镇化风险"软着陆"的载体，承担着城镇化和现代化高速发展的"稳定器"功能。②

---

① 林辉煌、贺雪峰：《中国城乡二元结构：从"剥削型"到"保护型"》，《北京工业大学学报》（社会科学版）2016 年第 6 期。

② 温铁军等：《中国农业发展方向的转变和政策导向：基于国际比较研究的视角》，《农业经济问题》2010 年第 10 期。

第七章 县域社会共同体：县域城镇化与城乡社会有机融合

从农民主体行动的角度揭示了县域城镇化的农民行动逻辑和参与机制，农民的城镇化行动嵌入在特定的城乡关系结构之中，并受到城乡制度结构、劳动力市场结构和乡村社会结构的约束。但是农民作为能动的行动主体，在县域城镇化农民参与实践中，通过以家庭为单位的适应性行动，外部结构也可以转化为农民自主行动可资利用的资源，成为人们"创造自己的历史"的一部分，在城乡互动关系中，循环反复地卷入社会系统再生产的规则和资源[①]，通过参与主体的实践机制，并最终对社会结构再生产发挥重要影响。城镇化不仅是农民进城的实践过程，更是整体性社会变迁和现代化进程的一部分。农民具有主体能动性的城镇化实践，同时也是社会转型和社会结构再生产的过程。社会的生产和再生产是其成员的技能性实现，人类社会并不是预先给定的客体世界，而是主体积极行为所创造的世界[②]。农民的城镇化实践中，农民"走出乡土"并选择"落脚县城"的县域城镇化模式。虽然越来越多的农民进城了，但是大部分进城农民并没有完全脱离农村社会系统，并且进城农民的城镇生活依然需要通过密集的城乡互动关系，获得来自农村社会系统的支持。本章从农民城镇化实践的视角，解释城镇化进程中城乡关系转型机制及其性质变化，并进一步回答城乡社会"大转型"过程中，乡村社会的命运和转型秩序问题。

---

① ［英］安东尼·吉登斯：《社会的构成》，李康等译，生活·读书·新知三联书店1998年版，第526页。

② ［英］安东尼·吉登斯：《社会学方法的新规则——一种对解释社会学的建设性批判》，田佑中、刘江涛译，社会科学文献出版社2003年版，第277页。

第一节　县域城镇化进程中的
城乡社会一体化

农民的城镇化参与是在城乡空间及关系结构中进行的，作为能动的主体，农民城镇化参与机制既是城乡关系结构塑造的结果，同时行动者依据其行为能力对城乡关系具有一定的能动作用①，农民的城镇化实践过程也是城乡关系转型的过程。不同于现代化的线性发展观和结构主义视角下的城市化和城乡二元结构变迁，本书重点从农民主体行动的城镇化实践视角，考察县域城镇化进程中城乡关系转型机制及其性质变化。

农民的县域城镇化实践，为我们观察和理解城乡关系转型机制和性质特征提供了经验基础，同时扩展了城乡关系转型研究的农民主体性和乡村的视角。从前几章对农民县域城镇化的参与机制分析中，我们可以看出，以农民的县域城镇化实践为载体的城乡关系，体现在其空间性、主体差异性以及日常性互动等几个方面。城乡关系转型的空间性内涵，一方面体现在因为农民进城购房、生活和就业，从而使得城市和农村之间的空间关联日益紧密，改变了城乡二元区隔的空间关系特征；另一方面体现为农民城镇化实践中所面对的城乡空间的梯度层次特征，即农民以家庭为单位的就业、居住和生活，并没有因为农民在县城购房而统一在同一个县城空间中，而是同时在村庄、家乡县城以及沿海务工城市等不同的空间展开，并形成紧密的互动关系。城乡关系实践中的主体差异性，与农民群体的阶层分化紧密相关，并通过不同阶层位置和城镇化能力的农户，在其具体的城镇化实践逻辑和特征中展现出差异性。以农民为主体的城镇化实践及其推动的城乡关系转型，并不是由均质化的农民作为参与主体，而是体现出阶层分化的特征。城乡关系的日常性互动和内容多样化，体现出城镇化带来的城乡关系互动的紧密性和丰富性。与农民进城务工所体现的城乡之间

---

① 沈红：《结构与主体——激荡的文化社区石门坎》，社会科学文献出版社2006年版，第55页。

单一的经济关系不同，农民购房落脚县城的城镇化实践，因为农民以家庭为单位的城镇化参与程度的加深，从而使城乡关系的互动具有更为紧密的日常化特征。与此同时，城乡关系互动的内容也更为丰富，不仅体现为城乡之间的经济关系，同时也扩展到城乡之间更为紧密的社会关联。农民的城镇化实践对城市社会系统和农村社会系统的双重嵌入性，进一步丰富了城乡关系的内涵。

一　县域城乡社会一体化

（一）以农民家庭为纽带的城乡经济一体化

随着城市化和市场经济的快速发展，农民加速进城从而不断打破城乡二元经济结构壁垒，城乡经济关联紧密性和一体化程度提高。这里的城乡经济一体化并不是宏观经济结构或者产业结构的城乡一体化，更不是城市经济对农村的完全吸纳。而是农民城镇化实践角度的城乡经济一体化，具体体现为农民家庭成为勾连城乡经济的纽带，县域城镇化使得农民生计既依赖于城市经济收入，同时也离不开农村社会系统和农业收入来源的支持。城镇化进程中的农民家庭经济来源既有城市经济部分同时也包含农村经济部分，并最终服务于支持农民在城市体面生活的家庭经济积累。

从城镇化进程中农民家庭生计来源的工农、城乡结合角度看，农民对劳动力市场的嵌入程度不断提高促进了城乡经济的一体化。但是劳动力市场也存在空间差异性，这源于我国经济发展水平的东部地区与中西部地区的区域差异。章县这样的中西部一般农业型县城，县域工商业经济发展基础薄弱，处于全国劳动力市场的边缘位置，县域非农就业吸纳能力有限，难以保障大量进城农民稳定且充分的就业。对于大部分进县城的农民来说，县域经济机会空间难以保障家庭成员的充分就业以及获得较高的家庭经济收入，依靠单一的县域经济空间难以保障家庭再生产的顺利进行。于是进城农民家庭一方面要继续保持农村的农业生产部分，同时也更为依赖城市的非农就业收入。农村的家庭经营由中老年劳动力来承担，作为家庭经济的重要补充，虽然当前农业收入不再占据农民家庭收入的主要部分，但是小农经济的稳定性要高于劳动力市场的非农就业，对于家庭经济的补充和保障功能至关重要。在家乡县城难以保障充分稳定的就业情况下，大部分进城农民家庭中的青壮年劳动力需要继续外出务工，以获得支持其他家庭成员在城镇生活的经济收入。实际上从以章县为代表的中西部农业型地区农民的县域城镇化实践来看，农民家庭经济机会空间呈现出沿海发达地区的城市或者大中型城市，家乡中小城镇以及农村的梯度和层次差异性。农民通过拆分型家庭劳动力分工结构，可以同时获得务工收入和农业收入，并且进一步通过家庭资源的整合，将城乡资源共同向县城的落脚之地汇聚，以此增强农民家庭城镇化能力。

以家庭为纽带，通过农民家庭的劳动力分工和资源整合机制，实现了城乡经济在进城农民家庭内部的整合与一体化。但是在农民分化的背景下，农民家庭城镇化能力具有明显的阶层差异性，不同阶层结构位置的农民在其城镇化实践中，对城乡经济空间的利用模式和依赖程度存在差异。处于农村阶层分化结构位置上层的离农户已经脱离了农村和农业生产，这一阶层农户在城镇有稳定的就业和较高的收入，实现了家庭劳动力就业和生活在城镇空间的统一，城镇化的能力和城市融入程度高。半离农户的家庭经济机会主要在城镇空间，基本实现了在居住城镇中家庭劳动力的稳定就业，对农村的经济依赖程度低，农村更多地充当家庭中老年人的养老空间或者遭遇城镇化风险的保障功能。半工半耕农户是当前农村社会的主要阶层，并且是县域城镇化主要参与群体。对于这一阶层的进城农户而言，由于城镇化能力的限制，只是部分家庭成员为了教育等功能性需要而进城居住，并且作为落脚之地的县城对他们来说更多的是公共服务和生活消费的空间，由于难以获得稳定就业机会因而必须依赖农村和大中城市的经济空间支持县城的消费生活。家庭主要劳动力继续到沿海城市务工，获得家庭主要经济来源，中老年辅助劳动力在农村维持着农业生产和家庭经营部分，成为家庭经济重要补充，部分中老年家庭成员或者妇女进城陪读，这种"拆分型家庭"模式已经成为中西部农民应对城镇化压力和风险的主要实践机制。半工半耕农民阶层，实现家庭整体性体面安居的城镇化目标，需要经过一个渐进的过程。在县域城镇化实践过程中，农村和农业收入不仅是进城农民重要的生计安全保障，也是立足城镇生活的重要经济支持。在大中小城市和农村的空间梯度秩序中，外部城市的务工收入和农村的务农收入，同时向县城汇聚，以支持农民家庭城镇化目标的实现。

　　在县域城镇化发展和农民进城的背景下，县域城乡经济一体化还体现在城镇经济和农村经济已经形成紧密关联的有机整体，并且城乡经济空间共同支撑农民在县域内的就业和城镇生活。尤其是中西部一般农业型地区，县域城镇化的发展更加依赖城乡经济的合力，农村的经济空间对于进城农民在城镇的立足及稳定生活发挥着不可或缺的支持作用。在江西章县、河南栗县以及湖北沙县等农业型县城的调研发现，很多进城农民依然依赖农村的经济收入来支持城镇的生活，虽然有些青壮年劳动力在城镇生活，但是其就业机会和收入依然在农村获得，比如从事农村的种养殖行业以及其他就业，每天往返于城乡之间。农村经济的兴衰对于县域城镇化的发展有着直接的影响，农村经济的衰落也影响着城镇经济的活力，甚至影响到县域城镇化的整体发展。在江西章县，农民的城镇化实践受到农村产业衰败的影响较大，2015 年前后该地区暴发黄龙病，章县的脐橙、柑橘产业受到毁灭性打击。全县大部分以果树种植为主的农村，农户失去了生计来源，被迫重新外出务工，农民普遍怀念当年果树种植所带来的美好生活，以及对当前的生计困境充满焦虑，农民普遍表示"果树砍了之后在农村没有收入了，年轻的都外出打工了，年纪大的有的干就干点，没得干就在家闲着，没有收入进城买房的都少了"。

　　案例 7—1：QYH，40 多岁。两个小孩，一个读初中，一个读小学，都在县城读。父母都 70 多岁了，身体也不太好，现在农村养老，每个月给他们点生活费。在县城生活一家人一个月要 3000 元左右，生活压力很大。2012 年买房搬到县城来住，村里有将近一半的人家都在城里买了房子，这是大趋势，不买也不行。在县城没有合适的工作，2015 年之前还是在农村种果树，种了 1000 多株，一家人干一年有十几万元的收入，支持一家人的生活和孩子读书不成问题。后来果树不行了就开始养猪，养猪每年出栏几百头，有时赚有时赔，但还是攒了点钱。今年上半年养猪出栏了 200 头，但是到 6 月份遇到非洲猪瘟损失了几百头猪，一下子没有了收入来源。还有就是现在政府搞环保，原来养猪的地方都成了禁养区，自家的猪舍也被封了。现在养猪也不行了，在城里闲了两个月了，什么事也没干，现在脑袋都是蒙的，不知道干什么了。在县城也接受过就业培训，到电子厂也看过，但是没法就业，工资低，一个月2000元左右，也没有办法维持生活。老婆出去打工有一个月了，跟着亲戚去广东打工了，那里好找活工资也高点，自己还没想好可以干什么，实在不行也只能出去打工了。城里生活压力太大，但是孩子还小，父母年纪也大了，还必须有一个人在家里。现在还闲在城里吃老本，幸好前几年种果树、养猪还存了一点钱，不然真没办法生活下去。在城里生活压力大，"想想都头疼"，进城快十年了，"生活在城里，但是压力还是农村人的压力"，"口袋里没钱，在城里生活也不稳定"。感觉自己还是农村人，还想着以后回农村种果树搞养殖，但是现在还没想好出路。（章县进城农民访谈）

（二）时空压缩与城乡关系互动日常化

县城作为城乡的连接点，县域社会作为农民城镇化实践的时空场域，压缩了城乡时空距离，促进了城乡关系日常化互动。以县域为范围的农民城镇化实践的时空场域，为城乡之间的日常化互动提供了便利条件。在农民尚未进城购房落脚城镇生活之前，除非大件商品的添置需要到县城，传统的乡村集市即可满足农民的日常生活和消费需求。由于没有家庭成员在城镇生活，城乡之间的联系较弱，尤其是日常性互动更为缺乏，农民的生活范围局限在封闭的乡村社会系统中，由此也产生了"城里人"和"乡下人"的差异和区隔。即便是外出务工的打工经济时代，由于中西部农村和作为劳动力市场核心区的沿海城市之间遥远的空间距离，城乡之间的互动也十分缺乏，只是外出农民遵循着周期性的城乡往返。由于大部分家庭成员并没有参与这种互动，大部分打工者也没有在打工城市定居的预期，因此对农民来说，打工城市依然是陌生和缺乏认同感的。农民落脚县城的城镇化实践，赋予了城乡互动的空间便利性和内容的丰富性，拉近了城乡之间的社会距离。农民的县域城镇化实践中，所呈现出的城乡日常化互动的时空特征，主要体现为农民家庭内部的城乡互动日常化，以及农村社会与城市社会之间的城乡关联。

在当前农民城镇化实践秩序中，只有小部分离农户实现了就业、居住和生活在城镇的统一，并逐步与农村社会脱钩。然而对于大部分进城农户而言，尤其是占进城农户大部分的半工半耕农户，并没有实现全部家庭成员进城体面安居，在城镇化进程中也并没有完全脱离农村社会系统，一部分家庭成员仍然在农村生活或者从事农业生产。一般而言，年轻人是进城就业和生活的主体，而中老年人尤其是老年人则依托农村生活和养老，并通过直接或者间接的方式支持城市生活的年轻人。这样也就决定了家庭内部的城乡互动主要是代际间的互动关系，代际间城乡日常互动具有综合性的特征，既包含日常生活的经济互动，也包括更为广泛的社会文化互动。

家庭关系是城乡关联互动的纽带，而家庭间的城乡关系互动主要在日常生活中呈现，构成城乡日常化互动的主要内涵。农民家庭内部城乡互动主要体表现为代际间的城乡互动，在经济层面体现为代际支持，主要是家庭内部农村中老年人对城市年轻人的经济支持。直接的经济支持除了购房等一次性的大额开支，还体现在日常生活层面的频繁的互动和农村支持城市。城镇生活高度嵌入在市场环境中，因此日常生活的货币化开支提高了家庭生活成本，尤其是在县城就业不稳定和工资水平较低的情况下，县城的高消费和低收入形成了对进城农民的双重压力。但是在家庭内部城乡分工的家庭模式下，进城农民的日常生活依然有农村作为依托，可以从开源与节流两个方面降低城镇生活成本。中老年人在农村的农业劳作，除了可以保障自己的生活不给进城子女添负担，同时也可以给予城市生活的年轻人一定的支持，最为常见的是粮食、蔬菜、食用油等生活物资的支持。在年轻人外出务工的情况下，普遍会采取老年人进城陪读的模式，一般是奶奶进城陪读，而爷爷继续依托农村和农业生产获得经济来源，同时陪读生活的开支由中老年人务农和打零工的收入来支持。这样年轻人的务工收入可以形成家庭的经济积累，为将来的城市生活做准备。相对于城市生活的高度市场化，农村生活保持着自给自足的自然经济成分，尤其是农村承担着老年人"低消费、高福利"的养老功能。依托农村来进行养老，可以降低城镇生活的经济压力，是老年人对进城子女间接支持的重要方式。

案例7—2：CBH，62岁，章县冠村人。儿子在县城住，买了房子，在工业园上班，儿媳在超市做售货员，孙子孙女都带到县城读书。儿子、儿媳的收入都不高，一家人在城里生活还没问题，但是也攒不下多少钱。两个老人在农村养老，偶尔自己打点零工，还种了几亩地，种点菜养几只鸡，自己有养老金还有点收入，不用儿子负担。种菜、养鸡自己吃不完，儿子经常开车回来玩，每次都给他们带点回去，家里自己种的蔬菜不用买还新鲜，吃着放心。老人不喜欢吃鸡蛋，但是也不卖，土鸡蛋好吃给孙子孙女攒着，他们一周、半个月回来一次给他们带过去。自己平常也偶尔去城里买药，坐公交车5块钱，也给他们送点蔬菜、油什么的过去，看看孙子孙女。自己去城里吃个午饭下午就回来，一般不过夜，不习惯在城里生活。老年人都很勤劳，只要身体好都不会闲着，不给子女添负担，除非不能动了才让子女养。"年轻人有年轻人的负担，年轻人过得好，老人家也轻松，跟年轻人一起住，他们也有负担"，老年人照顾好自己不给子女添负担就是对他们最大的帮助。（章县冠村农民访谈）

农民家庭内部代际间的日常性互动，不仅为年轻人的城市生活提供了来自农村社会系统的物质支持，同时也在紧密的城乡互动中实现了家庭伦理价值的再生产。在城镇化进程中，农民家庭居住、生活单元的分离，并没有因此而弱化家庭内部的伦理关联，反而进一步强化了代际间的支持关系。在章县等地的农村，有"恩往下流"的思想观念，并且在城镇化带来的家庭再生产压力之下，农村支持城市的力度普遍较强，这种代际支持模式同时也是老年人本体性价值再生产的途径。依托农村社会空间的低成本养老，是农民家庭低成本城镇化的重要实践路径之一。农村老年人不但依托农村生产生活空间实现了"老有所养"，并且通过日常性的城乡关系互动，还能够给予进城子女直接或者间接的支持，进一步实现了农村老年人的"老有所为"。

通过家庭在城乡间的互动机制，农民的城镇化实践实现了对农村社会系统和城市社会系统的双重嵌入，并通过紧密的城乡互动和支持实现农民家庭的再生产。一方面通过农村社会系统对进城农民的支持，既增强了农民家庭城镇化的能力，同时也降低了城镇化的成本和风险，保障了农民努力进城的稳定有序。另一方面农村熟人社会并没有因为农民进城而快速瓦解，反而因为密集的城乡社会关联使农村熟人社会关系向城镇延展，城乡社会一体化程度进一步提高。城市和乡村是人类经济社会发展的结果，共同构成人类社会有机联系的整体，城乡关系并不必然分离和对立，而是构成基本的"城乡连续体"。

在县域城镇化实践的时空场域，随着越来越多的农民向城镇迁移，农村的熟人社会关系很快在城镇中复制和扩展，形成了县域地方社会的特征，进城农民的生活呈现出"亦城亦乡"的时空结构和社会关系模式。在章县城镇和村庄的调研发现，不仅农民家庭内部保持着城乡之间密集的日常化互动，城镇社会和农村社会之间也因为农户之间频繁的互动交往而形成了紧密的社会关联，城乡界限日益淡化。尤其是在现代的交通和通信工具极为便利的情况下，赋予农民城乡之间的沟通交流跨越时空的可能性，城乡之间时空的压缩，增强了城乡社会之间一体化的程度。例如章县进城农民很大一部分购买了小汽车作为城乡之间通勤的工具，城乡之间的公共交通系统也在不断完善，同时每个村落都建了自己的微信群，每个进城农民也有属于自己的亲友微信群。这些都成为勾连城乡社会的大动脉，使乡村社会和城市社会的人员往来、信息交流和资源流通极大地便利起来，城乡之间的"时空距离压缩"保障了城乡互动的日常化和即时性。正是在这种时空压缩的县域社会中的城镇化实践，熟人社会关系网络弥散在城乡社会中，为农民的城市生活适应提供了重要的社会支持和心理安全保障。同时农村公共性社会文化事业也得以维系，农村公共空间继续发挥着重要的农民价值认同和情感归属的功能。

总体而言，在中西部县域城镇化进程中，由于中西部县城普遍缺乏产业基础的支撑，大部分进城农民面临就业不充分的生存和发展困境。虽然保护型城乡关系为进城农民保留了返乡退路，但是城镇就业不充分难以支撑农民家庭在落脚县城之后城市生活的展开。因此，农民进入家乡的县城等中小城镇购房居住，在获得城市医疗、教育等公共服务资源的同时，依然要依靠沿海发达地区的劳动力市场实现非农就业和获得家庭主要经济收入来源，以此来支持家乡县城的城市生活。同时部分老年家庭成员还需要在农村务农和养老，以此减轻县城生活压力。这种拆分型家庭的"三栖模式"，实际上在广大中西部地区农民城镇化实践中，形成了沿海城市或大中型城市、家乡中小城镇和农村的"三元结构"，这也对城乡二元结构理论和线性发展观提出挑战。这种城乡三元结构在中西部农民城镇化进程中有快速发展的趋势，对中西部地区城镇化高质量发展和人的城镇化实现造成重要影响。因此在中西部城镇化发展进程中，应当尊重农民意愿，在缺乏足够产业支撑的情况下，不可通过政府行政手段推动农民大规模进城，更不能在农民实现稳定城镇化之前将农民从乡村"拔根"。通过城镇产业和城镇化协调发展，实现农民的有序进城，以此规避城乡三元结构的扩大化。

二 从"乡土社会"走向"城乡社会"

"乡土社会"是传统以小农经济为基础的中国基层社会的理想类型，这是与现代城市社会所对应的不同社会形态。费孝通指出，中国社会的基层是由土头土脑的乡下人构成的，"从基层看上去，中国社会是乡土性的"，长期处于闭合的不流动状态，在乡土社会的地方性限制下形成了一个由熟人构成的礼俗社会[1]。梁漱溟从中国传统文化出发来认识中国社会，认为乡土社会中的人们彼此负有相当的义务，是相互有伦理关系之人，因此乡土社会是一种"伦理本位"的社会[2]。传统中国虽然不断经历周期性的治乱循环，但是乡土社会依然保持着其自身的稳定性，这源于其内部的自循环系统以及自身的封闭性。当前中国社会正在经历着快速的城市化和现代化进程，处在千年未有之大变局的社会转型期。由于农民的流动性增强，传统乡土社会的封闭状态被打破，农村社会系统与城市社会系统的关联性不断增强，乡土社会的走向和命运也随着农民的城镇化进程不断深入而引起关注。

---

[1] 费孝通：《乡土中国　生育制度》，北京大学出版社1998年版，第6—11页。
[2] 梁漱溟：《中国文化要义》，上海人民出版社2011年版，第76—79页。

中国正处于快速的城镇化进程之中，传统乡土社会的理想模式因为农民的流动和村庄的开放而难以为继，但是也远没有达到"城市的胜利"，及其所形成的高度现代化的城市社会。城镇化作为当今中国正在经历着的深刻的结构性变革，推动中国社会由乡土中国向城镇中国转变，而这一转变的过渡阶段则形成"城乡中国"的社会结构和文化特征①，"城乡中国"被认为是更符合当前转型秩序中的中国社会的定位②。由城镇化开启的中国社会大转型进程，需要经历一个较长时段的乡土中国到城市中国的过渡。与西方社会城乡分立的传统不同，中国地方社会向来是一个城乡连续体构成的"城乡社会"体系，城与乡并非是截然分立的③。

　　在中国农民的城镇化实践中，农民"走出乡土"而选择"落脚县城"的就近城镇化路径。县城作为乡首城尾的结构性特征，使县域城乡社会处于城乡结构的中间位置，发挥着沟通城乡的中间角色。大部分处于城镇化进程中的农民阶层，仍然处于落脚城市而尚未完全融入城市、走出乡土而没有彻底脱离乡土的中间过渡状态，并且这种中间形态还将持续一个较长的阶段。农民进城而未脱离乡土"亦城亦乡"的中间状态，以及县域城镇化的中间位置，也使城乡社会空前紧密地关联起来，这也决定了我国的城镇化道路并非单向度城市化的独特面貌。从农民进城实践的角度看，当前城乡关系不再是传统的"非城即乡"或者"非乡即城"的二元对立关系，而是城乡趋于融合的超越型关系④，县城作为沟通城乡的中介，促进新的城乡社会形态形成，县域城乡社会成为城乡统筹发展的关键节点，理应受到理论和政策研究更多的关注。中西部地区农民的县域城镇化实践有广大的农村腹地作为依托，并且以农民家庭为单位的"半城半乡"的实践机制，

---

　　①　徐勇：《"根"与"飘"：城乡中国的失衡与均衡》，《武汉大学学报》（人文科学版）2016 年第 4 期。

　　②　刘守英、王一鸽：《从乡土中国到城乡中国——中国转型的乡村变迁视角》，《管理世界》2018 年第 10 期。

　　③　熊万胜：《城乡社会：理解中国城乡关系的新概念》，《文化纵横》2019 年第 1 期。

　　④　王春光：《超越城乡：资源、机会一体化配置》，社会科学文献出版社 2016 年版，第 239 页。

形成了以农民家庭为纽带的城乡紧密关联状态，这是当前转型期中国"城乡社会"的独特内涵。"城乡社会"不仅是转型期由乡到城的过渡社会形态，也是农民城镇化行动对社会结构再造的结果，更是农民城镇化实践的动态过程。城乡社会是以农民为主体的城镇化动态实践过程及其对转型社会秩序的再建构过程，并且城乡社会的关联机制继续支持着中国农民城镇化实践的有序性，维持了中国转型社会的稳定和基本秩序。"城乡社会"作为农民城镇化进程的中间形态以及中国社会转型的整体面貌，是理解我国当前诸多转型社会现象的切入口，同时也是一个分析性概念。下面几节将从城乡社会转型期社会的分化秩序、农业转型秩序以及乡土社会秩序重建等方面，揭示中国城镇化进程及社会转型的内在秩序及运作机制。

第二节 城乡社会的有序分化与乡村社会结构再生产

农民的城镇化行动嵌入乡村社会结构中，农民的分化和农村社会的分层是农民进城竞争的重要社会动力来源，同时农民的城镇化实践也推动了城乡社会的生成及其分化。城乡社会的分化遵循农民城镇化的实践逻辑，农民在城乡之间进退有据的行动逻辑和"半城半乡"的实践机制，保障了农民城镇化过程的有序性。城乡社会既分离又统一，以农民为主体的城镇化实践是城乡社会分化的动因和基础，农民城镇化行动促成了城乡社会的有序分化，弥合了二元结构的截然分立状态。在农民分化和加速向城镇转移的背景下，"村落的过疏化"并不意味着乡村社会结构的彻底解体，和城市的最终胜利①。乡村社会有机体具有内部的自我循环系统，面对城镇化和市场化的冲击经历一个重组再造的动态调整过程，实现了乡村社会结构的再生产，保障了乡村社会转型秩序和社会的基本稳定。

---

① 田毅鹏：《村落过疏化与乡土公共性的重建》，《社会科学战线》2014 年第 6 期。

一　城乡社会的分化与去分化机制

从乡土社会向城乡社会的转型，伴随着乡村社会开放和农民流动性增强，农民生计多元化在增强农民经济能力的同时也带来了农户间的分化。村庄内部以农户间的经济分化为基础形成了农村社会的阶层分化结构，农村社会的阶层分化是转型期中国基层社会的基本社会形态。农民的城镇化实践嵌入在村庄阶层分化结构之中，并且构成农民进城竞争的重要动力因素。农民城镇化既是城乡社会分化的结果，同时也是城乡社会结构再造的主体行动过程，城乡社会的分化秩序与农民城镇化行动秩序具有紧密相关性。城乡社会的分化与去分化，主要分三个层次，即城市社会内部的阶层分化、农村社会内部的阶层分化以及城乡社会之间的分化。然而在城乡社会的实践秩序中存在着城市社会和农村社会内部的去阶层分化，以及避免阶层固化的社会流动机制，同时也避免了城乡之间二元结构的固化。首先，农民的有序进城和顺利返乡机制，保障了农民进城失败的顺利返乡权从而避免沦为城市底层群体，一定程度上抑制了城市社会内部的两极分化。其次，在城镇化背景下，村庄内部的去分化机制由农村上层向城市的转移机制，以及农村以家庭为单位的小农经营模式的抑制分化机制来达成。农村小农经营制度下，农民家庭劳动力分工和家庭经营限度维持了小农经济的延续性。在农村土地等资源再配置过程中，小农户均衡分配秩序和家庭劳动力经营能力限度约束下，抑制了农村资源的过度集中带来的阶层加剧分化。正是城乡社会及各阶层间的有序分化和流动，避免了城乡二元结构的进一步分化和固化。

根据前文论述，在农民流动和城镇化转型过程中，根据农民与农村和土地的关系状况，可以将农户分为离农户、半离农户、半工半耕农户和纯农户等。在农村社会各阶层中，离农户处于社会阶层的上层，城镇化意愿和能力都是最强的，并且由于在城镇有稳定的就业和较强的经济积累能力，基本实现了城市社会生活的融入，成为实质意义上的"城里人"。半离农户具有较强的城镇化意愿和能力，他们的就业和生活重心已经转移到城镇社会，具有离农化趋势，他们紧随离农户的城镇化步伐，处于逐步的城市融入阶段。在当前农村社会阶层分化和农民城镇化进程中，离农户和半离农户所占农户的比例并不大，并且随着他们融入城市社会程度的提高，对农村社会的脱离程度也不断提高，直至最终成为城市社会的中产阶层，完成城镇化进程。离农户和半离农户的家庭再生产和社会价值面向已经逐步转入城市社会，其社会竞争的参照对象也是城市社会主体尤其是城市中产阶层，基本退出了农村社会的分化与社会竞争。

对于"离农户"和"半离农户"而言，他们在城市有相对稳定的就业和较高的收入，并且长期的城市生活使他们对城市的融入程度较高。离农户和大部分半离农户具有较强的城镇化能力，基本过上了稳定而体面的城市生活，实现了向城市中产阶层的社会流动。离农户和半离农户已经脱离了与农村直接的经济利益关联，他们普遍不依赖农村的土地和农业生产等获得家庭经济来源。因为稳定的城镇非农就业和较高的收入已经可以保障他们过上稳定的城市中产阶层生活，同时正式就业基础上的社会保障，基本可以保证他们不至于沦为城市社会的底层，这也是他们与农村脱离经济利益关系的前提。在城镇化快速发展和城镇人口集聚的进程中，正是城镇化能力较强的离农户和部分半离农户的加入，扩大了城市中产阶层的群体比例，这也是大部分处于城镇化进程中的农户所追求的理想目标。

半工半耕农户是当前农村社会的主要阶层，这一阶层所占农户比例最大，并且其家庭再生产和社会价值面向与农村社会的关联十分紧密。同时半工半耕阶层也是县域城镇化参与的主体力量，当前中西部地区县域城镇化的快速发展正是由这部分农户大量进城推动的。半工半耕农户的城镇化能力相对有限，他们进城购房的动力主要是服务于家庭再生产和家庭发展的功能性需要，比如子女结婚、小孩教育等。由于在城镇缺乏稳定的就业机会，即便进城购房了，但是也很难在家乡城镇完成家庭再生产和家庭发展的任务，因此半工半耕农户一般采取"拆分型家庭"再生产模式和劳动力分工策略。家庭中的年轻劳动力需要继续到沿海发达地区务工，以获得家庭经济积累的主要来源，并以此支持整个家庭的城镇化实践。而家庭中的中老年劳动力则可以继续在农村务农或者在家乡城镇从事灵活的非正规就业，作为家庭的辅助劳动力主要承担照顾家庭的责任并同时获得家庭经济补充。

在章县等中西部地区的农民城镇化实践中，半工半耕农户，即便在县城购买了商品房也很少会全家进城居住，大部分家庭是由作为家庭辅助劳动力的中老年人或者妇女进城陪读，甚至一部分购房户在城镇的住房长期空置。对于半工半耕农户而言，他们既有依托家乡城镇寻求发展的动力，同时也要继续依托农村社会系统应对城镇化的生存压力和风险，他们是城乡社会的主要行动主体。半工半耕农户的城镇化实践既是连接城市社会和农村社会的桥梁，同时也是城乡社会分化和去分化机制的主要实践主体。

半工半耕农户作为城镇化实践的主要阶层主体，在城镇化进程中同时面临着城镇日常生活的压力和城镇化风险，其城镇化实践具有对城市社会系统和农村社会系统的双重嵌入性。在拆分型家庭模式下，半工半耕农户通过家庭主要劳动力在城市的打拼来寻求家庭整体性发展，同时部分家庭辅助劳动力维持农村的基本生产生活秩序。通过家庭主要劳动力在城镇的长期打拼，一旦获得在城镇稳定就业和较高的收入水平，获得足够的家庭经济积累满足全部家庭成员体面安居的条件，这部分农户就会适时向城镇转移，并最终实现城镇化目标。实现向城市中产阶层流动的半工半耕农户，就会逐渐脱离农村社会，成为离农户和城市中产阶层的一分子，纳入城市社会系统。

然而，也会存在部分农户在城镇化实践中，并没有获得城市稳定的就业机会以及缺乏足够的家庭经济积累而难以在城镇体面安居。通过一代劳动力的努力这部分农户还是面临着城市生存压力，无法实现向城市中产阶层的流动，面临城镇化失败风险。但是由于有农村社会系统作为依托，在城镇化的实践中他们保留在农村社会的存在，部分家庭成员还在农村维持基本的生产生活秩序。农村有承包地作为生计保障，有住房，在农村还可以有尊严地继续参与农村社会系统的社会生活，而不至于因为丧失农村的归属，沦落为城市无产化的底层群体。正是因为农村集体土地制度对农民"耕者有其田、居者有其屋"的基本权利保障，使城镇化过程中的农民不至于面临安全风险和不确定性带来的巨大焦虑感，正如农民所说"城市生活不下去大不了以后回农村去"。正是在当前农村基本的集体土地制度和农民家庭策略安排的基础上，为农民遭遇城镇化风险保留了基本的返乡权及返乡的可能性，因此即便是城镇化失败的农户也不至于沦落为城市的底层边缘群体，城市社会内部的阶层结构分化和固化也不至于因为农民的进城而加剧。对于城镇化进程中的农民，一旦城镇化实践成功便可实现向城市中产阶层的流动，一旦城镇化失败也可以顺利返乡，继续通过家庭代际间的努力去完成城镇化目标。并没有造成既无法融入城市也无法返回乡村而形成的社会结构底层的集聚，及其带来的社会结构紧张和不稳定后果①。

　　就农村社会内部的阶层分化而言，正是因为离农户和半离农户向城镇社会的流出，释放了农村社会的经济机会空间，从而缓解了农村人地关系的紧张状况，给对农村有依赖的农户留出了更大的发展空间。因为农民的流动和进城，当今农村社会正在经历一个资源重新配置的过程。部分半工半耕农户和纯农户以及进城失败的返乡农民，通过农村社会内部的土地流转而扩大了农业经济规模，从农村获得更强的经济产出能力，进一步增强了家庭经济积累能力。在农村社会内部的资源重新配置过程中，主导模式还是以农民家庭为基础的小农户经营模式，在农村资源限度和农户经营能力之间实现均衡。绝大部分半工半耕农户在城镇化进程中，依然保持着家庭中的老年人对家庭承包地的农业经营，并通过家庭主要劳动力在城市务工，以及家庭辅助劳动力在农村的务农，同时获得了务工和务农两部分收入。由于绝大部分农户收入来源，是通过劳动力和农村承包地和城市劳动力市场的结合获得的劳动收入，因此在家庭劳动力结构和劳动力质量相似的情况下，半工半耕农户间的分化并不会很大，保持相对的均质性。一部分在村发展的农户通过适度扩大经营规模和农业经营结构的调整，而获得了并不比外出务工差的家庭收入，并通过持续的经济积累增强了家庭城镇化能力，并可能最终实现向城市社会的流动。实质上在城镇化进程中，处于农村上层和中上层的离农户、半离农户以及部分半工半耕农户，随着他们顺利实现城镇化发展目标，而逐步脱离农村社会。同时给继续在村发展的农户提供了进一步发展的空间，从而在拉平机制下抑制了农村社会内部的分化。随着农业现代化发展和农村基础设

---

①　李强：《"丁字型"社会结构与"结构紧张"》，《社会学研究》2005 年第 2 期。

施的改善，在村发展农户不论在经济收益水平还是在生产生活条件方面，与城市中产阶层的差距也在不断缩小，这样城乡之间的社会结构差别逐渐被分工差异取代，农业经营成为一种社会职业。因此部分农村上层农户的离村进城，并不必然意味着农村社会的整体塌陷而沦为底层群体的聚居地。

当前我国城乡关系已经转变为对城镇化进程中的农民阶层的保护型城乡关系，农民既获得了向城市流动的自由，同时也保留了基本的返乡权。城乡社会的运作机制是通过农民城乡之间的双向流动实现的，是农村社会系统和城市社会系统之间的双向关联，在赋予进城农民向城市中产阶层流动空间的同时，也为遭遇城镇化失败风险的农民保留了返乡退路。正是因为城乡社会之间以及阶层之间流动的渠道是畅通的，既避免了城市社会内部的阶层分化加剧和阶层固化，同时也有效抑制了农村社会内部的阶层分化，为在村农户的城镇化和社会流动提供了社会基础和物质条件。城乡社会的这种有序分化和去分化机制，进一步弱化了城乡二元结构的扩展和固化，为城乡一体化发展进程奠定了基础。

二　城镇化进程中乡村结构再生产与社会秩序稳定

在线性现代化和依附理论下，农村人口向城市迁移、乡村社会向城市社会转化，人口流失且处于依附状态的农村必然难逃衰落的命运。城市化和工业化的快速发展，打破了乡村社会原有的平衡，改变着整个社会结构，因此孟德拉斯提出了"农民的终结"这个话题[①]。农民的终结是孟德拉斯基于 20 世纪法国社会的巨变提出的理论思考，当今中国的城镇化和现代化带来的巨变也正在普遍上演，数亿中国农民"正站在工业文明的入口"。李培林基于中国珠江三角洲的城中村的研究，系统讨论了工业化和城市的扩张对传统农村带来的影响和巨大的冲击，并提出了"村落终结"的理论命题[②]。然而不仅发达地区

---

① ［法］H. 孟德拉斯：《农民的终结》，李培林译，社会科学文献出版社 2005 年版，第 1—6 页。

② 李培林：《村落的终结——羊城村的故事》，商务印书馆 2004 年版，第 1—8 页。

和城中村正在经历快速的城镇化发展过程，即便是中西部地区的普通农村，也因为农民流动性增强以及大量农民进城，而不可避免地卷入城镇化发展的大潮中。也许在现代化的终点上，会是城市的全面胜利以及村落的终结。但是对于中国这个有着千年农业文明的古老国家，农业社会的根基以及占人口大多数且数量庞大的农民群体，其城市化和现代化进程远非农民由乡入城的空间迁移那么简单，必然要经历一个漫长的转型过程。在中国改革开放之后几十年的工业化和城镇化进程中，城镇化不仅改造了村落社会结构，同时也带来村落社会文化的裂变和新生。那么城镇或者城市社会是否就是农民和村落的终结点，对于当今中国而言这依然是一个悬而未决的议题。行动者与社会之间的互动关系是社会学视角的核心关注点，行动者的社会行动嵌入在社会结构之中，同时也促进社会结构的转型和再生产。在城镇化转型秩序中，农民作为城镇化的行动主体，农民的城镇化行动逻辑和实践秩序，正是转型过程中乡村社会变迁路径和社会结构再生产的载体。

农民的城镇化实践在乡村社会结构分化的背景下展开，并嵌入村庄社会结构之中，同时农民的城镇化行动也进一步推动了村庄社会结构的再造。在广大中西部地区农民的县域城镇化实践中，农民进城并没有导致乡村社会的彻底解体。这源于大部分农民的城镇化实践需要继续依托乡村社会系统的支持，大部分农村进城主体并没有彻底脱离乡村社会，因而保持了乡村社会结构的基本再生产能力。城镇化进程中乡村社会结构再生产主要通过两种方式或实践机制来实现。其一是由农民的拆分型家庭再生产与接力式进城的微观实践机制达成，即部分家庭成员进城寻求发展，同时部分家庭成员继续维持农村社会的生产生活秩序，农村社会再生产与农民家庭再生产和其城镇化过程紧密相关。只要大部分农民还依赖农村社会来实现其家庭再生产和维持城镇化秩序，乡村社会就不会终结，村庄社会结构就有再生产的主体力量。其二是由乡村社会经济机会空间的释放以及资源再配置来实现。在部分农民进城的情况下，依然有部分乡村社会主体依托农村经济空间寻求生存和发展，成为农村社会的中间阶层，他们是农村社会结构再生产的结果，同时也是维持农村社会秩序的基本主体力量。在农民家庭再生产和农村中间阶层再生产机制下，农村社会的"自循环体系"① 得以保存，既保障了农村社会再生产的有序性，同时也能继续发挥农村在城镇化和现代化过程中的社会稳定器作用。

首先，以家庭为单位的农民城镇化实践和家庭再生产秩序是乡村社会结构再生产的重要途径之一。在农民的城镇化实践秩序中，除了少部分离农户和半离农户实现了体面安居的城镇化目标，并逐渐脱离农村，但是由于这部分农户在当前农村社会分化结构中还属于少数，对农村社会秩序并不构成根本性冲击。而作为农村社会大多数的半工半耕农户，他们是农村社会的主体力量，同时也是维持农村社会结构再生产的关键主体。处于城镇化过程中的大部分半工半耕农户，由于中西部县域经济发展水平的制约及农民家庭城镇化能力的限制，短时间内还不具备全部家庭成员进城安居的条件。既是出于缓解城镇生活压力的考虑，同时也是应对家庭再生产和家庭城镇化风险的理性策略选择，半工半耕农户在城镇化进程中普遍采取"拆分型家庭"再生产模式以及接力式进城路径。部分家庭成员进城的同时，依然保留部分家庭成员在农村生产生活，并通过代际支持的家庭合力方式，实现农村社会系统对农民城镇化的支持。通过农村社会系统的支持，部分农户逐渐实现了在城镇的稳定就业和较高的经济积累能力，并顺利实现向城市中产阶层的流动，家庭生活和再生产空间完成向城市的转移。然而还有一部分农户在长期的城镇化实践中，并没有实现城镇的稳定就业，也不具备全家体面进城的目标。原来在城镇奋斗的年轻一代也进入中老年阶段，为了缓解城镇化压力及应对城镇化带来的家庭再生产风险，农民的理性选择是回到农村并通过代际合力继续支持下一代在城市奋斗，预期在不远的将来实现整个家庭的城市梦。正是处在城镇化进程中的农户，通过对城乡社会系统的双重嵌入，在保障其城镇化秩序和家庭再生产秩序的同时，也维持了农村社会秩序及其结构再生产。

其次，在农村阶层分化和农民城镇化实践中，部分农户依然立足农村寻求生存和家庭发展，他们成为维持和支撑农村社会结构的主要

---

① 王德福：《半工半耕与乡村社会的自循环体系》，《经济导刊》2014 年第 10 期。

力量。虽然越来越多的农户有主动城镇化的意愿，并且已经进城购房"落脚县城"迈出了城镇化的步伐。在江西章县等地的调研发现，农村进城购房农户的比例普遍达到30%以上，甚至有些地方高达50%以上，并且这一趋势还在快速发展中。但是仍然有很大一部分农户暂时没有城镇化的意愿或者打算立足农村寻求发展，他们既是农村社会基本秩序的维系力量，也是农村发展的主体力量。随着部分农户向城镇转移，释放了农村的经济空间，这些在村谋求发展的农户通过土地流转等方式成为适度规模经营主体，并不断捕获乡村社会中的各种发展机会，成为农村社会的中间阶层和"中坚力量"①。农村社会的中坚群体的产生是农村社会结构重构的结果，他们不仅是在村谋求发展的中间阶层，同时也是维系乡村社会转型秩序和推动乡村发展的中坚力量，他们成为城镇化背景下农村社会结构再生产的主导者。在农村人口外流和农村资源再配置的作用下，农村社会维持着一个占主导地位的中间阶层。农村中间阶层的补充主要有两种来源，一是部分外出务工者或者进城不稳定的农民随着年龄的增大逐渐回归乡村，一些年龄并不算大的农民转化为中间阶层。另一种路径是原来的耕种自家承包地的小农户通过土地流转成为适度规模经营户，从而补充壮大农村中间阶层的力量。农村中间阶层的生成和再生产，成为当前农村社会结构再生产的主要机制，维持着农村社会转型秩序，他们成为城镇化背景下抑制乡村走向终结的重要力量。

城市化和现代化往往伴随着社会的不稳定甚至政治上的动荡②，这种现代化发展带来的社会阵痛是西方发达国家曾经经历过，并且部分发展中国家在其城市化和现代化过程中正在经历着的。西方发达国家和部分发展中国家在其城镇化进程中所经历的社会乃至政治震荡，重要原因在于其单向度的城市化发展模式，即进城农民以无产化的方式向城市转移，一旦缺乏稳定的就业和收入，极有可能沦入城市"贫民窟"。这种缺乏农村缓冲的单向度城市化发展模式，往往伴随着城

---

① 贺雪峰：《论中坚农民》，《南京农业大学学报》（社会科学版）2015年第4期。

② ［美］塞缪尔·亨廷顿：《变化社会中的政治秩序》，王冠华等译，上海人民出版社2008年版，第31页。

市底层群体的扩张，并带来社会不稳定的隐患。温铁军指出，中国是唯一的有 2 亿的大规模流动人口，但是却没有出现大规模"贫民窟"并且保持社会秩序稳定的国家①。这种快速城镇化和现代化发展中的社会稳定，主要是因为中国有农村社会为基础应对可能出现的城镇化及各类社会危机。正是因为城镇化过程中的农民在遭遇城镇化风险时有农村可以回得去，从而避免了沦为城市游民的命运及可能引发的社会不稳定，这已经在历次社会危机来临时所出现的"农民返乡潮"中得以体现。

传统中国社会构造具有稳定性，在伦理本位的社会中，社会家庭化以及有职业分途而无阶级分野的社会结构特质，维系了以乡村为主体的中国社会的超稳定结构②。中国的城镇化进程正是建立在中国传统文化基础上以及无阶级分立的社会基础之上的，农民加速进城并没有引起农村社会的快速瓦解，中国社会的基本结构秩序还在维系。通过以农民家庭为单位对城市社会和农村社会的双重嵌入机制，既维持了农民城镇化实践的有序性，同时也促进了乡村社会结构的再生产，为农民进城失败后能够顺利返乡奠定了物质基础和社会基础。我国作为发展中的以村人口占多数的人口大国，我国目前的经济社会发展水平还难以保障大部分农民都能实现稳定的城镇化。尤其在中西部地区农民县域城镇化实践中，大部分进城农民暂时还缺乏稳定的就业和城市生活保障，面临着城镇化的生存压力及进城失败的风险。正是建立在农村土地集体所有制等制度基础，以及农村有序分化与结构再生产等实践基础之上，既保障了农民进得了城，同时也返得了乡，不至于引起突出的社会问题及社会不稳定。这正是中国保持快速的城镇化和现代化发展，同时维持社会秩序的基本稳定的制度优势和实践优势所在。

第三节　以农民为主体的"乡土重建"

从城乡社会的有序分化及农村社会结构再生产的角度，城镇化进

---

① 温铁军、温厉：《中国的"城镇化"与发展中国家城市化的教训》，《中国软科学》2007 年第 7 期。

② 梁漱溟：《乡村建设理论》，上海人民出版社 2011 年版，第 32—38 页。

程中村落并没有走向终结的命运，并且农村社会继续发挥着城镇化快速发展过程中社会"稳定器"的基本功能。在城镇化快速发展以及农村人、财、物外流的背景下，农村的基本社会结构还能得以维系，但是农村居民的生产生活秩序也不可避免地受到城镇化的冲击。从以农民为主体的城镇化实践的角度来看，维系和重建乡村社会的生产生活秩序，不仅是在村生活居民的迫切需求，同时对于处于城镇化进程中的农民来说也是十分必要的，良性循环的城乡社会秩序对于县域城镇化的有序发展不可或缺。在城镇化和现代化冲击下的乡村社会转型中，"乡土重建"不仅是重要的理论问题，同时也是具体的实践性问题。乡村建设不仅仅是单一的乡村问题，同时也是中国转型期的整体性问题，乡村社会秩序的维系关乎中国城镇化和现代化的稳定有序，从这一点来看，乡土重建或者乡村建设，如同梁漱溟所言"乡村建设，实非建设乡村""而意在整个中国社会之建设"①。在中国快速的城镇化和现代化转型背景下，乡土重建意在维持转型中国的乡村基本生产生活秩序，使乡村继续发挥好千年未有之大变局中社会"稳定器"的作用。农民是乡村社会的主体，同时也是乡土重建的基本力量。工业化和城镇化带来了农村社会的分化，农民的就业和收入对农村和土地的依赖性程度发生分化。转型期的"乡土重建"必须以农民为主体，同时立足在农村和农民分化的现实社会基础之上，回应和维系好农民基本的生产生活秩序和城镇化实践秩序。

一 谁是农民？——城镇化背景下农村主体力量再认识

在城镇化和农村人口流动的背景下，要进行回应农民需求、以农民为主体的"乡土重建"，首先必须要对"谁是农民"有一个新的认识。谁是农民不仅是一个户籍身份的制度问题，更是一个分化秩序下的实践性问题。城镇化不仅是现代化和经济发展问题，更是转型期"新三农问题"的根源，其中农民离乡进城和农村土地资源的重新配置利用是城镇化引发的新三农问题的焦点②。随着农民向城镇的迁移，

---

① 梁漱溟：《乡村建设理论》，上海人民出版社2006年版，第9—24页。
② 华生：《城市化转型与土地陷阱》，东方出版社2014年版，第61页。

原本拥有农村户籍的农户也许已经成为实质意义上的城镇居民，他们不再参与农村具体的生产生活，同时对农村的依赖性也极大地弱化，逐渐与农村脱钩，在具体的实践秩序中已经不再是农民了。"谁是农民"要基于当前农民和农村社会的分化，以及农民城镇化的具体实践秩序来进行重新认识。

在城镇化背景下，农民加速向城镇流动，农民群体之间产生了较大的分化，不再是同质意义上抽象的农民，同时村庄社会也不再是均质的，形成了阶层分化的结构与秩序。在农民城镇化进程中，农村社会分化为离农户、半离农户、半工半耕农户、纯农户等几个不同的阶层主体。虽然不同阶层的农户都共同拥有或者部分家庭成员拥有农村的户籍身份，但是他们对农村和土地的依赖程度已经发生了很大的分化，与农村社会的关系面向是不同的。离农户已经基本完成了城镇化进程，实现了全部家庭成员在城镇的体面安居，虽然全部或者部分家庭成员还保留着农村户籍，但是他们已经不再依赖农村社会和土地维持生产生活，逐渐与农村社会脱钩。从形式上看离农户还有农村居民的身份特征，但是实质上他们已经融入城市社会不再参与农村社会的生产生活，不再是农村社会的内生性主体力量。半离农户也基本实现了生产生活重心向城镇的转移，并且具备了一定的城镇稳定生活能力，虽然还有老人或者其他部分家庭成员在农村生活，但是他们与农村社会的关联已经十分弱化。随着城镇化能力的进一步增强，老年父母的衰老或者去世，他们很有可能彻底与农村社会脱钩而成为离农户。从某种意义上来说，半离农户的主要生活面向和利益关联已经脱离农村社会，不再是农村社会建设的直接参与主体，也不构成实质意义上的农村内生性主体力量。

从农村社会分化和农民城镇化实践的视角，半工半耕农户和纯农户对农村社会和土地都保持着较强的依赖性，这部分农户生产生活秩序的维系要么对农村社会系统的依赖性较强，要么生产生活的重心就在农村社会内部。从笔者对中西部地区的农村调研来看，半工半耕农户和纯农户依然占据农村农户的大部分，他们是农村社会的主导阶层和农村社会的主体力量。但是半工半耕农户和纯农户与农村社会的关系模式并不相同，他们对农村社会系统的依赖关系特征决定了他们的需求是有差异的，这也决定了他们对乡村建设的需求和参与模式的差异。

具体来说，在长期的进城打工过程中，半工半耕农户的家庭生计已经转变为以务工收入为主、以务农为辅的结构模式。虽然半工半耕农户对农业生产的直接依赖程度有所降低，但是在城镇化背景下对农村社会系统的整体依赖性依然很强，他们对农村社会系统的嵌入是以"老人农业"及其家庭中的老年人在农村养老的方式实现的。因此半工半耕农户对乡村社会建设的参与，主要是以家庭中的中老年人为主体的，并且以服务家庭的小农生产和农村养老为主要目标。纯农户的主要生产生活空间和利益面向都在村庄社会内部，尤其是纯农户中的适度规模经营主体或者"中坚农民"群体，对农业生产秩序和农村社会秩序的维系和建设有强烈的意愿。并且在实践中他们也发挥着乡土重建主体力量的作用，是农村社会建设的"中坚力量"①。作为农村社会的主要内生性阶层主体，半工半耕农户和纯农户承担着转型期农村生活秩序维系、农村治理有序和农业现代化的任务，下文将分别展开论述。

二 农村的"老人农业"与自主养老空间建构

当前占农村农户绝大多数的是半工半耕农户，据研究者的相关估算，在中西部地区的普通农村，半工半耕农户占农户比例的60%甚至更高②。半工半耕农户不论是其中的进城购房处于城镇化过程中的农户，还是继续外出务工暂时没有城镇化意愿的农户，其共同特点是普遍采取"以代际分工为基础的半工半耕"的家庭劳动力分工模式。作为家庭主要劳动力的年轻人外出务工或者进城生活，而家庭中的老年人则返乡务农或者在村养老。由此来看，在城镇化背景下，中西部农村的在村主体绝大多数是老年人群体，这也是大部分中西部普通农业型村庄普遍面临的村庄老龄化困境。老年人作为中西部农村生产生活的重要主体，以"老人农业"作为其从事生产的主要方式，而在

---

① 贺雪峰：《中坚农民的崛起》，《人文杂志》2014年第7期。
② 贺雪峰：《论中坚农民》，《南京农业大学学报》（社会科学版）2015年第4期。

农村的自主养老则是老年人在村生活的主要内容。因此老人年作为"乡土重建"的重要内生性主体之一，维系老人农业生产秩序和农村自主养老秩序，是乡土重建的重要内容。

农村的"老人农业"是当前农村小农经济的主要生产组织形式，在城乡社会转型中老人农业发挥着多重功能。首先，老人农业承担着农业生产的功能，是城镇化背景下维持农业生产秩序的重要主体力量之一。其次，老人农业生产秩序的维系不仅是农业问题，更是城镇化进程中重要的农民问题，老人农业作为农村老年人自主养老的重要经济空间，对于维系农村养老秩序和支持农民家庭城镇化有序发展发挥着重要作用。

农村耕地集体所有、分户承包经营制度，是中国小农经济的重要制度基础。在中国农村长期以来的人地关系紧张状况下，形成了"人均一亩三分，户均不足十亩"的小农户经营模式。受户均耕地规模的限制，单纯依靠农业生产难以维持家庭生计，于是农村青壮年劳动力普遍向城市劳动力市场转移寻求非农就业机会，在农户"半工半耕"生计模式下老年人自然成为农业生产的主要群体。老人农业既保留了家庭生计中的农业收入部分，同时也避免了大规模的耕地抛荒。在农村劳动力流出背景下老年人成为农业生产的主要力量之一，部分农村地区出现的农地抛荒并不是没人种地，而是农业生产条件差、"地不好种"带来的问题，因此农地抛荒情况多集中在耕作条件较差的丘陵山区。国家各项惠农政策增强了农民种田的信心，国家资源下乡也逐步完善了农业基础设施，尤其是随着农业机械化水平的不断提高，以及农业社会化服务体系的完善，种田变得越来越便利。在中西部农村调研中，农民普遍表示种田不再辛苦反而是很轻松的活，即便60岁的老人耕种全家人的承包地也没问题，甚至身体条件好的低龄老人还通过土地流转适当扩大种植规模。

案例7—3：ZGQ，65岁。两个儿子一个在县城住，一个常年在外面打工，家里十来亩承包地两个老人在种，一半田种水稻，一半种李子，家里有小型农机。"现在种田简单，路国家给铺了，水国家给通了，耕地自己可以干，收割花钱请收割机，平时就是管理一下。"

在村里大多数是 60 岁上下的人在种田，村里的老人能动的都还在干活没有闲着的，"活到老干到老，没有个时候，啥时候干不动就不干了"，年轻人大部分出去了，老人种田完全没问题，村里的田很少有荒的，都在种着，现在种田很方便一点不辛苦。平时管理几个邻居可以相互帮忙，太累的活可以花钱请人用机器干，卖李子的时候邻居你帮我、我帮你，有时候在县城的儿子也会回来帮忙。种田总比闲着强，闲着也不知道干什么，种田还能打发时间，换点生活费，不用给儿孙添负担，有钱还能帮他们，过年过节孙子回来给他们点零花钱，总比向他们（儿子）要钱强。（章县张村农民访谈）

章县的很多村庄都进行了土地整理和高标准农田建设，很大程度上改善了农业生产的基础条件，给老人种田提供了便利。一些没有进行农田整治的村庄，虽然大部分土地都由老年人或者其他经营主体在耕种，但是普遍面临着水、电、路等基础设施破败的限制，给农业生产带来了极大的不便。在这些村庄，从事农业生产的农民最迫切的需求就是改善农业基础设施。经过二三十年的发展，章县的水果产业已经形成了完善的社会化服务体系，从种植环节到对接市场的销售环节，都有相应的服务主体和完善的服务体系，让老人种地不再犯愁。

老人农业除了维系农业生产秩序以外，还是农民家庭生计结构的重要组成部分，是老年人依托农村进行自主养老的经济基础，同时还是农民家庭遭遇城镇化风险能够顺利返乡的物质基础。虽然依托于自家承包地的老人农业不再是家庭主要的经济来源，但是作为家庭的经济补充发挥着不可或缺的作用。一方面老年人在村从事农业生产，可以维持城镇化进程中农民家庭在村庄的存在，老年人不仅可以在村照顾家庭维系乡村社会交往，而且依靠农业生产收入以及部分零工收入就可以维持农村生活的开支，减轻了进城子女的负担。有了老年人在村照顾家庭，处于城镇化过程中的农民就不会彻底脱离农村，将来遇到进城失败的风险还有农村可以回得去。另一方面，家庭中的年轻成员进城了，由于大部分家庭无力负担老年人进城养老的经济开支，所以农村自然成为老年人自主养老的场所。老年人在村养老，通过和土地的结合就可以保持着生产性的角色，而不像进城养老只能成为增加

216

家庭经济负担的消费者。正如案例7—3的ZGQ所言"农村老人活到老干到老"，老年人在农村的养老和农业劳动是一体的，老人农业的经济产出足以支撑老年人在农村的自主养老。正是通过这种"终生劳动"的方式，老年人养老维持了自主的经济空间，而不是依附于子女，通过"老有所为"的劳动养老方式，农村老年人继续为家庭做出贡献，同时获得养老生活的自尊和满足感。对于半工半耕农户中的进城农民家庭来说，由于缺乏足够的经济能力支持老年人在城市的养老消费，大部分有劳动能力的老人是在农村采取自主养老的方式，到了老人丧失劳动能力时要么把老人接到城市养老，要么部分家庭成员回村为老人养老送终。这也是中西部地区农民低成本城镇化的重要实践机制。

农村老年人自主养老除了依托"老人农业"的经济空间外，农村熟人社会的社会文化空间也是重要的基础，老人农业和农村熟人社会的结合，为老年人提供了"低消费、高福利"的农村养老场所。在城镇化和农村人口流出的冲击下，农村熟人社会关联及自组织能力在不断弱化，农村养老的公共社会文化空间也不断压缩，因此需要加强以老年人为主体的农村自主养老的社会文化建设。在国家制度化养老供给能力有限的情况下，家庭养老和社区养老是转型期老年人养老的主要模式，而家庭成员进城的情况下，农村家庭养老也面临着结构性困境，因此加强农村社区公共养老组织和社会文化建设十分必要和紧迫。在当前的农村自主养老公共空间建设中，除了地方政府和市场力量等主体的参与外，老年人本身作为村庄内生性主体，是农村养老模式建设的重要主体力量，应当加强农村老年人养老的自组织能力建设。

章县的很多村庄，在地方政府推动或者村级组织引导下，近年来普遍成立了基于老年人自组织的"老年人协会"。老年人协会的主要功能是为老年人提供养老生活的公共空间，组织老年人开展公共文化活动，加强村庄共性养老文化氛围等软文化建设，为养老困难群体提供力所能及的帮助。其宗旨正是通过加强老年人的自组织能力建设，服务于农村老年人的自主养老。"老年人协会"等老年人自组织养老模式的建构，需要几个主要的基础性条件：一是组织主体，二是活动空间、资金等物质基础。以章县冠村的老年人协会建设为例，在村级组织的指导下，2018 年冠村开始成立由老年人自组织的"老年人协会"，组织和服务于村庄老年人的日常养老。老年人协会主要由 60 岁以上的男性和 50 岁以上的女性组成。由村级党组织和村委会把关，老年人自己选组织者。主要组织者的人选有以下标准：一是"在社会上有点影响的人"，即有一定社会权威的老年人，他们既热心于村庄公益事业，自己本身的为人处世也能够得到群众认可；二是年龄一般男性超过 60 岁、女性超过 50 岁，这些人都是完成"人生任务"，同时家庭条件还可以的"负担不重的人"，这些有闲的人能抽出更多时间和精力来组织公共活动。表 7 - 1 是冠村老年人协会主要组织人员及其家庭情况。

表 7 - 1　　　　　　　　冠村老年人协会主要组织者情况

职务	年龄	负责事项	家庭情况
会长	62 岁	会长是党员会推荐的，最主要的是自己有这个爱好。负责全面工作	章县林业部门退休职员有社保，其他家庭成员是农村户口。目前自己在村里种 10 亩左右的果树，在村里养老，带孙女读书，儿子在深圳工作
副会长	72 岁	集体时代在宣传队做过，吹拉弹唱什么都会，可以带头组织文艺活动	在家养老，两个儿子条件还可以，一个儿子在家，一个在城里住
秘书长	69 岁	爱好书法，在老年人协会写写画画，出版报。既可以负责老年活动室的管理，也可以做宣传工作	当过民办老师，现在在家种田，也没有什么事
出纳	65 岁	认真负责大家都信得过，主要管理老年人协会的财务	在镇里园艺站上过班，现在退休在家，有些养老金，经济还可以
会员	65 岁	在村里辈分最长，热心公益事业，自己也喜欢组织参加公共活动。日常活动和节庆活动的组织参与	他自己开过饭店，现在不干了，房子出租出去，两个老人在家里养老，儿子在东莞做服装批发生意
会员	61 岁	负责老年人协会日常管理维护工作	在老年人协会旁开商店，每天都在，开商店人缘广，大家找他也方便

职务	年龄	负责事项	家庭情况
会员（女）	56岁	在老年人协会主要做女性的工作。喜欢唱歌跳舞，负责组织了村里的广场舞，节目排练她和几个妇女一起组织	村书记的老婆，家庭负担不重，有空闲时间

冠村老年人协会建设，既有"负担不重"的老年人牵头组织，同时也能够回应大多数老人的需求。现在农村"私人生活的兴起"串门越来越少，老年人都希望有个公共空间来度过日常的养老生活，冠村老年人协会每天都有二十人左右去休闲娱乐，能够经常参加的稳定会员也有几十人，组织公共活动时人数更多。老年人协会的场地是村里废弃的小学，不用花费很大的建设成本，日常的水电费等小的开支，村委会用集体经济收入来负担。与此同时，老年人协会的日常运转和活动经费，也得到村庄热心人士的捐助。比如冠村老年人协会成立时就有村庄成功人士及村民自愿捐款达7000多元，茶叶等物资也是村庄成功人士资助的，"每家都有老人，这样的事情大家都很积极"。在章县茅村调研，村里也有老年人自组织起来的"老年人协会"，并且在农村老年人日常养老生活中发挥着重要的功能，张村的老年人协会在村庄老年人的迫切需求推动下也已经在筹划之中。"老年人协会"等自组织，成为城镇化背景下农村公共养老空间重构的重要途径。

家庭养老和社区养老是当前农村老年人养老的主要模式，在城镇化带来的家庭拆分的结构性约束下，村庄自主养老成为中西部农村老年人养老的主要组织方式。老年人养老有物质养老和精神养老等多元化需求。在农村耕地家庭承包经营制度和农户"半工半耕"生计策略下，农村"老人农业"不仅维系了农业生产的基本秩序，同时也给农村老年人提供了养老的经济空间，是农村老年人养老的经济和物质基础。农村老年人为主体的村庄公共养老秩序重建，不仅发挥了老年人的自组织能力，同时为农村老年人精神养老奠定了社会文化基础。老人农业、以老年人协会为主要形式的农村养老自组织建设，是以老年人为主体的村庄公共生活秩序和养老秩序重建的重要内容和主要方式，是城镇化背景下"乡土重建"的重要构成部分。

三 以"中坚农民"为主体的农业现代化转型与乡村社会秩序建设

在农民城镇化进程中，中西部农村形成了"老人农业＋中坚农民"的基本经济社会结构，这也是中国特色社会主义小农经济的基本表现形式①。在中国的现代化快速发展进程中，老人农业可以说是中国传统小农经济对城镇化和市场经济的适应性调整。而在农村土地流转市场中，由"中坚农民"构成的适度规模经营主体，以及农村中农经济的兴起，则是农业现代化发展的动力基础和重要组织形式。

在城镇化发展和农民流动过程中，促进了农村土地流转市场的发育，农村土地流转具有"不完全市场化"的特征②。根据农业部的统计，全国农户承包土地流转面积占家庭承包耕地面积的比例，从2006 年的4% 快速增长到2013 年底的26%，土地流入主体中外生性的企业主体不到10%③。在农民分化和农村土地流转背景下，农民家庭经营依然是我国农业经营的主导模式，这也是符合我国农村人口众多以及处于城镇化发展进程中的现实国情的。不同于政府主导或者资本下乡所推动的大规模土地流转，也不同于以小规模承包地为基础的老人农业经营模式。在农村自发形成的土地流转市场中形成了新兴的适度规模经营主体，也即是新中农群体或者"中坚农民"群体。一般而言，中坚农民主要是指从土地流转中形成的新生中农群体，他们耕种适度规模的土地，主要收入在村、社会关系在村、家庭生活完整、收入水平不低于外出务工家庭。在农村土地自发流转中形成了农村的新兴中农群体，根据笔者调研及相关研究者的统计，在中西部一般农业型村庄中，通过土地自发流转形成的适度规模经营的中坚农民

---

① 杨华：《论中国特色社会主义小农经济》，《农业经济问题》2016 年第 7 期。

② 郭亮：《不完全市场化：理解当前土地流转的一个视角——基于河南 Y 镇的实证调查》，《南京农业大学学报》（社会科学版）2010 年第 4 期。

③ 参见中华人民共和国农业部、中国农业年鉴编辑委员会主编《中国农业年鉴》(2012—2016)，中国农业出版社 2012—2016 年版。

约占农户比例的 20%①。这部分农户虽然不占村庄农户的绝大多数，却是农村劳动力流出和农业转型背景下，村庄中最具活力和发展动力的农民群体，是农业现代化发展中所需要依赖的最主要的农村内生性主体力量。

农村自发的土地流转嵌入村庄熟人社会的关系结构和阶层分化的社会结构中，农村自发性土地流转秩序中形成的中坚农民群体，具有农民理性选择的行动者逻辑和村庄结构分化秩序下的主客观必然性。农村土地流转秩序是行动者逻辑、村庄社会规范以及村庄社会分化结构"互构"的结果，遵循"阶层地权"②的配置逻辑，不同阶层行动者对土地流转的态度和行为逻辑是不同的。在城镇化和农民流动背景下，村庄社会分化为离农户、半离农户、半工半耕农户和纯农户等不同的阶层，而不同农民阶层与土地的关系模式和依赖程度是不同的，因此产生了农户间土地流转需求和逻辑的差异。离农户已经在城市体面安居，不再依赖农村土地和农业收入，而有限的土地及其普通农村土地财产价值无法显现，因此他们对从土地中获得巨大利益的预期并不强。离农户长期脱离农业生产，他们普遍把土地交给亲戚耕种，很多甚至并不收取租金，而是把土地当作一种乡愁保留在那里。半离农户有着与离农户大致相同的逻辑，只不过一部分城镇化还不稳定的半离农户对于土地保障的预期更强。他们虽然不再从事农业生产，但是也并不想彻底失去土地，而是选择保留土地以备万一进城失败还有农村的土地作为生计保障。半离农户的农村承包地一般采取流转的方式，由于短时期内并不会依赖土地生活，因此流转期限一般较长。离农户和半离农户构成当前农村土地流转市场中土地转出的主要群体。

半工半耕农户一般采取家庭劳动力分工和老人农业的模式，继续保持农村中的农业生产收入，很大一部分半工半耕农户既没有土地转出也没有土地转入的需求。但是土地转出群体中也有一部分半工半耕农户因为种种原因而暂时流转出土地，比如因为老年人年纪较大或者

---

① 杨华：《农村新兴中农阶层与"三农"问题新解》，《广西社会科学》2012 年第 11 期。
② 田先红、陈玲：《"阶层地权"：农村地权配置的一个分析框架》，《管理世界》2013 年第 9 期。

身体不好等原因，原来的半工半耕农户就可能因为家庭劳动力结构的欠缺而导致没人从事农业生产，只能把承包地暂时流转出去。但是半工半耕农户不论是在城市劳动力市场的就业还是在城镇的生活，都还不稳定，随时可能面临失业或者进城失败的风险。因此半工半耕农户的土地流转逻辑，一般是暂时的策略选择，一方面他们并不会进行长期的土地流转，在农村的实践中一般是采取口头协议等"关系合同"①的方式进行短期流转，或者并不规定流转期限，"只要不回家种田就流转到什么时候"。另一方面半工半耕农户的土地流转倾向于选择在乡村熟人社会内部进行，并不愿意把承包地长期流转给外来资本或者其他经营主体，因为流转给亲戚或者邻居较为灵活，万一进城失败需要返乡种田还可以收回土地继续耕种，不至于长期失去土地经营权。半工半耕农户是当前农村土地流转的主体之一，他们的土地流转具有乡村熟人社会的嵌入性和灵活性，会根据家庭的实际需要对土地流转期限、流转出去的土地规模进行灵活调整，核心原则在于保留基本的土地保障功能，以备遭遇城市生活和市场就业风险时能够返乡。

案例7—4：YHY，62岁。一个儿子进城了，一个儿子在浙江打工，只有他和妻子在家种地。家里的承包地总共有10亩左右，一部分种水田，一部分种果树，两个老人身体好的时候种这些田没什么问题。但是去年自己轻微中风，现在手脚不那么灵便了，老伴一个人也种不了那么多田，儿子也不让种那么多了。今年上半年把6亩水田都给侄子种了，租金随便他给，自己种不来也不能让土地荒着，将来儿子不打工了回来还可以种。果树现在两个老人还能管理，看自己身体情况，万一身体再恶化就没法种了，到时候儿子不回来的话也会把果园地流转出去一部分，自己能种多少留多少，生活上挣个零花钱。侄子没有出去打工，40来岁，一直在家种田种果，他家承包地少只有五六亩，流转了别人的一二十亩，他还能干，找他说想把田给他种他也很乐意。（章县茅村农民访谈）

---

① 刘世定：《嵌入性与关系合同》，《社会学研究》1999年第4期。

在城镇化和农民分化背景下，部分农户向城镇迁移并没有使农村变成"无主体"社会，除了服务于家庭分工和家庭再生产秩序的留村老年人，当前中西部农村普遍发育形成"老人农业＋中坚农民"的社会结构。部分不愿进城或者暂时无法进城的农民继续依托农村寻求发展，而因为农村人口向城镇的迁移而释放出的农村经济机会空间，恰恰为这部分留村发展的农户提供了扩大生产的机会和资源基础，其中最主要的是土地资源再配置以及农业转型中的经济机会。农村自发生成的土地流转市场高度嵌入乡村熟人社会中，农民的土地流转尤其是部分半离农户和半工半耕农户的土地流转，主要在乡村熟人社会内部展开。正是熟人社会中的这种信任关系，既使对土地有一定依赖性的农户可以放心把土地流转给亲戚和邻居耕种，同时也为希望扩大经营规模的中坚农民群体提供了可能性。

在城镇化进程中，农村土地资源等也经历着重新配置过程。外出务工农户或者进城农户会把部分甚至全部承包地流转出去，而在村发展的农户则通过土地流转在家庭经营能力范围内适度扩大经营规模，从而成为适度规模经营的新中农群体或者职业农民群体，他们也是农村社会中坚力量的构成主体。以农民家庭为主体的小农户经营模式，在一个较长时期内依然是我国农业经营的主导模式，但是新时期的小农经营与传统小农经济模式存在本质性差异，当前农村社会和农业生产领域正在经历一个"再小农化"的过程①。这部分以家庭为单位的适度规模经营者，一方面通过土地流转适当扩大农业经营规模，以此达到家庭劳动力充分利用和提高家庭经济收益的目标。另一方面通过改变农业经营结构而增加农业经营效益，从而推动农业现代化转型和农村经济发展。正是在农村以适度规模经营者为主体力量的推动下，转型期中国农村正在进行着一场"农业去内卷化"的现代化进程。

---

① 朱战辉：《新时期农业经营方式的再小农化》，《西北农林科技大学学报》（社会科学版）2018 年第 5 期。

表7-2　　　　　　　章县张村适度规模经营农户情况统计

农户姓名	户主年龄（岁）	土地流转情况	农业经营模式
ZC	39	本村流转15亩	种植果树，同时做乡村水果销售的"乡村经纪人"（代办）
ZCX	40	本村和外村流转20亩	种植李子等果树
ZGZ	52	外村流转15亩	自家承包地种粮食，流转土地种果树
ZXX	33	外村流转25亩	种植各类瓜果
ZQF	42	本村流转18亩	种植大棚葡萄
WJ	50	本村流转20亩	种植果树和蔬菜
ZXX	38	本村流转16亩	种植温室采摘水果
ZCY	41	外村流转20亩	种植葡萄，做水果代办
ZB	40	外村流转25亩	种植果树和蔬菜
ZDY	45	本村流转15亩	种植苗木以及温室育苗
ZJF	46	外村流转80亩	种植优质水稻，在种子公司工作的亲戚介绍下利用部分土地与种子公司合作进行水稻育种
ZK	48	本村流转20亩	种植蔬菜
ZYT	46	本村流转18亩	种植蔬菜和果树
ZLL	44	本村流转15亩	种植果树，在村里开农资店
ZLX	43	租村集体的废弃厂房	养猪，年出栏量1000头左右
ZSK	47	没有流转土地	养猪，年出栏量400—600头
ZXF	54	没有流转土地	前几年养猪每年出栏几百头，今年转型养鸡
ZHL	46	租村集体荒地30亩	养猪、养鱼、开农家乐等

注：本表统计了张村长期在村并且直接从事农业生产相关经营的适度规模经营农户，张村的土地流转主要是农户间自发进行的土地流转，外村流转也是在镇域范围内的附近村庄，经过亲戚邻居的介绍下在外村流转土地从事农业经营。

　　立足农村发展的中坚农民群体长期在农村生产生活，主要生活面向和利益诉求都在乡村社会内部，他们对维持村庄社会结构稳定和促进乡村发展起着中坚力量的作用。在城镇化和乡村社会转型背景下，中坚农民群体不仅肩负着维持农业生产秩序和推动农业现代化转型的任务，同时承担着维系村庄基本生活秩序和治理秩序的责任。这些在村中坚农民群体的年龄结构在 35 岁到 60 岁之间，他们是村庄社会中的主要劳动力，不仅是村庄公共事务和村庄公共建设的积极参与者和主导力量，而且他们也是村组干部的主要成员。例如表 7 - 2 的 ZHL 即是张村的致富能手，也是张村的治保主任，WJ 是其所在张村村落的村民小组长，同时也是张村公共社会文化活动的主要主持者之一。笔者调研的茅村和冠村，村组干部也主要是由村庄中的中坚农民担任的，如表 7 - 3 对冠村主要村干部的情况统计。这部分长期在村立足乡村寻求发展的中坚农民群体，他们对村庄公共生活秩序和社会治理秩序的维系发挥着主导作用。

表 7 - 3　　　　　　　　　　**冠村主要村干部情况统计**

姓名	职务	年龄（岁）	负责事务	个人及家庭情况
CCL	书记	55	村庄全面工作	常年在村，做乡村经纪人收购水果等
CSM	村主任	47	村庄全面事务	常年在村，在乡村做小包工头，主要建民房，家里种 10 亩李子
CXM	民兵连长、治保主任	43	农民建房和宅基地管理、征兵事务、纠纷调解等	之前在县城开出租车，当了村干部就不开了，在家种 6 亩大棚葡萄，建了一个温室育苗棚培育脐橙、柑橘等苗木
WXL	妇联主任	42	负责妇女工作、村庄环境卫生工作和宣传文艺工作	常年在家，在国道旁开了间货车加水店，老公做生意开商务车
CZF	村委委员	59	村委会日常事务以及纠纷调解	老村主任，马上退休，上一届选举没有选上村主任，改任村委委员，长期在村务农
CKH	文书	50	村委会日常事务和文字工作	在镇上开网咖和快递店，平常由老婆管理，自己在村里上班

在城镇化快速发展和农村人口流动的背景下，乡村社会面临急剧的结构转型，然而中国农村基本社会秩序依然保持稳定，这主要是由农村社会结构转型中形成的，以中坚农民为主体的"中坚农民 + 老年

人"的社会结构及其社会秩序建设的积极作用。中坚农民群体作为乡村治理的担纲者，是农村政治精英、经济精英和社会精英的综合性角色，对农村社会结构的稳定，对农村生产生活秩序和社会治理秩序的维系甚至村庄发展，都发挥着不可替代的作用。在乡村治理转型中，乡村治理现代化是当前国家治理体系现代化建设的重要构成部分，而其中技术化治理手段等现代化治理方式的运用是主要形式。农村老年人难以承担现代化治理手段普及应用的任务，在村的中坚农民自然成为乡村治理现代化转型的主要力量，因此当前农村的村干部普遍由中坚农民担任。与此同时，乡村治理的服务化转型，村级组织面临越来越多的服务村民和进行农村生活治理的工作任务，而中坚农民作为在村的主要劳动力，不论在生活服务还是社会服务及治理方面都更加具有优势。除此之外，新农村建设和乡村振兴是与城镇化发展同步进行的，在农村劳动力外流的情况下，长期在村的中坚农民群体自然成为乡村建设和发展的主体。在村的中坚农民长期立足乡村谋求发展，主要利益面向在乡村社会内部，具有参与村庄发展的积极性和必要的能力，成为动员村庄内部资源与积极承接村庄外部政府项目和社会资本的主要力量。正是由于以中坚农民群体为主体的农村内生性力量，在村庄基本生产生活和社会治理秩序维系，以及农村社会建设和发展中的积极作用，使得快速城镇化进程中农村并没有走向快速的衰落，保持了农村社会结构和秩序的基本稳定。

第四节　以县域为基本单元的新型城镇化与城乡社会有机融合

在城镇化和现代化的整体进程中，县域社会转型具有系统性，重塑了县域社会的基本形态。县域社会的主体是农民，县域城镇化本质上是以农民为主体的城镇化，县域社会转型是随着越来越多的农民到县城购房集聚而发生的，农民城镇化实践构成县域社会转型的重要动力和路径。农民城镇化不仅带来从农村到城市空间转移，更涉及农民生产生活系统和组织模式的整体性变迁，其深层次反映了农民与村庄、农民与土地、农民与国家和市场关系为主要内容的城乡关系的深刻变迁。农民在城乡关系结构中的位置和城镇化实践形塑了县域社会的基本样态，促进了县域城乡社会共同体的形成。

首先，农民落脚县城之后呈现出县域城乡两栖的亦城亦乡生活形态。与个体劳动力单向度的乡城迁移和市民化角度不同，在家庭本位的文化传统中，中国农民的城镇化以家庭为基本行动单元。在打工经济时代，农民家庭主要劳动力外出务工，而家庭主体留守乡村，形成了城乡之间的周期性往返流动和半城市化状态，这一状态一方面与城乡二元制度结构有关，同时反映出农民家庭城镇化能力的欠缺，难以实现全部家庭成员的完全城镇化，这一时期农民城镇化处于起步阶段。随着农民城镇化的持续发展，进入农民进城购房并寻求安居的深度城镇化阶段，对于大部分进城农民而言，由于大城市住房等方面的压力较大，家乡县城成为这一阶段农民城镇化的首选之地。进城购房并不等同于实现了城市定居和完全城市化目标，以务工为基础的农民家庭依然难以实现家庭成员的一次性进城定居的目标，而是呈现出家庭代际接力的渐进式城镇化路径特征。一般而言，农民家庭城镇化动力最强的是青年人，在家庭城镇化整体能力有限的情况下，年轻的家庭成员在购房之后进城就业和生活，而老年家庭成员则继续在农村生产生活和养老，家庭呈现出城乡分离的特征。但是由于县域时空界限的有限，虽然家庭分离在城乡两端，但是却保持了紧密的联系和互动，县域城乡之间的流动具有日常化特征。比如进城年轻人周末或者下班之后可以回到农村居住，农村的老年人也可以进城看孙辈或者给子女送去蔬菜等农业产出。如此一来，农民以家庭为单位，在城乡两栖的县域城镇化实践中，将县域城乡之间联结成为一体化的场域。

其次，城乡兼业构成农民县域城镇化的经济基础和生计形态。农民的就业形式和生计结构，是农民城镇化的经济基础，从经济和生计角度看，农民家庭的城乡两栖不仅是居住和生活空间的城乡关系特征，同时也是农民家庭生计的策略性调整。对于大部分县城而言，县域经济以农业为基础，工业化基础薄弱，因此农民在县城购房之后往往面临县城就业不充分、经济收入水平有限的生计困境。家庭内部的城乡分离，一方面是由于家庭经济能力有限情况下的无奈选择，另一方面是农民家庭应对城镇化压力和风险的理性策略。不同于异地外出务工的劳动力流动模式，县域内的城乡时空经验发生了重大改变，使得进城农民家庭可以保持日常生活层面的城乡两栖，分居在城乡两端的家庭成员在生活和生计层面保持着紧密的互助合作。城乡两栖模式下，农民家庭不仅居住在城乡两端，同时也通过家庭劳动力代际的分工与合作，既实现了进城家庭成员的城市非农就业，同时也维持着在村家庭成员依托土地的农业生产。生产就业方面以"半工半耕"为特征的城乡兼业，成为县域城镇化进程中农民家庭基本生计模式，县域城乡经济之间保持了紧密的联系和互动。

最后，城乡关系结构转型及其深度融合趋势。城乡二元的制度结构和社会结构被认为是阻碍农民城镇化的重要因素，随着我国持续深化的制度改革和农民城镇化实践，城乡二元的关系形态逐渐走向城乡融合，尤其是具有时空优势的县域城乡关系，更加具有走向深度融合发展的基础条件和需求。户籍制度和土地制度是与农民城镇化和城乡融合密切相关的制度基础，随着持续深化的制度改革，横亘在城乡之间的二元制度结构逐步取消。与此同时，农村土地制度改革也在不断深入探索，以农地制度和宅基地制度改革为重点，逐步释放了城乡之间的资源流动空间和活力，农村土地流转、宅基地退出等，进一步加快城乡资源要素的流动和互补发展步伐。在农民城镇化背景下，县域城乡融合不仅是制度改革带来的优势条件，随着农民落脚县城以及生产生活重心逐渐向城镇转移，县域内的城乡流动使县域城镇和农村之间日常化的紧密联系成为现实。在县域范围内，城乡之间的二元制度结构消除，城乡日常生活层面的交流日趋紧密，使县域城乡社会的融合进入全面而深度发展阶段，县域社会成为一个更加丰富和一体的生活世界和社会系统。

在县域城镇化发展进程中，农民购房落脚县城，县域城乡之间的联系更加紧密，县域已经形成经济、政治、社会和文化等方面的整体性社会系统，县域社会的实体性特征更加明显。随着农民进城，以及村庄边界被打破，农民的生产生活秩序也在新的城乡社会系统中重组，而县城作为农民城镇化的主要实践场所，县域城乡融合不仅具有现实基础，而且具有地方经济社会发展和群众需求的迫切性。县域社会作为城乡融合的重要载体，城乡融合背景下的县域城乡社会共同体建设，对社会转型期基层社会秩序重组具有重要的时代意义。

社会共同体具有一定的空间地域属性、物质属性、社会文化属性。县域作为一个超越村庄的基层时空地域范围，是一个具有经济、社会和文化的整体性社会系统，并且具有历史上的稳定性，同时在长期的发展中具有社会实体性的内涵。转型期，作为基层的县域社会具有独特的社会形态特征。因此，县域是城乡融合的一线场域，县域社会共同体建设成为新时代推进城乡融合和乡村振兴的重要路径探索。

第一，城乡产业融合的县域经济共同体建设。县域经济共同体建设具有两方面的基础，宏观层面县域产业结构转型重组促进第一、第二、第三产业融合发展，微观层面农民城镇化在生计层面的城乡兼业化进一步密切了城乡间的经济联系。传统时期，县域经济的基础是农业，县城作为地方政治、市场中心寄生在农村和农业经济基础上，当前除了沿海工业化发达地区外，绝大多数中西部县的县域经济基础依然是以农业为基础的农业县。在城镇化和产业转移的整体背景下，县域经济面临结构转型发展。中西部县城作为承接东部劳动密集型产业转移的重要空间，推动了县域工业化的发展，也在一定程度上吸引了外出农民工返乡创业就业。与此同时，农民进城释放了农村经济空间，土地流转市场的活跃也促进传统小农经济向适度规模经营模式转型，城乡之间的经济要素交流日益密切。在农民城镇化过程中，由于县城就业吸纳能力和家庭发展能力的有限性，农民家庭的就业和生计呈现出城乡兼业的特点。以家庭为单位的半工半耕的兼业模式，主要体现为两种形式，一是劳动力白天进入县域城镇工作，晚上返回村庄生活，另一种主要形式则是通过家庭劳动力分工的模式实现城乡就业的互补，即年轻人进城就业，而中老年人继续在村从事农业生产，通过半工半耕的生计模式来提升家庭经济发展能力。

基于城乡经济间的互补和紧密联系，以县域为单元实施乡村振兴战略，促进乡村产业振兴需要建立在第一、第二、第三产业融合发展基础上。县级地方政府招商引资发展县域工商业经济时，要注重形成引进产业与农业的互补性和对农业经济的整体带动能力，促进县域第一、第二、第三产业融合发展能力提升。与此同时，县域工商业经济发展和农业现代化发展，要立足吸纳县域劳动力的就业和生计保障，

落脚县城：县域城镇化的农民参与机制研究

在县域产业结构调整和转型升级过程中，为县域劳动力尤其是农村劳动力提供更充分和多元化的就业机会。

第二，城乡生活融合的县域生活共同体建设。县域社会作为地方基层社会，不论是传统的村落共同体还是地方市场共同体，都没有超越县域范围，新时期农民城镇化的主要选择也是在县域，县域成为农民生活半径的主要空间范围。空间不仅具有物质属性也具有社会属性，人们在生产空间的过程中也生产了新的社会关系。县域社会作为城镇化背景下的农民生活场域，具有维系社会交往关系和建构社会认同的独特内涵。县域社会具有不同于大城市陌生人社会的特点，也具有超越传统村落乡村性的城市性内涵，是传统与现代、乡村性与城市性的融合地带。在农民以县城为中心的城镇化实践中，县域内的城乡两栖使县城和农村之间的日常生活层次的联系更加紧密，促进了城乡生活模式的趋同化。

县域社会能够保持城乡之间和县城内部紧密的社会交往。一方面，通过农民家庭内部的城乡生活联动保持紧密的城乡社会关联。农民城镇化采取以家庭为单元的渐进式城镇化路径，通过家庭成员之间的城乡分工合作保持家庭生计的发展和稳定。对于大多数农民家庭而言，家庭发展能力并不足以支持全部家庭成员进城生活，因此普遍采取年轻人进城生活而中老年人在村生活的城乡两栖模式。在县域范围内，时空范围有限，加之便捷的城乡交通、通信等基础设施和手段，在农民家庭分居城乡两端的同时，又能够保持日常生活的紧密互动，使得农民日常生活通过家庭关系纽带在县域城乡之间展开。另一方面，县域具有熟人社会关系延展的特征，使县域社会中保持和建立基于熟人社会关系的生活关联具备了可能性。传统乡土社会中的生活主体，建构和维系着熟人社会关系网络。随着农民城镇化进程的加深，乡村熟人社会关系网络有一定程度的松动，但是由于农民城镇化实践的时空场域主要集中在县域，县域并没有超越农民传统生产生活半径的延展范围，农民落脚县城也使乡村熟人社会关系向县域空间延展，作为基层的县域社会成为熟人社会关系延展和建构的场域。比如很多农民到县城购房会和邻居、亲戚等进行组团，原来县域范围内的亲属等熟人社会关系网络，随着越来越多农民进城进一步集中到以县城为

230

中心的城乡社会范围内，这成为农民将县城作为城镇化首选之地的重要社会因素。

县域社会具有建构社会认同的社会文化优势。县域作为具有历史传统的基层社会单元，在长期的社会经济和文化发展中，县城成为地方社会的政治、文化和经济中心，而县域内的广大农村和农业成为供养县城的经济基础和社会基础，形成了县域城乡社会之间依赖共生的整体性社会。农民的生活半径、婚姻圈、人际交往等都没有超越县域范围，城乡之间的文化具有同构性，并没有很强的断裂性，因此县城成为地域范围内农民最为熟悉的城市，具有基于共同文化的社会认同感。城镇化背景下，县域内的农民到县城购房，伴随着乡村熟人社会关系网络向县城的延展，一方面拉近了农民对县城的心理距离，另一方面也增强了进城农民对县城社会的适应性。很多进城买房的农民选择县城而非大中型城市，正是在于这种熟人社会关系带来的熟悉感和心理认同感。

第三，城乡制度融合与县域基本公共服务一体化建设。城乡均衡发展的重要方面在于破除城乡二元制度结构，实现城乡制度融合与公共服务均等化。相对于大中型城市与乡村之间的关系而言，县城本身兼具城乡的地域特征和联结城乡关系的优势。在我国持续深化的制度改革过程中，县域内的城乡二元制度结构是最先被破除的，这为县域城乡融合提供了制度基础。城乡二元的户籍制度是农民城镇化的主要制度障碍，而县城成为放开农民进城限制，允许农民自由落户的先行者，从而加快了县域城镇化发展和城乡融合进程。以户籍制度为基础的城乡二元的公共服务和社会福利，是阻碍农民城市社会融入和城乡融合的重要因素，随着以户籍制度为基础的城乡二元制度结构的整体变革和松动，为城乡之间的公共服务一体化和均衡发展创造了制度条件。

在现实层面，县城作为地方社会的政治、经济和文化中心，县域成为服务基层群众生产生活最便捷的公共服务单元，教育、医疗、社会福利等，都以县域为基本单元。转型期，农民到县城购房的最主要动力来源也在于获得县城的教育、医疗等公共服务。在国家资源下乡背景下，县级政府成为国家资源进入基层社会的主要整合单元，同时也是资源和公共服务的基本配置单元。因此，在新时期推进公共服务均衡化发展中，县域成为新时期建构共建、共治、共享的县域城乡公共服务共同体的空间载体，加强县域统筹的基本公共服务供给机制建设，从而实现县域城乡公共服务均衡一体化，提升乡村公共服务水平促进乡村振兴战略实施。

第四，城乡社会融合的县域社会治理共同体建设。随着农民进城以及城乡之间的频繁流动，城乡社会成为基层社会的基本形态特征。传统以村庄、社区为单位的社会治理格局，随着农民在城乡之间的流动而难以为继。城乡社会转型期需要在县域城乡社会之中重构基层社会治理秩序，推进县域社会治理体系现代化和乡村治理振兴。

郡县治则天下安，历史上县域便是中国地方社会治理和行政关系体系中最稳定的一个层级。新时期，乡土中国向城乡中国转型的整体进程中，县域社会成为中国基层社会的基本社会单元和社会治理空间。农民城镇化进程中，形成了县域"城乡两栖"流动样态，一方面，农民日常生产生活需求满足已经超出乡村范围，而是与更大范围的城市社会相关联；另一方面，农民城镇化过程中所遭遇的家庭、社会问题等，也难以在乡村范围内解决，需要更大范围的城乡社会治理联动来解决。基于此，县域社会治理不仅仅是城市社区治理或者村庄治理，而是在城乡社会样态下展开基层社会治理，建构以农民和城镇居民为主体的生产生活和公共服务新秩序。在县域城镇和乡村社会全面融合发展的趋势下，构建基于县域城乡社会基础，以人民为主体的、城乡共建、共治与共享的县域社会治理共同体，不仅可以促进县域城乡社会秩序和民生建设，同时也能够回应农民美好生活需要和城镇化进程中实际问题的解决。

第八章 结论与讨论

基于当前我国中西部地区县域城镇化快速发展的"社会事实"，本书揭示了农民城镇化的实践逻辑及其县域城镇化参与机制。从农民主体行动和家庭转型的视角，回答了中西部地区农民为什么选择家乡中小城镇作为落脚之地，以及城镇化进程中农民为什么依然保持与农村的紧密关联。在城市化研究的理论脉络中，形成了"城乡二元结构—人口迁移"的主流理论范式，结构主义和城市中心主义成为城市化研究的主要研究视角和理论建构基础。人口迁移和市民化分析视角，秉持单向度城市化的线性发展观，强调对城乡二元的经济社会结构和制度结构的分析，而忽视了主体行动者及其微观实践机制。城市中心主义和市民化的城市化研究进路，以农民单向度地进城和城市融入为理论导向，显然难以满足对当前中国农民的城镇化实践过程中所呈现出的紧密城乡互动等社会事实的解释需求。本书基于农民主体地位和家庭转型的研究视角，建构了"个体—家庭—社会"的分析框架，挖掘城镇化进程中，作为城镇化参与主体的农民家庭，与国家制度、市场和城乡社会的丰富和复杂的互动关系，探索中西部地区县域城镇化进程中农民行动逻辑和城镇化参与机制。城镇化研究视角、农民家庭的现代性适应与县域城镇化实践机制、中国特色城镇化发展道路的反思等，具有一定的理论和现实意义。

第一节 城镇化研究的视角转换

个人与社会、结构与行动关系一直是社会科学研究的核心问题，同样这种理论上的二元张力贯穿于城市化研究。结构主义的"城乡二元结构—人口迁移"理论范式，是城市化研究的主要理论范式。并且这种城市化研究的理论进路存在传统与现代、乡村与城市、结构与行动的二元对立，传统农村社会转变为现代城市社会、乡村农业部门过渡到城市工业部门、农民市民化，被认为是城市化发展的必然规律和最终归宿。对于城乡分立的经济结构、制度结构和社会结构的强调，形成了结构主义和城市中心论的分析视角，造成城乡二元结构的对立以及对行动主体的忽视。在结构主义的城市化理论范式中，作为行动主体的农民家庭和农民城镇化起点的农村社会往往是缺位的。

社会科学理论的实践转向是对这种二元理论范式和分析视角的回应，并影响了城市化研究的实践转向。贝利运用比较城市化视角，研究了世界不同国家和地区的城市化实践道路，以此克服城市化发展的单一路径和单一理论的局限①。鉴于结构主义和发展主义指导下的城市化研究对行动主体的忽视，本书基于农民为主体的县域城镇化实践，将行动者引入城镇化研究，并强调农民家庭作为城镇化参与主体以及农村作为农民城镇化实践起点的重要作用。不同于城乡二元结构和农民市民化的分析视角，基于农民主体行动和家庭转型的分析视角，强调农民家庭作为城镇化主体的能动作用，以及农村对农民城镇化秩序稳定的重要影响。以此弥补乡二元结构和城市中心主义分析视角，对行动主体和农村社会的忽视，基于农民县域城镇化实践的经验分析，建构农民家庭适应城镇化转型的内在机制。

当前中国的城镇化发展，既非完全的市场运作，也非完全的国家或者政府意志的主导。在以农民为主体的城镇化实践中，呈现出农民与国家、农民与市场以及农民与乡村社会丰富且复杂的互动关系，体现出中国城镇化发展道路丰富的社会内涵。结构化理论强调结构与行动是人类实践活动的两个对立统一的侧面，行动者的行动过程既受社会结构和制度的制约，而反过来行动者的主体行动也对社会产生影响，社会的生产与再生产由主体行为所构造②。农民作为城镇化的实

---

① ［美］布赖恩·贝利：《比较城市化》，顾朝林等译，商务印书馆2010年版，第1—10页。

② ［英］安东尼·吉登斯：《社会的构成》，李康等译，生活·读书·新知三联书店1998年版，第61页。

践主体，在外部制度结构、市场结构和社会结构的约束下参与城镇化进程。但是农民的城镇化实践以家庭为基本行动单位，农民家庭并非完全受制于外部结构的束缚，而是具有能动性的行动主体。在具体的城镇化实践中，农民家庭能够发挥主体能动性，积极地适应城镇化转型。

家庭作为社会的细胞，是沟通农民个体与外部世界的中介。在现代化和城镇化背景下，家庭是农民参与城镇化进程的基本行动单位，也是城镇化的基本分析单位。一方面，农民参与城镇化的具体行动嵌入特定的城乡关系结构中，受到国家制度结构、市场结构以及社会结构的制约。面对城乡二元结构的制约，以及家庭发展能力和实现城镇化目标的张力，农民对城镇化进程的参与行动，不仅是个体理性发挥的过程，更是农民家庭自主性的实践过程。农民家庭自主性的发挥体现为城镇化过程中的家庭结构调整和适应策略。通过家庭劳动力的工农和城乡分工与合作，充分调动城乡制度资源、市场资源和家庭资源来支持农民家庭的有序城镇化。以此克服城乡二元结构和家庭资源不足的张力，保障家庭再生产秩序稳定和城镇化目标的实现。另一方面，作为整体性社会变迁的一部分，现代化和城镇化进程中农民家庭生活和再生产秩序也在发生实质性转变。农民的城镇化参与过程，也是农民家庭转型变迁过程，具体体现为农民家庭生活方式和家庭再生产模式的转换。农民城镇化实践指向家庭再生产和家庭发展的整体性价值目标，家庭转型秩序形塑农民城镇化实践路径，赋予中国特色的城镇化发展道路以丰富的社会文化内涵。

基于对农民县域城镇化实践经验的考察，建构了"个人—家庭—社会"的分析框架，以及农民与国家、市场和乡村社会互动关系模式，实现了对传统城镇化研究范式和分析视角的转换。"个体—家庭—社会"的分析框架，以及农民主体行动和家庭转型的分析视角，突出了农民家庭城镇化实践的自主性和主体能动性，弥补了城市化研究对农民主体性关注的不足。农民城镇化实践的经验研究，有助于深入挖掘中国城镇化发展路径及其内在运作逻辑，进一步探讨中国特色的城镇化发展道路。

第二节　农民城镇化行动的社会
嵌入性与家庭自主性

"嵌入性"概念源于波兰尼对形式主义经济学的批判，认为并不存在一个独立运行的市场，市场是嵌入于社会之中的[①]。在城镇化进程中，作为参与主体的农民并不是独立的市场主体或者经济主体，其城镇化行动嵌入特定的城乡关系结构之中，农民主体行动与制度、市场、社会结构具有紧密的互动关系。农民城镇化主体行动的结构嵌入性，体现出城乡制度结构、劳动力市场结构以及城乡社会结构，对农民城镇化行为的影响和制约。

农民作为城镇化主体，具有主体能动性。不同于个体主义行动者的理论预设，中国农民的城镇化实践以家庭为基本单位。在客观的城乡制度结构和市场结构的约束下，农民以家庭为单位的城镇化参与和适应过程，也是家庭自主性充分发挥的过程。面对城镇化带来的压力和风险，通过以家庭为基本行动单位的能动性调试，实现对城乡资源和家庭资源的重新配置和整合，以此增强农民家庭应对城镇化压力和风险的能力。农民家庭自主性的发挥，通过家庭劳动力分工与合作、家庭资源的整合、家庭再生产与城镇化节奏的调适等，充分发挥城镇化实践中农民家庭的弹性与韧性。从农民主体实践的视角，县域城镇化进程中农民家庭自主性的发挥，弥合了行动与结构、城乡二元的对立性，实现了城镇化进程中紧密的城乡关联互动。农民城镇化实践的城乡结构嵌入性和家庭自主性，赋予农民县域城镇化参与丰富的实践内涵，体现出中国特色的城镇化发展路径。

首先，劳动力和土地资源是农民参与城镇化进程可以支配的主要资源，家庭劳动力的非农就业和农村小农经济，作为农民家庭资源积累的主要方式，构成农民城镇化实践的经济基础。在农民城镇化实践中，通过家庭劳动力分工结构的调整，形成了"半工半耕"的家庭

　　[①]　［英］卡尔·波兰尼：《大转型：我们时代的政治与经济起源》，冯钢、刘阳译，浙江人民出版社 2007 年版，第 15—16 页。

劳动力分工结构。半工半耕的农民家庭劳动力分工策略和结构模式，在实现劳动力市场化就业的同时保留了农村小农经济的有效补充。农民家庭生计来源的多元化，增强了农民家庭经济积累的能力，同时也增强了农民家庭应对城市劳动力市场就业风险，以及城市社会保障制度不足所带来的城镇生活风险的能力。

在市场化转型中，农民的自由流动促进了全国统一劳动力市场的形成，农民就业和生计非农化程度日益提高。但是劳动力市场的城乡之间和区域之间分布并不均衡，东部发达地区和大中城市处于劳动力市场的核心区域，而广大中西部地区和农村则处于劳动力市场的边缘地带。对于中西部农业型地区的农村劳动力而言，其非农就业主要是进入东部发达地区和城市劳动力市场务工。随着农民外出务工的持续发展，城市劳动力市场的非农就业和工资性收入已经成为农民家庭经济收入的主要来源，逐步取代农业收入占据农民家庭生计的主要构成部分。从农民家庭的实践来看，虽然农民日益深入地参与城镇化进程，以及家庭生计日益深入地嵌入城市劳动力市场非农就业的过程中，但是并没有完全脱离对农村土地的利用和小农经济生产经营。这种城乡就业和经济关联是农民理性选择的结果，而其实践达成则是通过家庭弹性的劳动力分工实现的。

由于农村劳动力的学历水平等劳动力综合素质普遍不高，在劳动力市场中并不具有竞争优势，往往在年轻的时候凭借体力优势获得城市非农就业机会。但是这种就业的稳定性、充分性和保障性都不足，对于大部分进城农民工而言难以支撑在城市的体面安居。另一方面，由于劳动力市场的非均衡分布，中西部农业型地区的中小城镇和农村处于劳动力市场的边缘，吸纳农村剩余劳动力就业的能力普遍不足。中西部地区的农民选择家乡县城作为城镇化的落脚之地，面临着县城劳动力市场就业不足的困境，难以依靠单一的城市劳动力市场就业和收入维持城市生活，而需要继续外出打工和保留农村小农经济的补充。因此，进城农民实现在城市劳动力市场就业的同时，继续保留农村的小农经济部分，具有客观必然性，也是农民理性选择的结果。而这种城乡经济关联的实现，得益于农民家庭主要劳动力和辅助劳动力的结构性特征，以及工农分工和城乡分工合作的实践机制。农民的劳动力市场参与是以家庭为单位的，而非成为西方资本主义社会中无产化和个体化产业工人。通过家庭主要劳动力进入城市劳动力市场就业获得家庭主要经济收入来源，同时保持家庭辅助劳动力在农村的小农经营部分，获得家庭经济的重要补充。这样在农村劳动力卷入城市劳动力市场的过程中，并没有带来小农无产化的后果。通过家庭劳动力分工结构的调整，城镇化进程中的农民家庭生计并没有完全脱离对乡土社会的嵌入性，农村土地生产资料和小农经济继续发挥着对农民城镇化的经济支持和社会保障功能。

其次，面对城镇化带来的生活方式和家庭再生产模式的转型，进城农民需要以家庭为单位进行家庭资源的整合与配置，以顺利实现城镇化的家庭发展目标。农民进城具有多元化的动力来源，诸如就业、教育、婚姻、社会竞争等，其核心共同指向发展型家庭再生产整体目标的实现。围绕家庭再生产的功能性需求和发展型目标的农民"落脚县城"的县域城镇化实践，面对的是缺乏产业支撑的中西部农业型地区的中小城镇，农民进城之后难以依托县城劳动力市场实现家庭劳动力的充分就业，以及维持家庭生计的可持续性。对于大部分进城农民家庭来说，家乡县城是生产性不足而消费性压力较大的"消费型城市"。农民在消费型的县城购房和生活，主要是为了满足家庭的功能性需要，比如让孩子进入城市学校分享优质教育资源、在婚姻市场竞争中增加成功的筹码等。随着农民家庭生产生活的重心向城市转移，其家庭再生产的成本压力也在增加，城市生活的展开和家庭再生产的顺利进行，必须要有来自县城空间之外的资源支持，这是当前中西部农业型地区县域城镇化进程中大部分进城农民所面临的状况。

在县域城镇化快速发展的背景下，进城农民家庭实现城市生活方式的适应和在城市顺利实现家庭再生产目标，就必须进行强有力的家庭资源的整合，并围绕家庭城镇化目标的实现进行家庭资源的配置。农民家庭强有力的资源整合主要体现在两方面，一是来自农村资源对城市生活的支持，二是来自沿海地区或大中型城市的务工收入对县城生活的支持。在家庭本位的伦理文化中，家庭伦理性关系运作与调整是家庭资源整合的主要路径，而家庭劳动力的代际分工与合力是以县城为中心汇聚资源的主要达成策略。在城市化和现代化转型过程中，并没有带来农民家庭的核心化、原子化，反而因为家庭资源整合的需要更加紧密了家庭内部的代际合力。从中西部农业型地区农民的城镇化实践来看，处于城镇化进程中的很大一部分农民家庭，虽然进城购房了，但是县城就业难以支撑城市生活的展开。家庭主要劳动力需要继续外出务工，获得家庭主要经济收入来源支持县城的消费生活。而家庭辅助劳动力依靠农村的承包地和小农经济收入，支撑家庭日常消费和养老需求，同时以老年人和女性为主的部分家庭成员进城陪读承担家庭功能性任务。这样就在外地打工城市、家乡县城、农村之间形成了"三栖"型的家庭结构模式，城乡关系具有向三元结构发展的趋势，这也是当前中西部农业型地区县域城镇化发展路径。

最后，城镇化进程中农民家庭自主性的发挥还体现在，能够根据家庭发展能力和家庭发展目标灵活掌握城镇化节奏，在家庭生命周期和发展周期的不同节点，实现城乡之间的进退有据，循序渐进地完成全部家庭成员体面安居的城镇化发展目标。在农民分化背景下，当前真正有能力完成在城市体面安居目标的，只是部分在城市有稳定就业和较高收入的离农户。而大部分处于城镇化进程中的普通农户，并不具备全部家庭成员在城市体面安居的能力，呈现"半城半乡"的实践特征。"半城半乡"既是未实现完全城镇化的状态，更是农民家庭理性应对城镇化压力和风险的实践机制。农民进城而不离村，通过家庭分工合作方式继续维持与农村社会和小农经济的紧密联系，是农民实践理性的外在表现形式，目的在于获得来自农村的经济社会支持，同时为应对城镇化风险保留农村的退路。

农民对进城和返乡节奏的把握，是根据家庭城镇化能力和家庭再生产周期进行理性选择的结果，以接力式进城的渐进城镇化为基本实践路径。大部分农民进城购房之后并不会全部家庭成员进城生活，主要是家庭中的年轻人或者进城陪读家庭成员在城市生活，而其余家庭成员要么外出务工要么继续在村务农，以此支持家庭成员的城市消费生活。在具备全部家庭成员进城生活的经济能力之前，这种城乡分工的拆分型家庭模式是实现整体利益最大化的理想模式，既能支持家庭进城寻求家庭发展的需求，也能保障农村对城市的支持以及维持农村的返乡保障性功能。当进城的年轻人经过在城市的打拼，实现了城市的稳定就业和体面安居的能力，就会逐步将家庭的重心向城市转移，最终实现完全城市化的发展目标。但是还有很大一部分农民家庭，经过一代人的城市奋斗依然无法实现体面安居的城镇化目标，而随着年龄的增长原来的年轻人进入中老年阶段，开始被城市劳动力市场排斥而逐渐走上返乡之路。但是这部分群体退出城市并不意味着整个家庭城镇化目标的失败，他们的返乡是为了更好地进城，通过继续支持下一代年轻人在城市奋斗来实现家庭城镇化的目标，进城的接力棒顺利传递到子代的手上。

城镇化进程中的农民在城乡之间进与退，核心是对家庭劳动力和农村土地资源的自主支配，通过家庭工农分工和城乡分工为基础的"半城半乡"实践机制达成。而其实践基础则在于农村的集体土地所有制和小农经济传统，这是农民顺利返乡的制度和物质保障。在城镇化快速发展进程中，在农民尚不具备体面安居的城镇化能力以及城市就业和生活保障制度不完善的情况下，保留农民返乡退路既是农民的理性需求也关乎社会的基本稳定。

第三节　比较城市化与中国城镇化道路选择

本书阐述了农民家庭转型秩序以及中国农民家庭对县域城镇化的参与模式和实践机制。不同于线性发展观和城乡二元的结构视角，本书对农民城镇化实践的分析找回缺失的"主体"和缺位的"农村"，建构了农民主体行动和家庭转型的分析视角。当前关于农民市民化和农民工"半城市化"问题的争论，多将其归根于制度问题和农民工权利问题，这种城乡二元结构和城市中心主义的分析视角往往忽视了农民的主体行动和农村的存在。在农民主体行动和家庭转型的分析视角下，挖掘农民城镇化实践机制及其背后的社会文化、经济和制度内涵。农民城镇化实践及其所遭遇的难题，不仅仅是简单的制度和权利问题，更是经济社会发展水平的问题，是农民日益增长的物质文化和家庭发展需求，与当前的经济社会发展阶段和家庭发展能力之间所形成的张力问题。分析视角的转换，为我们认识和深入理解中国城镇化道路实践提供了有益的补充。中国城镇化道路选择要尊重农民的主体实践，立足中国的现实国情，而非简单套用西方成熟的现代化、城市化理论模式，在借鉴国外城市化发展经验和教训的基础上，走符合中国实际国情的城镇化道路。

立足我国区域、城乡发展差异的国情基础，从农民主体实践和城镇化路径，理解中国特色城镇化发展道路。农民城镇化实践嵌入特定的城乡关系结构中，城镇化并非遵循单一的路径，更不是单向度的线性发展逻辑。农民城镇化实践路径因不同区域间经济社会发展水平的差异而有所不同，同时农民城镇化过程中呈现出紧密的城乡关联和互动。中国农民的城镇化实践经验，与既有城市化线性发展观和城乡二元分立的认识存在明显不同，对城镇化中国经验的研究符合城市化实践转向和中国社会科学本土化的理论旨趣。

中国已经走上了城镇化发展的快车道，但是经济社会发展的区域、城乡之间并不均衡，相应的农民城镇化实践路径也存在明显差异。东部沿海发达地区，依托良好的工业化发展基础，成为全国劳动力市场的核心地带。不仅充分吸纳了本地农村剩余劳动力非农就业，而且吸引了全国范围的农村剩余劳动力务工经商。在工业化发展形成的产业支撑和城市劳动力市场充分就业吸纳的背景下，东部发达地区的城镇化快速发展，农民就近、就地实现了城市生活方式的转变。并且在地方政府较强的公共财政能力支持下，城乡统筹和一体化发展步伐加快，农民的就业、生活等获得了完善的制度保障，实现了较高质量的城镇化发展。

然而在广大的中西部农业型地区，由于工业化基础薄弱，城镇化发展的产业支撑不足，大部分农村剩余劳动力无法就近实现非农就业，只能向东部沿海转移就业。但是外出农民工在劳动力禀赋的限制下，大量集中在非正规就业领域，工作的稳定性差、工资水平低，难以支持在务工城市实现体面安居和真正的城市生活融入。因此基于家庭城镇化能力和家庭再生产安全的综合考虑，中西部农民普遍做出了以家乡县城为中心的中小城市进城购房的理性选择，推动了中西部农业型地区县域城镇化的快速发展。中西部农业型地区的农民基于家庭功能性需求和发展需求，越来越多的农民到县城购房，但是由于中西部县城普遍缺乏产业支撑和城市劳动力市场就业吸纳能力不足，无法为大量进城农民提供充分的就业机会。这也就决定了中西部大部分进城农民，维持城市生活依然需要依赖外出务工收入和农村小农经济资源的支持，农民走出乡土却并没有完全脱离农村和小农经济，形成了紧密的城乡关联。对于广大中西部地区的农民而言，农民进城不是一蹴而就的，而是需要一个循序渐进的过程。在农民进城实践的过程中，保持农村和农业对农民城镇化的支持和保障性功能至关重要。尤其是在当前体制改革和市场转轨的背景下，城乡二元制度结构不再构成农民自由进城就业定居的限制，城镇化体制机制的改革创新必须要回应城镇化过程中广大农民的现实需求，在城镇化不稳定的情况下要保留进城农民基本的返乡权利和退路。

对中国城镇化道路的选择和城镇化发展规律的认识，也要吸收和借鉴国外城市化发展道路的经验和教训，既尊重我国的现实国情基础，也要遵循城市化发展的内在规律。西方发达国家经过几百年的工业化和城市化发展，已经达到较高的城市化发展水平。发达国家和地区的城市化发展最显著的特点是城市化与工业化的协调发展，城市化发展过程中所出现的一些城市社会问题，随着工业化和城市化的持续发展而得到解决，成为国际城市发展历史中的典范。但是西方发达国家城市化发展中也具有发展中国家不可复制的有利因素，比如处于国际政治经济格局的核心位置，能够充分利用国际资源和市场空间等有利条件，克服城市化发展的困难甚至直接向国际社会转移国内矛盾。广大发展中国家作为后发现代化国家，在国际政治经济格局中处于边缘地位，处于全球产业链的底端，为提升国家经济发展和城市化竞争力带来重重困难。在以拉美为代表的发展中国家和地区城市化发展进程中，最突出的问题在于城市化与工业化发展的不协调性。人口快速向城市集聚，形成了人口过度集中于少数几个大城市和超大城市的格局，造成了地区和城市间的发展不均衡。更为严重的问题在于人口过度向城市集聚，但是却缺乏有效的产业支撑，进城农村劳动力难以获得充分的就业机会，而国家的社会保障制度和土地制度等又造成对进城农村人口的不利分配格局。大量的进城农村人口既难以在城市获得稳定的就业和收入，也无法返回农村，只能沦入城市"贫民窟"。因此在大多数发展中国家城市化快速发展过程中都存在数量庞大的"贫民窟"人口，造成了城市贫困问题、社会两极分化甚至社会不稳定等突出矛盾，影响了城市化高质量发展，甚至整个国家的现代化进程因此陷入困境。

中国作为世界最大的发展中国家，目前正处于快速的城市化发展进程中，因此中国的城镇化过程和发展质量，成为影响21世纪人类社会发展进程的大事。然而我国的城镇化发展既面临前所未有的机遇，同时也存在严峻挑战。就我国的现实国情而言，当前我国依然处于发展中国家行列，虽然工业化和经济发展取得了突出成就，但是"农民国家"的本质并没有彻底转变，农村人口依然占全国人口的多数。一方面是农村人口众多，另一方面农村土地等资源条件有限，人地关系紧张的状况始终伴随着城镇化发展过程。农村人口加速向城市转移为我国城镇化发展创造了巨大的动力来源，但是城市也面临着吸纳农村剩余劳动力的巨大挑战。面对庞大的农村人口向城市的集聚，城市产业支撑不足的困境开始显现，我国城镇化和工业化发展的整体协调性依然不足，这在广大的中西部地区尤其突出。一方面是我国工业化发展的区域不平衡，限制了中西部地区城镇化发展进程和城镇化的区域协调发展。另一方面是我国依然处于全球产业链的低端位置，工业化发展以劳动密集型低端制造业为主，这对我国高水平的工业化和城镇化发展带来了巨大挑战，产业转型升级和工业化城镇化协调发展的压力增大。

当前我国城镇化发展现状是东部地区与中西部地区的发展不平衡，以及城乡之间发展不均衡的矛盾突出。就广大中西部地区的城镇化发展而言，虽然大量的农村劳动力向城镇转移，但是普遍缺乏产业支撑的中西部中小城市难以满足进城农民的就业需求。以农民为主体的城镇化发展依然处于不稳定状态，连带出现了城市问题、农村问题和家庭问题，需要警惕新的城乡三元结构的发展趋势。

基于现实国情的约束，中国还不具备一般性地模仿西方发达国家工业化带动城市化的条件，同时作为主要发展中国家，也要避免盲目扩张导致的一系列社会问题。借鉴世界主要发达国家和发展中国家城市化的经验教训，尊重农民的主体实践，走符合中国具体国情的城镇化道路，实现"人的城镇化"发展目标，我们提出以下几点建议。

第一，走城镇化与工业化协调发展的新型城镇化道路。工业化是城镇化发展的主要动力和经济基础，城市化要与工业化协调发展，才能实现整个社会系统的良性循环。发达的工业化是高质量城镇化发展的基础，而缺乏经济发展和产业支撑的城镇化只能是无本之木、无源之水。工业化和经济发展不但是农村劳动力向城市集聚的动力来源，同时也为进城劳动力提供充足的就业机会，稳定的就业和生活保障更依托于发达的经济基础做支撑，从而进一步实现农村进城人口的城市生活方式转变和城市融入。

中国作为主要的发展中国家，并且是以农村人口为主的人口大国，处于城镇化加速发展期，面临着城镇化与工业化协调发展的挑战。与世界主要发展中国家一样，中国是后发现代化国家，工业化发展起步晚并且面临着国际经济政治环境的制约。经过改革开放40多年的工业化发展，中国已经成为世界工厂和主要经济体之一，但是我国工业化发展质量和产业结构依然有待转型升级，这是我国城镇化和现代化发展进程中面临的突出挑战之一。我国产业结构并不均衡，劳动密集型低端制造业占据较大比重，我国依然处于全球分工和产业价值链的低端位置，工业产品附加值低，影响了我国工业化和经济发展质量的整体提升，产业结构转型升级任务艰巨，我国依然处于发展中国家行列。从劳动力就业结构尤其是广大农村劳动力就业结构来看，大量的进城农民工依然在城市劳动密集型行业和非正规产业部门就业，非正规就业依然是农村劳动力就业结构的主要形式，进城农民工群体普遍缺乏稳定的就业、生活保障，处于难以融入城市的"半城市化"状态。当前城镇化和工业化发展的紧迫任务在于继续推进工业化的快速发展，加大产业结构转型升级的力度，实现工业化发展质量的提升和产业结构优化，从而为广大农村进城劳动力提供稳定的就业和较高的收入水平，实现城镇化与工业化协调发展和高质量的城镇化发展目标。

第二，走区域、城乡统筹发展的新型城镇化道路。中国地域辽阔，且区域、城乡之间存在较大的差异性，实现高质量的城镇化发展目标，必须要走区域、城乡统筹的城镇化道路。区域之间的差异主要体现为东部地域与中西部地区经济社会发展的区域不平衡。改革开放之后，东部沿海地区依托优越的地理位置、国家政策倾斜、国际产业转移和市场环境等有利条件，实现了工业化的快速发展，成为我国经济社会发展水平较高的发达地区。依托良好的工业化基础，东部发达地区成为全国统一劳动力市场的核心区域，不仅吸纳了本地劳动力充分就业，同时吸引全国范围内的劳动力务工经商，促进了城镇化的快速发展。在经济发展基础上，东部发达地区不仅为农村劳动力提供了充分的就业保障，同时也不断完善城乡统筹的公共服务、基础设施建设、社会保障制度建设，逐步实现了较高质量的城镇化发展。

但是中西部传统农业型地区，缺乏工业化发展的有利条件，工业化发展普遍滞后，农业经济依然是产业结构的主要构成部分。由于缺乏工业化基础，中西部地区成为全国劳动力市场的边缘地带，大量的农村劳动力向东南沿海转移就业。但是外出务工的农民工群体由于劳动力技能水平普遍不高，缺乏在东部务工地城市稳定就业和生活的条件，周期性城乡往返成为中西部农村劳动力流动的主要特征。广大中西部农民对城市梦的向往通过在家乡以县城为中心的中小城市或者城镇来实现，"落脚县城"的就近城镇化成为当前中西部地区快速城镇化发展的主要路径。

由于中西部农业型地区的中小城市或城镇，普遍缺乏工业化发展的良好经济基础。一方面难以为进城农民提供充分稳定的就业机会，大量的进城购房农民依然难以脱离农村，同时要继续外出打工来维持城市生活。另一方面地方政府缺乏充足的公共财政来源，难以为进城农民提供完善的公共服务和社会保障，进城农民的就业和生活面临缺乏稳定性的困境，城乡统筹的公共服务、基础设施建设和社会保障制度难以短期内实现。从东西部区域差异的角度来看，当前中西部地区城镇化的紧迫任务是促进工业化与城镇化协调发展，通过承接产业转移加快中西部地区中小城市的工业化发展进程，以此吸纳更多农村进城劳动力的就业。在缺乏工业化发展基础的情况下，不能盲目通过行政力量来推动农民大量向城镇转移。

城乡统筹发展就是要克服大中小城市以及乡村之间的不平衡。中国城镇化发展的结构性不均衡除了东部与中西部的不平衡，还突出表现在大中小城市以及乡村间的失衡。东部地区大中型城市，依托良好的产业发展基础，吸纳了广大中西部地区劳动力转移就业。一方面，大城市因人口集聚压力，而带来"城市病"等一系列城市问题，造成城市经济社会进一步发展的困境。另一方面，广大中西部农村和中小城镇，因为劳动力流失而缺乏经济社会发展的人力资本，造成了"空心村"、中小城镇发展落后等突出矛盾，城乡之间发展差距拉大。从广大发展中国家的工业化和城市化发展经验来看，工业化发展普遍采取从农业提取积累的方式来完成，造成了严重的农村、农业资源的流失，造成农民破产、农村凋敝、城乡两极分化等严重问题，影响整个国家的现代化顺利进行。中国工业化和现代化的经验在于，城镇化发展道路避免了城市过度集中所引发的一系列社会问题。在当前中西部农村人口快速向家乡中小城镇购房进城的背景下，要适时推进中西部中小城市加速发展，以及城乡之间均衡发展。这就需要加强中西部中小城市承接产业转移的力度，加快经济社会发展进程。同时在农村人口加速向城市转移的背景下，加快推进农业现代化转型，完善农村基础设施，不断推进城乡统筹的公共服务和社会保障制度建设。

第三，尊重农民主体实践和现实选择，走以人为本的新型城镇化发展道路，坚持和完善社会主义制度基础，充分发挥社会主义制度成果的优势。农民是城镇化的主体，实现城镇化目标与农民家庭劳动力再生产和家庭发展目标紧密关联，城镇化发展质量关乎农民家庭再生产秩序和人的城镇化目标的实现。在当前我国区域、城乡发展不均衡，以及产业结构面临转型升级的背景下，推进城镇化的快速发展必须尊重现实国情基础和农民自主行动意愿。在当前我国经济发展水平基础上，短期内还难以为人数众多的进城农民提供充分就业机会，以及完善和高水平的社会保障，进城农民普遍面临就业、生活不稳定的困难。这种情况下，一方面需要继续推进我国经济社会的整体发展，尤其是加大东部产业转型升级和中西部工业化发展力度，为农民加速进城提供稳定的就业和生活保障。与此同时，要继续坚持和完善我国的土地制度、户籍制度、小农经济等既有的制度和社会基础，完善和发挥社会主义制度成果，充分发挥农村作为中国城镇化和现代化进程中社会稳定器的作用。不同于西方发达国家和部分发展中国家，在城市化和现代化进程中将农民从土地和农村驱赶出去的命运，在我国农村土地集体所有、家庭承包制度下，农民即便进城了也还拥有农村土地的承包权和使用权，这是他们在农村的根。正是保留了农民在农村的根基，才使他们不至于在进城失败后成为无家可归的底层边缘群体，这是我国快速城镇化和社会秩序基本稳定的重要基础，是我国社会主义制度的优势所在。

城市经济社会发展还难以为快速增加的进城人口提供稳定完善的就业、居住和生活保障，面临城镇化风险的广大进城农民保留基本返乡退路十分必要。在广大中西部地区农民城镇化实践中，农民进城就业、生活等，普遍还保持与农村的紧密关联。尤其是农民以家乡中小城镇作为未来定居城市的落脚之地，正是农民家庭自主选择的结果，能够继续依托紧密的城乡关联来应对城镇化压力和风险，保障农民家庭城镇化进程的稳定有序。在农民的城镇化行动逻辑中，保持紧密的城乡关联。一方面是面对城镇化的经济压力，需要继续从农村和农业获得支持城镇生活的经济来源，以此减轻城镇化的经济压力；另一方面是因为进城农民缺乏稳定的城市就业和较高的收入水平，城市生活的不稳定性和不确定性风险较大，保持农村的社会经济关联正是为城镇化风险留下了返乡的退路和保障，从而避免沦入城市边缘贫困群体。对比广大发展中国家的城市化经验，中国之所以成为唯一的虽然有2亿左右的大规模流动人口，却没有出现大型"贫民窟"的国家，主要是因为我国没有推进激进的单向度城市化，而是继续坚持了农村的基本经济制度长期稳定，强调城乡统筹的城镇化发展思路，而这是以土地私有制为基础的其他发展中大国所不具备的制度优势。这为进城失败农民保留了基本返乡权，从而避免了城市贫困群体的大规模出现。由此看来，我国集体土地制度和农村土地家庭承包制等社会主义基本经济制度基础，以及以家庭经营为基础的农村小农经济，发挥着城镇化进程中农民的基本保障性功能和社会稳定器作用。在城乡户籍制度改革中不再限制农民自由进入城市就业和在中小城市落户的情况下，我国城乡关系已经转变为保护农民的二元制度结构，在当前国情下应当继续坚持和不断改革完善。

总体而言，我国的城镇化发展机遇与挑战并存，中国的城镇化道路选择应当充分尊重农民主体实践和城镇化发展规律，走工业化与城市化、城乡区域协调发展的"渐进式"城镇化道路。在国家整体经济实力不允许，以及城镇化发展的产业支撑能力不足的情况下，不应盲目加速推动农民进城，而要充分尊重农民的主体意愿，循序渐进地实现人的城镇化发展目标，这是中国现代化持续推进和社会稳定的基础。

参考文献

一　著作类

白南生等：《回乡，还是进城？——中国农村外出劳动力回流研究》，中国财政经济出版社 2001 年版。

曹锦清等：《当代浙北乡村的社会文化变迁》，上海远东出版社 2001 年版。

陈讯：《婚姻价值的变革》，中国社会出版社 2014 年版。

费孝通：《从实求知录》，北京大学出版社 1998 年版。

费孝通：《江村经济》，商务印书馆 2001 年版。

费孝通：《乡土中国　生育制度》，北京大学出版社 1998 年版。

费孝通：《学术自述与反思》，生活·读书·新知三联书店 1996 年版。

费孝通：《中国士绅——城乡关系论集》，外语教学与研究出版社 2011 年版。

桂华：《礼与生命价值——家庭生活中的道德、宗教与法律》，商务印书馆 2014 年版。

郭星华：《漂泊与寻根——流动人口的社会认同研究》，中国人民大学出版社 2011 年版。

贺雪峰：《华中村治研究：立场·观点·方法》，社会科学文献出版社 2016 年版。

华生：《城市化转型与土地陷阱》，东方出版社 2014 年版。

黄平：《寻求生存——当代中国农村外出人口的社会学研究》，云南人民出版社 1997 年版。

李培林：《村落的终结——羊城村的故事》，商务印书馆 2004 年版。

李永萍：《老年人危机与家庭秩序——家庭转型中的资源、政治与伦理》，社会科学文献出版社 2018 年版。

梁漱溟：《乡村建设理论》，上海人民出版社 2006 年版。

梁漱溟：《中国文化要义》，上海人民出版社 2011 年版。

陆学艺：《当代中国社会阶层研究报告》，社会科学文献出版社 2002 年版。

陆学艺：《晋江模式新发展——中国县域现代化道路探索》，社会科学文献出版社 2007 年版。

陆益龙：《后乡土中国》，商务印书馆 2017 年版。

沈红：《结构与主体——激荡的文化社区石门坎》，社会科学文献出版社 2006 年版。

王春光：《超越城乡：资源、机会一体化配置》，社会科学文献出版社 2016 年版。

王德福：《做人之道——熟人社会里的自我实现》，商务印书馆 2014 年版。

王宁：《消费社会学——一个分析的视角》，社会科学文献出版社 2001 年版。

温铁军：《中国农村基本经济制度研究——"三农"问题的世纪反思》，中国经济出版社 2000 年版。

文贯中：《吾民无地：城市化、土地制度与户籍制度的内在逻辑》，东方出版社 2014 年版。

吴重庆：《无主体熟人社会及社会重建》，社会科学文献出版社 2014 年版。

谢立中、孙立平：《二十世纪西方现代化理论文选》，上海三联书店 2002 年版。

袁方：《社会学百科辞典》，中国广播电视出版社 1990 年版。

张登国：《我国县域城镇化发展路径研究》，人民出版社 2018 年版。

张鸿雁：《城市形象与城市文化资本论——中外城市形象比较的社会学研究》，东南大学出版社 2002 年版。

张建雷：《发展型小农家庭的兴起——皖东溪水镇的小农家庭与乡村变迁（1980—2015）》，法律出版社 2018 年版。

赵耀辉:《跳出农门:中国农村人口到城镇迁移决策》,载蔡昉、白南生编《中国转轨期劳动力流动》,社会科学文献出版社 2006 年版。

折晓叶、艾云:《城乡关系演变的制度逻辑和实践过程》,中国社会科学出版社 2014 年版。

郑杭生:《当代中国城市社会结构:现状与趋势》,中国人民大学出版社 2004 年版。

周剑麟:《二元经济论:过去与现在》,人民出版社 2013 年版。

朱丽萌:《城市化与江西县域经济发展》,江西人民出版社 2011 年版。

[德] 斐迪南·滕尼斯:《共同体与社会——纯粹社会学的基本概念》,林荣远译,北京大学出版社 2010 年版。

[德] 盖奥尔格·西美尔:《社会学:关于社会化形式的研究》,林荣远译,华夏出版社 2002 年版。

[德] 马克思、恩格斯:《共产党宣言》,人民出版社 1997 年版。

[德] 马克斯·韦伯:《城市——非正当性支配》,阎克文译,江苏凤凰教育出版社 2014 年版。

[德] 马克斯·韦伯:《经济与社会(上卷)》,林荣远译,商务印书馆 1997 年版。

[德] 马克斯·韦伯:《经济与社会(下卷)》,林荣远译,商务印书馆 1997 年版。

[德] 马克斯·韦伯:《儒教与道教》,王容芬译,商务印书馆 1995 年版。

[德] 马克斯·韦伯:《社会学的基本概念》,顾忠华译,广西师范大学出版社 2005 年版。

[德] 乌尔里希·贝克:《风险社会》,何博闻译,译林出版社 2004 年版。

[法] H. 孟德拉斯:《农民的终结》,李培林译,社会科学文献出版社 2005 年版。

[法] 埃米尔·涂尔干:《社会分工论》,渠东译,生活·读书·新知三联书店 2000 年版。

[法] 达尼洛·马尔图切利:《现代性社会学——二十世纪的历程》,

姜志辉译，译林出版社 2007 年版。

［法］皮埃尔·布迪厄：《文化资本与社会炼金术》，包亚明译，上海人民出版社 1997 年版。

［法］皮埃尔·布迪厄、华康德：《实践与反思、反思社会学导引》，李猛、李康译，中央编译出版社 2004 年版。

［法］皮埃尔·布尔迪厄：《实践理论大纲》，高振华、李思宇译，中国人民大学出版社 2007 年版。

［加］道格·桑德斯：《落脚城市：最后的人类大迁徙与我们的未来》，陈信宏译，上海译文出版社 2012 年版。

［美］C. 赖特·米尔斯：《社会学的想像力》，陈强、张永强译，生活·读书·新知三联书店 2005 年版。

［美］J. 米格代尔：《农民、政治与革命——第三世界政治与社会变革的压力》，李玉琪、袁宁译，中央编译出版社 1996 年版。

［美］彼得·布劳：《社会生活中的交换与权力》，张非、张黎勤译，华夏出版社 1988 年版。

［美］布赖恩·贝利：《比较城市化》，顾朝林等译，商务印书馆 2010 年版。

［美］费景汉、古斯塔夫·拉尼斯：《增长和发展：演进观点》，洪银兴等译，商务印书馆 2004 年版。

［美］黄宗智：《长江三角洲小农家庭与乡村发展》，法律出版社 2014 年版。

［美］黄宗智：《华北的小农经济与社会变迁》，中华书局 2000 年版。

［美］黄宗智：《中国的隐性农业革命》，法律出版社 2010 年版。

［美］简·德·弗里斯：《欧洲的城市化：1500—1800》，朱明译，商务印书馆 2015 年版。

［美］罗纳德·H. 科斯等：《财产权利与制度变迁：产权学派与新制度学派译文集》，刘守英等译，上海人民出版社 2014 年版。

［美］麦克·布洛维：《公共社会学》，沈原译，社会科学文献出版社 2007 年版。

［美］曼昆：《经济学原理（第 5 版）：微观经济学分册》，梁小民译，北京大学出版社 2009 年版。

〔美〕塞缪尔·亨廷顿：《变化社会中的政治秩序》，王冠华等译，上海人民出版社 2008 年版。

〔美〕施坚雅：《中国农村的市场和社会结构》，史建云译，中国社会科学出版社 1998 年版。

〔美〕苏黛瑞：《在中国城市中争取公民权》，王春光等译，浙江人民出版社 2009 年版。

〔美〕托斯丹·邦德·凡勃伦：《有闲阶级论》，蔡受百译，商务印书馆 2002 年版。

〔美〕西奥多·W. 舒尔茨：《改造传统农业》，梁小民译，商务印书馆 2013 年版。

〔美〕西里尔·E. 布莱克：《比较现代化》，杨豫译，上海译文出版社 1996 年版。

〔美〕许烺光：《祖荫下》，王芃等译，（台湾）南天书局 2001 年版。

〔美〕阎云翔：《私人生活的变革：一个中国村庄里的爱情、家庭与亲密关系（1949—1999）》，龚小夏译，上海书店出版社 2006 年版。

〔美〕阎云翔：《中国社会的个体化》，陆洋等译，上海译文出版社 2012 年版。

〔美〕詹姆斯·C. 斯科特：《农民的道义经济学》，程立显等译，译林出版社 2001 年版。

〔美〕詹姆斯·S. 科尔曼：《社会理论的基础（上）》，邓方译，社会科学文献出版社 2008 年版。

〔日〕滋贺秀三：《中国家族法原理》，商务印书馆 2013 年版。

〔苏〕A. 恰亚诺夫：《农民经济组织》，萧正洪译，中央编译出版社 1996 年版。

〔英〕安东尼·吉登斯：《社会的构成》，李康等译，生活·读书·新知三联书店 1998 年版。

〔英〕安东尼·吉登斯：《社会学方法的新规则——一种对解释社会学的建设性批判》，田佑中、刘江涛译，社会科学文献出版社 2003 年版。

〔英〕安东尼·吉登斯：《现代性的后果》，田禾译，译林出版社 2000 年版。

［英］弗兰克·艾利思：《农民经济学：农民家庭农业和农业发展》，胡景北译，上海人民出版社 2006 年版。

［英］卡尔·波兰尼：《大转型：我们时代的政治与经济起源》，冯钢、刘阳译，浙江人民出版社 2007 年版。

［英］齐格蒙特·鲍曼：《流动的现代性》，欧阳景根译，上海三联书店 2002 年版。

二 论文类

陈丙欣、叶裕民：《中国流动人口的主要特征及对中国城市化的影响》，《城市问题》2013 年第 3 期。

陈辉：《"过日子"与农民生活的逻辑——基于陕西关中 Z 村的考察》，《民俗研究》2011 年第 4 期。

陈讯：《婚姻要价、代际支持与农村青年城镇化——基于晋西北 W 村调查》，《中国青年研究》2018 年第 2 期。

陈映芳：《"转型"、"发展"与"现代化"：现实批判与理论反思》，《南京社会科学》2012 年第 7 期。

丁波、王蓉：《新型城镇化背景下农民工定居地选择意愿的研究——基于科尔曼理性选择理论视角》，《西北人口》2015 年第 4 期。

杜鹏、王武林：《论人口老龄化程度城乡差异的转变》，《人口研究》2010 年第 2 期。

方创琳：《中国城市发展方针的演变调整与城市规模新格局》，《地理研究》2014 年第 4 期。

费孝通：《试谈扩展社会学的传统界限》，《北京大学学报》（哲学社会科学版）2003 年第 3 期。

冯小：《陪读：农村年轻女性进城与闲暇生活的隐形表达——基于晋西北小寨乡"进城陪读"现象的分析》，《中国青年研究》2017 年第 12 期。

桂华、余练：《婚姻市场要价：理解农村婚姻交换现象的一个框架》，《青年研究》2010 年第 3 期。

郭亮：《不完全市场化：理解当前土地流转的一个视角——基于河南 Y 镇的实证调查》，《南京农业大学学报》（社会科学版）2010 年第 4 期。

何雪松等：《城乡迁移与精神健康：基于上海的实证研究》，《社会学研究》2010 年第 1 期。

贺雪峰：《取消农业税后农村的阶层及其分析》，《社会科学》2011 年第 3 期。

贺雪峰：《关于"中国式小农经济"的几点认识》，《南京农业大学学报》（社会科学版）2013 年第 6 期。

贺雪峰：《警惕县城过度开发变"鬼城"》，《文史博览》（理论）2014 年第 3 期。

贺雪峰：《中坚农民的崛起》，《人文杂志》2014 年第 7 期。

贺雪峰：《论中坚农民》，《南京农业大学学报》（社会科学版）2015 年第 4 期。

贺雪峰：《老人农业：留守村中的"半耕"模式》，《国家治理》2015 年第 30 期。

胡俊生、李期：《城市让教育更美好——再论城镇化进程中的农村教育》，《当代教育与文化》2012 年第 6 期。

黄宗智等：《中国非正规经济（上）》，《开放时代》2011 年第 1 期。

黄宗智：《中国的现代家庭：来自经济史和法律史的视角》，《开放时代》2011 年第 5 期。

简新华、黄锟：《中国城镇化水平和速度的实证分析与前景预测》，《经济研究》2010 年第 3 期。

景天魁：《超越进化的发展——"十二五"时期中国经济和社会发展回眸与思考》，《社会学研究》2016 年第 2 期。

雷潇雨、龚六堂：《基于土地出让的工业化与城镇化》，《管理世界》2014 年第 9 期。

李强等：《中国城镇化"推进模式"研究》，《中国社会科学》2012 年第 7 期。

李涛：《"文字"何以"上移"？——中国乡村教育发展的社会学观察》，《人文杂志》2015 年第 6 期。

李向振：《跨地域家庭模式：进城务工农民的生计选择》，《武汉大学学报》（人文科学版）2017 年第 5 期。

林辉煌、贺雪峰：《中国城乡二元结构：从"剥削型"到"保护型"》，《北京工业大学学报》（社会科学版）2016 年第 6 期。

刘守英、王一鸽：《从乡土中国到城乡中国——中国转型的乡村变迁视角》，《管理世界》2018 年第 10 期。

刘婷婷：《从"一孩"到"二孩"：家庭系统的转变与调适》，《中国青年研究》2017 年第 10 期。

柳建平：《中国农村土地制度及改革研究——制度博弈的核心问题解读》，《农村经济》2011 年第 8 期。

陆学艺、杨桂宏：《破除城乡二元结构体制是解决"三农"问题的根本途径》，《中国农业大学学报》（社会科学版）2013 年第 3 期。

罗竖元：《农民工市民化意愿的模式选择：基于返乡创业的分析视角》，《南京农业大学学报》（社会科学版）2017 年第 2 期。

麻国庆：《家庭策略研究与社会转型》，《思想战线》2016 年第 3 期。

毛丹：《村落共同体的当代命运：四个观察维度》，《社会学研究》2010 年第 1 期。

孟锴：《〈比较城市化〉评介》，《地理学报》2011 年第 10 期。

潘华：《"回流式"市民化：新生代农民工市民化的新趋势——结构化理论视角》，《理论月刊》2013 年第 3 期。

彭寅、谢熠：《跨阶层购房动因与理性逻辑——基于理性选择理论的案例分析》，《湖北民族学院学报》（哲学社会科学版）2015 年第 2 期。

饶静、孟祥丹：《"国家和社会"框架下的农村中小学布局调整——以江苏省 A 县 L 镇为例》，《中国农业大学学报》（社会科学版）2012 年第 4 期。

饶静等：《失去乡村的中国教育和失去教育的中国乡村——一个华北山区村落的个案观察》，《中国农业大学学报》（社会科学版）2015 年第 2 期。

沈关宝：《〈小城镇大问题〉与当前的城镇化发展》，《社会学研究》2014 年第 1 期。

谭深：《中国农村留守儿童研究述评》，《中国社会科学》2011 年第 1 期。

谭同学：《从伦理本位迈向核心家庭本位——论当代中国乡村社会结构的文化特征》，《思想战线》2013 年第 1 期。

檀学文：《稳定城市化——一个人口迁移角度的城市化质量概念》，《中国农村观察》2012 年第 1 期。

唐灿：《家庭现代化理论及其发展的回顾与评述》，《社会学研究》2010 年第 3 期。

陶自祥、桂华：《论家庭继替——兼论中国农村家庭区域类型》，《思想战线》2014 年第 3 期。

田先红、陈玲：《"阶层地权"：农村地权配置的一个分析框架》，《管理世界》2013 年第 9 期。

田毅鹏：《乡村"过疏化"背景下城乡一体化的两难》，《浙江学刊》2011 年第 5 期。

田毅鹏：《村落过疏化与乡土公共性的重建》，《社会科学战线》2014 年第 6 期。

王春光：《第三条城镇化之路："城乡两栖"》，《四川大学学报》（哲学社会科学版）2019 年第 6 期。

王德福：《经验研究的"第三条道路"》，《社会学评论》2014 年第 1 期。

王德福：《半工半耕与乡村社会的自循环体系》，《经济导刊》2014 年第 10 期。

王德福：《中国农村家庭性质变迁再认识》，《学习与实践》2015 年第 10 期。

王德福：《弹性城市化与接力式进城——理解中国特色城市化模式及其社会机制的一个视角》，《社会科学》2017 年第 3 期。

王富伟：《个案研究的意义和限度——基于知识的增长》，《社会学研究》2012 年第 5 期。

王海娟：《人的城市化：内涵界定、路径选择与制度基础——基于农民城市化过程的分析框架》，《人口与经济》2015 年第 4 期。

王绍琛、周飞舟：《打工家庭与城镇化——一项内蒙古赤峰市的实地研究》，《学术研究》2016 年第 1 期。

王小鲁：《中国城市化路径与城市规模的经济学分析》，《经济研究》2010 年第 10 期。

王跃生：《农村家庭代际关系理论和经验分析——以北方农村为基

础》，《社会科学研究》2010 年第 4 期。

温铁军等：《中国农业发展方向的转变和政策导向：基于国际比较研究的视角》，《农业经济问题》2010 年第 10 期。

文军、黄锐：《超越结构与行动：论农民市民化的困境及其出路——以上海郊区的调查为例》，《吉林大学社会科学学报》2011 年第 2期。

文军、沈东：《当代中国城乡关系的演变逻辑与城市中心主义的兴起——基于国家、社会与个体的三维透视》，《探索与争鸣》2015年第 7 期。

邬沧萍：《积极应对人口老龄化理论诠释》，《老龄科学研究》2013 年第 1 期。

吴重庆：《从熟人社会到"无主体熟人社会"》，《读书》2011 年第1 期。

武力：《1949—2006 年城乡关系演变的历史分析》，《中国经济史研究》2007 年第 1 期。

夏柱智：《论"半工半耕"的社会学意涵》，《人文杂志》2014 年第7 期。

夏柱智：《半工半耕：一个农村社会学的中层概念——与兼业概念相比较》，《南京农业大学学报》（社会科学版）2016 年第 6 期。

夏柱智、贺雪峰：《半工半耕与中国渐进城镇化模式》，《中国社会科学》2017 年第 12 期。

向玉琼、马季：《论城乡之间的"中心—边缘"结构及其消解》，《探索》2015 年第 4 期。

熊万胜：《城乡社会：理解中国城乡关系的新概念》，《文化纵横》2019 年第 1 期。

徐勇：《"根"与"飘"：城乡中国的失衡与均衡》，《武汉大学学报》（人文科学版）2016 年第 4 期。

杨华：《农村新兴中农阶层与"三农"问题新解》，《广西社会科学》2012 年第 11 期。

杨华：《中国农村的"半工半耕"结构》，《农业经济问题》2015 年第 9 期。

杨华：《论中国特色社会主义小农经济》，《农业经济问题》2016 年第
　　7 期。

姚洋：《小农体系和中国长期经济发展》，《读书》2010 年第 2 期。

叶鹏飞：《农民工的城市定居意愿研究：基于七省（区）调查数据的
　　实证分析》，《社会》2011 年第 2 期。

张国清：《分配正义与社会应得》，《中国社会科学》2015 年第 5 期。

张慧鹏：《现代农业分工体系与小农户的半无产化——马克思主义小
　　农经济理论再认识》，《中国农业大学学报》（社会科学版）2019
　　年第 1 期。

张雪霖：《城市化背景下的农村新三代家庭结构分析》，《西北农林科
　　技大学学报》（社会科学版）2015 年第 5 期。

张翼：《农民工"进城落户"意愿与中国近期城镇化道路的选择》，
　　《中国人口科学》2011 年第 2 期。

张玉林：《当今中国的城市信仰与乡村治理》，《社会科学》2013 年第
　　10 期。

赵燕菁：《土地财政：历史、逻辑与抉择》，《城市发展研究》2014 年
　　第 1 期。

折晓叶：《县域政府治理模式的新变化》，《中国社会科学》2014 年第
　　1 期。

折晓叶、艾云：《城乡关系演变的研究路径——一种社会学研究思路
　　和分析框架》，《社会发展研究》2014 年第 2 期。

周飞舟：《财政资金专项化及其问题：兼论"项目治国"》，《社会》
　　2012 年第 1 期。

周飞舟、王绍琛：《农民上楼与资本下乡：城镇化的社会学研究》，
　　《中国社会科学》2015 年第 1 期。

朱战辉：《农村彩礼性质的区域比较研究》，《当代青年研究》2017 年
　　第 4 期。

朱战辉：《新时期农业经营方式的再小农化》，《西北农林科技大学学
　　报》（社会科学版）2018 年第 5 期。

后　记

　　当前中国社会处在百年未有之大变局的社会转型期，对于中国基层社会而言，快速的城镇化进程，正是这一巨变时代的真实写照。接受学术训练之前，日常生活中自己也会对家乡农民群体中不断兴起的进城购房潮有所观察。记得 2005 年前后在县城读书时，看到家乡县城街道上开始出现房地产的销售广告，当时县城的房价还在千元以下，为数不多的新开发商品房为了迎合人们讲究吉利的愿望，会打出"只要 888，新房带回家"之类的宣传横幅进行推销。似乎当时农村人对于到县城购房并没有多大兴趣，偶然的一两户买房者，也往往被村民所忽视，并未构成日常生活中的公共话题。但是 2010 年之后，每当假期回到家乡，明显感觉到人们对进城购房的讨论日渐多了起来，在日常生活中总会听到亲友、邻居们关于"谁家又买房了"的相关讨论。伴随人们购房热情不断高涨，县城的房价也一路走高，现在家乡县城的商品房均价可以达到五六千元，好的楼盘甚至可以达到七八千元。进城买房的话题已然走入人们生活的中心地带，关乎每个农村家庭是否能够跟上时代变迁的潮流，哪怕普通农民也不能置身事外。

　　县域城镇化的现象由于在日常生活中十分突出而不容忽视，但是我对县域城镇化议题的真正关注，还是进入博士学习并接受学术训练之后。我所在的学术研究团队注重将博士阶段的学术训练扎根在中国大地上，去触摸巨变时代中国社会运行的复杂经验及其内在逻辑，以此培养研究者的经验质感。博士训练阶段自己在全国十余个省份开展了超过 400 天的田野经验调研，逐渐将思考问题的视野，从日常生活经验扩展到对中国基层社会的时代变迁中来，开始尝试去触摸中国基层社会转型的脉搏。在广泛的经验调研中，我也更加直观和深刻地体验到中国社会的巨变，而城镇化恰恰是观察这场变革的窗口。不仅我的家乡如此，全国各地的农民似乎都加入了进城购房的时代潮流，而绝大部分农民的选择恰恰在自己家乡的县城。这种不约而同的城镇化实践，似乎蕴含着农民行为逻辑生动且丰富的内涵，以及中国基层社会转型的密码，引起了自己探索的兴趣，本书正是这一初步探索的阶段成果。

本书的研究和写作伴随着新冠肺炎疫情在各地的持续，疫情防控的常态化并没有打断生活和研究的节奏。2020年初武汉成为举世关注的焦点，同时也让全国各地的武汉学子感受到与这座英雄城市之间如此紧密的关联。于我而言，在江城武汉，我度过了人生中最美好的学生时代。回首在武汉求学的时光，我最感到自豪的莫过于点燃了愿意为之奋斗的人生理想，找到了乐意持续追求的事业，从此便不再迷茫。在武汉求学的每一个阶段，能够真实地触摸到成长过程中的焦虑与喜悦，本书正是漫漫成长路上的一个缩影，是一个阶段的结束更是下一个阶段的开始。

在武汉求学和本书的研究写作中，应该感谢的人和事很多。首先应该感谢的是贺雪峰教授，贺老师用自己的实际行动诠释了何谓大学最美的风景，他不但无限地热爱学术，而且无限地热爱学生，二十年如一日用心培养每一个学生。正是在贺老师的激励和指导下，点燃了自己的学术热情，在学术道路上获得了持续努力、持续积累的动力，也找到了不断超越自我的方向。我想，这便是老师赋予学生最弥足珍贵的财富吧。

在学术成长道路上，还应特别感谢自己所在的学术研究团队和众多师友的帮助，我的学术成长与团队师友纯粹而无私的帮助息息相关。感谢桂华教授在本书的研究中给予的帮助，每次与他讨论都深受启发，让自己坚定地沿着既定的方向持续努力。感谢一起相伴成长的读书会小伙伴们，我们一起读书、调研、写作，那些一起挥洒汗水的青春岁月成为我们人生中的美好记忆，也将继续相互激励走好脚下的每一步。

感谢自己学习和工作过的华中科技大学社会学院、马克思主义学院和武汉大学新闻与传播学院提供的成长空间，正是在两所学校提供的良好学习和学术研究环境中，我才能心无杂念地在学术进步的道路上一步步前行。还需要感谢在调研中给予帮助和接受过访谈的基层干部和乡亲们，很多研究的灵感和思路离不开与他们一次次访谈中所获得的启发，他们何尝不是我学术成长路上的老师呢？正是他们的包容与坦诚，为我们通过乡村研究观察和理解中国社会的时代巨变提供了基础。

最后，感谢我的家人们，一路走来离不开他们在背后的默默付出。在我漫漫求学生涯和学术研究的道路上，他们总是竭尽所能地给予支持和信任，是我不断前进的动力源泉，唯有以持续的努力来回馈他们的无私付出。谨以此书献给他们。

朱战辉

2023 年 1 月写于武汉大学